Dr. James Dobson

ATRÉVETE A DISCIPLINAR

Un clásico de siempre para la nueva
generación de padres y maestros

Vida®

La misión de Editorial Vida es ser la compañía líder en comunicación cristiana que satisfaga las necesidades de las personas, con recursos cuyo contenido glorifique a Jesucristo y promueva principios bíblicos.

ATRÉVETE A DISCIPLINAR
Edición en español publicada por
Editorial Vida – 1993
Miami, Florida

©1993 por Tyndale House Publisher, Inc.

Originally published in the USA under the title:
   The New Dare to Discipline
   por Tyndale House Publisher, Inc.
   Copyright © 1970, 1992 por James C. Dobson
   Edición rediseñada en 2004

Diseño interior: Grupo *Nivel Uno, Inc.*
Diseño de cubierta: *Grupo Nivel Uno, Inc.*

ISBN: 978-0-8297-1950-5

CATEGORÍA: *Vida cristiana / Familia*

IMPRESO EN ESTADOS UNIDOS DE AMÉRICA
PRINTED IN THE UNITED STATES OF AMERICA

10 11 12 13 14 ❖ 48 47 46 45 44 43 42 41 40 39 38

A Danae, Ryan, y su mamá Shirley, dedico con afecto
las páginas de este libro y el resto de mis años.
(Dedicatoria escrita en 1971, y reconfirmada
más de dos décadas después.)

ÍNDICE

1

El desafío

Este es un libro acerca de los niños y acerca de quienes los aman. La primera edición fue redactada a principios de la década de 1970, cuando yo era catedrático de pediatría en la Facultad de Medicina de la Universidad del Sur de California. Nuestros propios hijos eran aún preescolares, cosa que hacía riesgoso el ofrecer consejos acerca de técnicas sobre cómo desarrollar el papel de padres. Es como si, en los primeros veinte minutos de un partido de fútbol, el entrenador del equipo se jactara sobre cómo va a ganar el partido. Sin embargo, tanto desde el punto de vista educativo como profesional, mi experiencia era suficiente como para haber formado algunas convicciones firmes sobre cómo criar a los hijos y qué era lo que ellos necesitaban de sus padres.

Desde la primera vez que me senté a escribir, han pasado 20 años y se han vendido más de dos millones de ejemplares de *Atrévete a disciplinar*. El paso de ese tiempo ha ampliado mi horizonte y espero que haya agudizado mi perspectiva. He trabajado con cientos de familias, y he considerado las opiniones que muchas autoridades y colegas tienen acerca de la crianza de los niños. Mis hijos ya han pasado la adolescencia y han establecido sus propios hogares. Así que constituye para mí un privilegio especial el echar atrás las manecillas del reloj en este momento, y examinar nuevamente los mismos temas con los que por primera vez me debatí hace tantos años.

Alguien podría esperar que mis puntos de vista acerca del desarrollo del niño y el papel de los padres hubieran evolucionado significativamente, con el transcurso del tiempo. Pero no es así. Admito que el fondo o base social de la edición original de *Atrévete a disciplinar* ha cambiado dramáticamente, y por eso se hacía necesario corregir y ampliar aquel libro. La revolución estudiantil que estaba en boga antes y después de 1970 ha amainado ya. La época de los hippies y la guerra de Vietnam son recuerdos lejanos, y las ciudades universitarias han retornado a la calma y se ha reducido la rebeldía. Pero los niños no han cambiado, ni cambiarán nunca. Estoy aún más convencido ahora de que los buenos principios sobre cómo desempeñar el papel de padres son eternos, ya que tienen su origen en el Creador de las familias. Los conceptos inspirados de la Biblia se han transmitidos de generación en generación, y son tan válidos para el siglo veintiuno como lo fueron para nuestros antepasados. Lamentablemente, muchos de los padres y madres de hoy nunca han escuchado esas ideas consagradas por el tiempo, y no tienen sentido alguno acerca de lo que están tratando de lograr en su hogar.

Jamás olvidaré a una madre que se hallaba en esa situación cuando me pidió ayuda para controlar a su desafiante hija de tres años, Sandy. Ella estaba consciente de que su pequeña hija la había derrotado irremediablemente en una lucha contra su fuerza de voluntad, y la niña se había convertido en tirana y dictadora. La tarde anterior a nuestra conversación, había tenido lugar un incidente típico del modo de actuar de Sandy. La madre (a quien llamaré la señora Nicols) acostó a la pequeña para que tomara una siesta, pero sabía que era poco probable que la niña permaneciera en la cama. Sandy no estaba acostumbrada a hacer nada que no le fascinara, y la siesta no estaba incluida en su lista de cosas atractivas que hacer por la tarde.

Sin embargo, en esa ocasión, la niña estaba más interesada

en llevarle la contraria a su mamá, que simplemente en hacer las cosas a su modo. Sandy comenzó a gritar. Dio gritos lo suficientemente fuertes como para agitar a todo el vecindario, quebrando los nervios de la señora Nicols, que ya los tenía de punta. Y luego, llena de lágrimas, se puso a exigir diversas cosas, entre ellas un vaso de agua.

Al principio la señora Nicols se negó a acatar las órdenes, pero se rindió cuando los nuevos gritos de Sandy alcanzaron un clímax de intensidad. Cuando se le dio el vaso de agua, la niña malcriada lo hizo a un lado, negándose a beberlo porque su madre no lo había traído bastante pronto. La señora Nicols se quedó allí de pie ofreciéndole el agua durante unos minutos, y luego sentenció que se llevaría el vaso de nuevo a la cocina si Sandy no se lo bebía, cuando ella contara hasta cinco.

Sandy se empecinó y esperó durante el conteo: «tres... cuatro... ¡cinco!» Cuando la señora Nicols agarró el vaso y se encaminó hacia la cocina, la niña pidió el agua a gritos. Y así estuvo Sandy haciendo ir y venir a su madre como si fuera un yoyo, hasta que se cansó del juego.

La señora Nicols y su hijita cuentan entre las muchas víctimas de una filosofía impracticable e ilógica de la crianza de los niños, filosofía que ha dominado por mucho tiempo en los libros que se publican sobre el tema. Esa madre había leído que llegará el momento en que el niño responda al razonamiento y la tolerancia, lo cual descarta la necesidad de una dirección firme. Se le había dicho que estimulara la rebeldía del niño, porque esa rebeldía es importante para dejar salir la hostilidad. Ella intentaba poner en práctica las recomendaciones de los expertos que le sugerían poner en palabras los sentimientos del niño, en un momento de conflicto: «Tú quieres el agua pero estás enojada porque la traje demasiado tarde»... «Tú no quieres que me vuelva a llevar el agua a la cocina»... «No te caigo bien porque te obligo a tomar siestas». También se le había enseñado que los conflictos entre padre e hijo debían percibirse como malentendidos o diferencias de punto de vista.

¡Desafortunadamente, la señora Nicols y sus asesores estaban equivocados! Ella y su niña estaban envueltas en algo que no era una simple diferencia de opiniones: la hija estaba retando a su madre, burlándose de ella, desafiándola. Esa confrontación cara a cara no se iba a resolver con ninguna conversación de corazón a corazón, porque el verdadero problema no tenía absolutamente nada que ver con el agua ni con la siesta ni con otros aspectos de las circunstancias particulares. La explicación propia que subyacía a ese conflicto, y a cientos más, es sencillamente esta: Sandy estaba rechazando férreamente la autoridad de su madre. La forma en que la señora Nicols manejara esas confrontaciones había de determinar la naturaleza de la futura relación entre las dos, especialmente durante los años de la adolescencia.

Mucho se ha escrito sobre los peligros de una disciplina ruda, opresora y carente de amor; esas advertencias son válidas y hay que hacerles caso. Sin embargo, las consecuencias de la disciplina opresora se han mencionado como justificación para la abdicación de la autoridad. Y eso es insensato. Hay ocasiones en que un niño de voluntad fuerte aprieta los puños y reta a sus padres a que acepten sus exigencias. Lo que lo motiva no es el enojo ni una hostilidad interna, como se suele suponer. Él simplemente quiere saber hasta donde llegan sus límites, y quién está dispuesto a impedir que se transgredan.

Muchos especialistas bien intencionados apoyan la tolerancia, pero sin ofrecer solución alguna a la insolencia. Han hecho hincapié en la importancia de que los padres comprendan al niño, con lo cual estoy de acuerdo. ¡Pero también es necesario que los niños aprendan ciertas cosas sobre sus padres!

La señora Nicols y toda la gente de su generación necesitan aprender dónde trazar límites, y qué hacer cuando se presenta una conducta desafiante. Esta actividad disciplinaria debe tener lugar dentro de un ambiente de amor y cariño, lo cual suele resultarles difícil a aquellos padres que consideran que esas funciones son contradictorias. Atrévete a disciplinar se propone, en parte, abordar este aspecto que es vital para formar hijos sanos, respetuosos y felices.

El término «disciplina» no se limita al aspecto de la confrontación, ni este libro tampoco. A los niños también hay que enseñarles la autodisciplina y la conducta responsable. Ellos necesitan que se les ayude a aprender cómo enfrentar los retos y obligaciones de la vida. Tienen que aprender el arte del dominio propio. Deben quedar equipados con la fortaleza personal necesaria para satisfacer las exigencias que les impone la escuela, el grupo de amigos y las responsabilidades posteriores de la vida adulta.

Hay quienes creen que esas características no pueden ser inculcadas; que lo mejor que podemos hacer es enviar a los hijos por el sendero de la menor resistencia, haciendo a un lado los obstáculos durante sus años formativos. Los defensores de esa filosofía recomendarían que a los pequeños se les permita fracasar en la escuela si así lo eligen... o mantener su dormitorio como una clásica porqueriza... o dejar que sus cachorros pasen hambre.

Me opongo a esa noción, y he acumulado considerables evidencias para refutarla. Donde mejor prosperan los niños es en una atmósfera de auténtico amor, sustentado por una disciplina razonable y firme. En una época en que se han generalizado el uso de las drogas, la inmoralidad, las enfermedades de transmisión sexual, el vandalismo y la violencia, no debemos depender solamente de buenos deseos y suerte para formar las actitudes críticas que valoramos en nuestros hijos. La permisividad no simplemente ha fallado como estrategia para la crianza de los niños; ha resultado un desastre para quienes la han intentado.

¡La disciplina con amor da buenos resultados cuando se aplica apropiadamente! Estimula el afecto cariñoso, que es posibilitado por el respeto mutuo entre padre e hijo. Cierra el vacío que de otro modo separa a los miembros de una familia que deben amarse y confiar unos en otros. Permite que a nuestros amados hijos se les presente el Dios de nuestros antepasados. Da cabida a que los maestros realicen en las aulas el tipo de trabajo que se les ha encomendado. Estimula al niño a respetar a las demás personas y a vivir como un ciudadano responsable y constructivo.

Como se podría esperar, todos estos beneficios tienen un costo: exigen valentía, constancia o firmeza, convicción, diligencia, y un esfuerzo entusiasta. En resumen, hay que atreverse a disciplinar en un ambiente de amor profundo. En los capítulos que siguen vamos a hablar sobre los métodos mediante los cuales puede lograrse tal cosa.

2

El sentido común y su hijo

Los métodos y las filosofías sobre la disciplina han sido punto de acalorados debates y desacuerdos a lo largo de los últimos setenta años. En el drama han intervenido por igual psicólogos, pediatras y catedráticos universitarios, todos diciéndoles a los padres cómo criar correctamente a sus niños. Lamentablemente, muchos de estos «expertos» directamente se han contradicho entre sí, difundiendo más conflicto que luz acerca de un tema de enorme importancia.

Tal vez por eso el péndulo pasa de un lado a otro regularmente, por un lado el rudo y opresor y por otro la permisividad sin estructura que vimos a mediados del siglo XX. Ya es hora de que nos percatemos de que ambos extremos dejan sus cicatrices características en la vida de las jóvenes víctimas, y a mí me resultaría muy difícil decir cuál de los dos es más dañino.

En el extremo del espectro donde se toma una postura opresora, el niño sufre la humillación de una dominación total. La atmósfera es fría y rígida, y vive en constante temor. Es incapaz de tomar sus propias decisiones, y su personalidad queda aplastada bajo la bota de la autoridad de sus padres. De esta dominación persistente pueden brotar características duraderas de dependencia, un temor profundo y permanente, e incluso la psicosis.

Mayor preocupación producen los niños y niñas que se ven sometidos al maltrato físico y emocional. Hay en el mundo millones de familias en las cuales, día tras día, se cometen esos delitos indecibles. Es difícil creer lo crueles que pueden ser algunas madres y padres con sus hijos o hijas indefensos y asustados, quienes no entienden por qué se les odia. Los casos con que me he encontrado a lo largo de los años—de niños no amados y que son objeto de maltratos—son imposibles de olvidar. Me acuerdo de un padre terrible que constantemente envolvía la cabeza de su hijo pequeño en la sábana que el niño había mojado la noche anterior. Luego embutía al chiquitín de cabeza en la taza del inodoro, a modo de castigo. También recuerdo a la madre enloquecida que, con una navajilla de afeitar, le arrancó los ojos a su hija. Esa pobre niña recorrerá la vida ciega, sabiendo que fue su propia madre quien la privó de la vista. Este tipo de actos abominables está ocurriendo actualmente, todos los días, en las ciudades y pueblos que nos rodean.

También debemos estar conscientes de que hay muchas formas de maltratar a un niño sin violar la ley. Se puede hacer sutilmente, haciendo caso omiso de la desesperada necesidad de cuidado de un niño o una niña. Se puede lograr mediante castigos injustos, entre ellos ciertas acciones de los padres que podrían clasificarse como «castigo corporal», como el tener la rutina de golpear al niño, abofetearlo, patearlo o tirarlo al suelo. Luego tenemos toda la gama de conductas humillantes que realiza una madre o un padre, haciendo que el muchacho se sienta tonto, raro y no amado. Dentro de ciertos límites, estas formas de comportamiento no son ilegales. No hay nadie que venga al rescate de ese desdichado niño a quien los adultos que están alrededor retuercen y maltratan. Espero que ningún punto de este libro insinúe jamás que yo apruebo tal tiranía.

Permítaseme decir nuevamente, con el mayor énfasis, que las formas de disciplina agresiva, pertinaz, que generan servilismo, destructivas para los niños, no deben tolerarse. Los padres y madres que tratan a sus hijos con frialdad y severidad suelen dejarlos dañados de por vida. Sería fácil entenderme mal en este punto, por ser yo el autor de este libro en el cual recomiendo (en el capítulo 4) el uso juicioso del castigo corporal bajo determinadas circunstancias y límites. Que se disipen todas las dudas. ¡No defiendo la rudeza de los padres! ¡Punto! En el hogar, los niños son increíblemente vulnerables al rechazo, a la burla, a la crítica y al enojo. Ellos merecen desarrollarse en un ambiente de seguridad, aceptación y cordialidad.

Debemos tomar nota, como se indicó anteriormente, de que el extremo opuesto es también perjudicial para los niños. Ante la ausencia de la autoridad de los adultos, el niño se convierte en su propio amo desde su más tierna infancia. Piensa que el mundo gira alrededor de su caprichoso imperio, y con frecuencia muestra absoluto desprecio y falta de respeto por quienes están más cerca de él. La anarquía y el caos reinan en su hogar, y su madre suele ser la mujer más nerviosa y frustrada del barrio. Cuando el niño es pequeño, la madre se queda confinada en la casa porque le da demasiada vergüenza llevara su pequeño niño colérico a alguna parte. Las penurias que ella soporta bien valdrían la pena si esa condición produjera niños sanos y seguros de sí. Pero es bien claro que no los produce.

Muchos de los escritores que en años recientes han ofrecido sus opiniones sobre el tema de la disciplina han confundido a los padres, despojándolos de la capacidad de gobernar en su propio hogar. No han logrado reconocer que la mayoría de los pequeños desean gobernar sus propias vidas y prevalecer en la contienda de voluntades que típicamente se da entre una generación y otra.

En mi libro *El niño de voluntad fuerte* cité un texto sobre cómo ser padres, llamado *Su niño de dos a cinco años*, que fue publicado durante la época permisiva de los años cincuenta. Contenía un fragmento de consejo parafraseado de los escritos de un tal doctor Luther Woodward, como sigue:

¿Qué hace usted cuando su niño preescolar lo llama «mala persona» o amenaza con echarlo por el inodoro?

¿Lo regaña lo castiga o tiene la sensatez de tomar nota de eso sin alterarse? El doctor Woodward recomienda una política positiva de comprensión como el modo mejor y más rápido de ayudar a un niño a salir de esta violencia verbal. Cuando los padres comprenden que de vez en cuando los chiquitines se sienten enojados y destructivos, se vuelven más capaces de minimizar estas reacciones. Una vez que el preescolar se deshace de su hostilidad, el deseo de destruir desaparece, y entonces los sentimientos instintivos de amor y cariño tienen oportunidad de germinar y crecer. Cuando el niño alcanza los seis o siete años, los padres pueden, legítimamente, hacerle saber que se espera que, con su crecimiento, vaya abandonando ese trato insolente a sus padres. *

Tras ofrecer ese cuerdo consejo, con el cual estoy en absoluto desacuerdo, el doctor Woodward pasaba a decirles a los padres que se alistaran para recibir críticas injustas. Decía: «Pero esta política [de dejar que los niños tengan una conducta desafiante] requiere de una perspectiva amplia y gran compostura, especialmente cuando los amigos y parientes expresan su desaprobación y le advierten a usted que está criando un insolente».

En ese caso, sus amigos y parientes probablemente tengan razón. La recomendación del doctor Woodward es típica del consejo que se daba a los padres a mediados del siglo veinte. Los estimula a cruzarse de brazos durante los años formativos, cuando es tan fácil enseñar el respeto a la autoridad. En mi libro *El niño de voluntad fuerte* respondí a ese consejo del siguiente modo:

La sugerencia del doctor Woodward se basa en la noción simplista de que los niños desarrollarán actitudes dulces y cariñosas si los adultos les permitimos y les estimulamos sus berrinches durante la niñez. Según el optimista doctor Woodward, se puede esperar que ese chiquitín, que durante seis o siete años ha estado llamando «mala mujer» a su madre, la abrace de repente con amor y dignidad. Tal resultado es extremadamente improbable.

*Dr. Luther Woodward, con Morton Edwards, editor, Your Child from Two to Five [Su niño de dos a cinco años] (Nueva York: Permabooks, 1955).

Esa creativa «política de comprensión» del doctor Woodward (que significa quedarse sin hacer nada) ofrece en muchos casos un boleto de ida sin regreso hacia la rebeldía de los adolescentes. *

Creo que si se desea que los niños sean amables, agradecidos y agradables, esas cualidades hay que enseñarles, en vez de simplemente tener la vaga esperanza. Si queremos ver en nuestros hijos cualidades como honradez, honestidad y generosidad, entonces esas características deben ser, los objetivos conscientes de nuestro proceso de instrucción en su infancia. Si es importante producir jóvenes ciudadanos que sean respetuosos y responsables, entonces debemos darnos a la tarea de moldearlos para alcanzar ese fin. El argumento es evidente: la herencia genética no equipa al niño con actitudes apropiadas; los niños aprenden lo que se les enseña. No debemos esperar que la conducta anhelada aparezca por arte de magia si no hemos hecho nuestra tarea desde el principio.

La clase de consejo que el doctor Woodward y otros han ofrecido a madres y padres a lo largo de los años, ha conducido a una especie de parálisis en la forma de criar a sus niños. Al no contar con el «permiso» para intervenir y dirigir, los padres y madres quedaron únicamente con su enojo y frustración, como reacción a la conducta desafiante.

Eso me recuerda de inmediato a una familia que conocí, con cuatro de los niños más indómitos que yo hubiera visto jamás. Esos muchachos eran el terror de su vecindario. Eran irrespetuosos, gritones y agresivos. Invadían a su gusto los garajes de las casas vecinas, tomando herramientas y equipos. Se hizo necesario que los vecinos quitaran las manijas de las llaves de agua en el exterior, pues esos niños disfrutaban de dejar correr el agua cuando la familia no estaba.

Es interesante observar el método de disciplina que usaba su madre, aunque sólo fuera porque sirve de memorable ejemplo de lo que no da resultado. Su sistema de controlar a sus hijos se reducía a una fórmula sencilla. Cuando ellos hacían demasiada bulla o alboroto en el traspatio, ella salía rápidamente

* Dr. James C. Dobson, The Strong-Willed Child [El niño de voluntad fuerte] (Wheaton: Tyndale House Publishers, Inc., 1978), p. 55.

por la puerta más o menos una vez cada hora, y gritaba «¡Ya no los aguanto mas, niños! ¡Ahora sí que no los aguanto más!»

Y entonces daba media vuelta y entraba de nuevo en la casa. Los niños nunca levantaban siquiera la mirada para verla. Si acaso sabían que estaba allí, no daban el menor indicio. Pero por lo visto ella sentía que bastaba con salir a la puerta, de vez en cuando, como un reloj de cucú, y recordarles que todavía estaba en funciones. Debe haber una mejor forma de realizar la impresionante tarea de ser padres que nos ha asignado Dios.

Si ambos extremos son perjudiciales, ¿cómo encontramos la seguridad de un punto intermedio? Sin duda hay una filosofía lógica y razonable sobre la crianza de los niños, que podrá orientar nuestras interacciones cotidianas en el hogar. ¿No será posible que a los científicos del campo social se les ocurra un plan de juego realizable? Tal vez esto suene como una herejía por parte de un hombre que pasó diez años de su vida en la investigación del comportamiento y médica, pero no creo que la comunidad científica sea la mejor fuente de información acerca de las técnicas apropiadas del papel de padres. Desde luego, se han realizado investigaciones importantes. Pero el tema de las relaciones entre padres e hijos es increíblemente complicado y sutil. La única forma de investigarlo científicamente es reducir la relación a sus mínimos comunes denominadores, para poder examinarlo. Pero al hacerlo así, el punto principal se pasa por alto. Hay cosas en la vida que son tan complicadas que casi se resisten a un escrutinio riguroso, y la disciplina que dan los padres (en mi opinión) parece ser una de ellas.

La mejor fuente de orientación para los padres se puede hallar en la sabiduría de la ética judeocristiana, que tuvo su origen en el propio Creador y luego fue transmitida de generación en generación, desde los tiempos de Cristo. Esto era lo que mi madre, mi abuela y mi bisabuela entendían casi intuitivamente. Había dentro de la cultura occidental un conocimiento común acerca de los niños y sus necesidades. No toda la gente lo aplicaba, pero la mayoría estaba de acuerdo con sus principios. Hace cien años, cuando nacía un bebé, las tías, las hermanas y las abuelas venían a enseñarle a la nueva madre cómo cuidar de su hijo. Lo que estaban haciendo era transmitir la sabiduría tradicional—el legado—a la siguiente generación, realizando posteriormente el mismo servicio para los recién llegados al vecindario. Ese sistema funcionó bastante bien hasta la década de 1920 y un poco después. Pero entonces la cultura comenzó lentamente a perder confianza en esa tradición, y pasar su lealtad más bien a los expertos. J. B. Watson, experto en el comportamiento humano, fue uno de los primeros y más influyentes guías que aparecieron. Ofrecía lo que él llamaba un método infalible para la crianza de los niños, y las madres se tragaron el anzuelo, el hilo y la caña. Con sólo que siguieran su consejo, decía él, ellas podrían producir cualquier clase de niño que quisieran... «un médico, un pintor, un jurista elocuente, un empresario, y ¡claro, hasta un mendigo o un delincuente!»

Watson aconsejaba a padres y madres, si querían lograr los mejores resultados, que no mostraran cariño alguno por sus hijos. Escribió:

> Nunca los abrace ni los bese, nunca los deje mecer en su regazo. A lo mucho, béselos una sola vez en la frente cuando se van a acostar. Por la mañana dense un apretón de manos... Recuerde, cuando usted sienta la tentación de mimar a su niño, que el amor materno es un instrumento peligroso. Es un instrumento que puede infligir una herida que no sanará nunca, una herida que puede hacer que la infancia sea infeliz, que la adolescencia sea una pesadilla, un instrumento que puede destruir a su hijo o hija, en la edad adulta, su futura vocación y sus oportunidades de felicidad en el matrimonio.*

Hoy día este consejo del doctor Watson nos parece un verdadero absurdo, y en efecto eso es exactamente lo que es. Incluso es difícil creer que alguien hubiera dado crédito a un consejo así en 1928. Aun así Watson fue enormemente popular en su tiempo, y sus libros se vendieron por millones. Madres y padres se esforzaron diligentemente por «condicionar» a sus hijos en la forma que recomendaba ese sujeto irracional.

Luego vinieron el doctor Sigmund Freud, y el doctor Benjamín Spock, y el doctor A. S. Neill (ver el capítulo 7), y el doctor Tom

---

* John B. Watson and R. R. Watson, *Psychological Care of Infant and Child* [El cuidado psicológico del bebe y el niño] (Norton & Company, 1928), pp. 81-82, 87.

Gordon, y la doctora Ruth Westheimer, y Phil Donahue, y Oprah Winfrey, y revistas para amas de casa, y por último un periódico para «mentes inquietas que quieren saber». Con cada sugerencia nueva y extraña que aparecía, yo me preguntaba: Si ese nuevo enfoque de la crianza de los niños es tan maravilloso, ¿por qué no se practicó hasta ahora? ¿Cómo es posible que 20.000 millones de padres a lo largo de más de cinco mil años se hayan quedado sin notar ese concepto? ¡Sin duda, la experiencia acumulada de toda esa labor de ser madres y padres debiera de valer al menos un poco!

Mi propósito principal al escribir este libro—tanto la versión de 1970 como esta recomposición—ha sido consignar para la posteridad mi modo de entender el concepto judeocristiano de la paternidad, que ha servido de guía a millones de madres y padres durante siglos. Estoy convencido de que ese concepto demostrará ser exitoso también en su familia. Pasemos, entonces, a examinar cinco fundamentos de la crianza de niños basados en el sentido común.

1. El inculcar respeto por los padres es el factor crucial en la educación del niño. Es imperativo que el niño aprenda a respetar a sus padres, no para satisfacer su ego, sino porque su relación con ellos sirve de base en su trato con el resto de la gente en el futuro. Su modo de ver la autoridad de los padres en los primeros años se convierte en la piedra angular para su actitud futura ante la autoridad escolar, los funcionarios de la ley, los jefes y otras personas con quienes en algún momento va a convivir y trabajar. La relación entre padres e hijos es la primera y la más importante relación social que el pequeño tendrá, y las fallas y obstáculos que allí se experimenten se podrán ver con frecuencia en etapas posteriores de la vida.

El respeto a los padres debe mantenerse por otra razón igualmente importante. Si usted quiere que su hijo acepte sus valores cuando llegue a la adolescencia, entonces usted debe hacerse digno de su respeto durante los primeros años del niño. Cuando un hijo logra exitosamente desafiar a sus padres durante sus primeros quince años, riéndose de ellos en su cara y burlándose con terquedad de su autoridad, va formándose un desprecio natural hacia ellos.

«¡Esos viejos tontos de mamá y papá! Me los he echado en el bolsillo. Claro que me quieren, pero en realidad creo que me tienen miedo». Es posible que un niño no articule esas palabras, pero las siente cada vez que demuestra ser más astuto que sus padres y cada vez que gana las confrontaciones y peleas. Más adelante es probable que demuestre su falta de respeto en formas más descaradas. Al considerar que sus padres son indignos de su respeto, muy bien puede rechazar todo vestigio de la filosofía y la fe que ellos tienen.

Este factor es también de vital importancia para los padres cristianos que quieren transmitir a sus hijos e hijas el amor que ellos tienen por Jesucristo. ¿Por qué? Porque los niños pequeños típicamente identifican a sus padres—y especialmente a su papá—con Dios. Por consiguiente, si la mamá y el papá no son dignos de respeto, entonces tampoco lo son su moral, su patria, sus valores y creencias, y ni siquiera su fe.

Cuando nuestro hijo tenía dos años, me sorprendió saber que en su mente me identificaba de cerca con Dios. Ryan nos había visto a su mamá y a mí orar antes de cada comida, pero nunca le habíamos pedido a él decir la acción de gracias. Cierto día, cuando yo estaba fuera de la ciudad, en un viaje de trabajo, mi esposa Shirley se volvió espontáneamente hacia el pequeño y le preguntó si quería decir la oración antes de comer. La invitación lo sorprendió, pero juntó sus manitas, inclinó la cabeza, y dijo:

—Te quiero mucho, papito. Amén.

Cuando regresé a casa y Shirley me contó lo que había pasado, el relato me incomodó. No me había dado cuenta de hasta qué punto Ryan me identificaba a mí con su «Padre celestial». Ni siquiera estaba seguro de querer asumir esa función. Era un puesto demasiado elevado, y no quería tomar esa responsabilidad. Pero no tenía opción, y usted tampoco la tiene. Dios nos ha dado la tarea de representarlo a Él durante los años formativos de la paternidad. Por eso resulta tan fundamental que pongamos a nuestros niños en contacto con los dos rasgos predominantes de Dios: su profundo amor y su justicia. Si amamos a nuestros hijos, pero les permitimos que nos traten sin respeto ni consideración, habremos distorsionado su comprensión del Padre. Por otro lado, si ejercemos una disciplina rígida sin mostrar amor, habremos empujado la balanza en la otra dirección. Lo que les enseñamos a nuestros hijos acerca del Señor es una función, hasta cierto punto, del ejemplo que les damos de amor y disciplina en nuestra relación con ellos. Asusta, ¿verdad?

La cuestión del respeto también es útil para orientar a los padres en su interpretación de una conducta determinada. Ante todo, decida si un acto indeseable representa un desafío directo a su autoridad, a su posición directiva como padre o madre. La forma de acción disciplinaria que emprendan debe depender del resultado de esa evaluación.

Por ejemplo, supongamos que Luisito está jugando en la sala y tropieza con una mesa, quebrando muchas tazas de porcelana caras y otros objetos. O supongamos que Clara pierde su bicicleta o deja la cafetera de su mamá afuera bajo la lluvia. Estos son actos de irresponsabilidad infantil y deben ser tratados como tales. Quizás el padre o la madre dejará pasar por alto el acontecimiento, o tal vez pondrá a su hijo a trabajar para pagar las pérdidas, según su edad y madurez, por supuesto.

Sin embargo, estos dos ejemplos no constituyen desafíos directos a la autoridad. No derivan de una desobediencia deliberada y altanera, y por lo tanto, no deben ocasionar castigos serios. A mi modo de ver, las nalgadas (de lo cual trataremos después) deben reservarse para el momento en que un niño (entre la edad de un año y medio hasta diez años) expresa a sus padres en forma desafiante: «¡No lo voy a hacer!» o «¡Cállense la boca!» Cuando los pequeños transmiten esa clase de rebeldía pertinaz, uno debe estar dispuesto a responder inmediatamente al desafío. Cuando tiene lugar una confrontación cara a cara entre usted y su hijo, no es hora de conversar sobre las virtudes de la obediencia. No es la ocasión para mandarlo a su dormitorio a hacer pucheros. Tampoco es apropiado postergar las medidas disciplinarias hasta que su cónyuge regrese cansado del trabajo.

Usted ha trazado una línea en el suelo, y el niño, deliberadamente, ha extendido el piececito al otro lado de ella. ¿Quién va a ganar? ¿Quién es más valiente? ¿Quién manda aquí? Si usted no responde en forma terminante esas preguntas a sus niños de voluntad fuerte, ellos precipitarán otros confrontamientos diseñados especialmente para plantear las mismas preguntas, una y otra vez. La máxima paradoja de la infancia es que los pequeños quieren ser guiados, pero insisten en que sus padres se ganen el derecho a guiarlos.

Cuando las madres y los padres se quedan sin asumir el

mando en momentos de desafío, crean para sí mismos y para su familia lo que puede ser toda una vida de pesadumbre. Eso fue lo que ocurrió en el caso de los Holloway, padres de una adolescente llamada Rebeca (no son los nombres verdaderos). El señor Holloway acudió a verme una tarde, desesperado, y me narró la causa de su preocupación. A Rebeca nunca se le había exigido obedecer ni respetar a su padres, y sus primeros años habían sido tensos para toda la familia. La señora Holloway abrigaba la confianza de que algún día Rebeca se volvería dócil, pero eso nunca llegó a ocurrir. Ella mantuvo un absoluto desprecio por sus padres desde la más tierna infancia, y era malhumorada, irrespetuosa, egoísta y poco cooperadora. Los esposos Holloway no creían tener derecho a hacerle exigencias a su hija, de modo que sonreían cortésmente y fingían no notar su espantosa conducta.

La actitud generosa de los padres se hizo más difícil de mantener a medida que Rebeca se precipitó en la pubertad y la adolescencia. Estaba continuamente descontenta, y mofándose de su familia en señal de disgusto. Los esposos Holloway tenían miedo de contradecirla en modo alguno, porque ella desataba las rabietas más violentas que se puedan imaginar. Ellos eran víctimas de un chantaje emocional. Pensaron que podían comprarle su cooperación, lo cual los condujo a instalarle en el cuarto un teléfono privado. Ella lo aceptó sin agradecerlo, y durante el primer mes de uso acumuló una cuenta monstruosa.

Les pareció que tal vez una fiesta la haría feliz, y la señora Holloway se esforzó mucho por decorar la casa y preparar el refrigerio. La noche señalada, un montón de adolescentes sucios y profanos invadió la casa, rompiendo y destruyendo los muebles. Durante el curso de la noche la señora Holloway dijo algo que enojó a Rebeca. La muchacha golpeó a su madre, y la dejó tirada en el baño en un charco de sangre.

El señor Holloway, que a la sazón estaba fuera de casa, regresó y encontró a su esposa desamparada sobre el piso; a su despreocupada hija la localizó en el traspatio, bailando con sus amigos. Al describir los detalles de su reciente pesadilla, los ojos se le llenaron de lágrimas. Su esposa, según dijo, todavía estaba en el hospital meditando en sus fallas como madre, mientras se recuperaba de las lesiones.

Padres y madres como los Holloway suelen no entender cómo es que obran juntos el amor y la disciplina para influir en las actitudes de un hijo. Estos dos aspectos de una relación no son términos opuestos que actúan el uno contra el otro. Son más bien dos dimensiones de la misma cualidad. El uno exige el otro. La acción disciplinaria no es un ataque contra el amor paternal; es una función de éste. El castigo apropiado no es algo que los padres le hacen a un hijo que aman; es más bien algo que hacen por él o ella. Si los Holloway hubieran comprendido esa sencilla realidad, cuando Rebeca era pequeña, se habrían ahorrado una pesadilla en su adolescencia.

La disposición de ellos cuando Rebeca se rebeló siendo preescolar debió haber sido: «Te amo demasiado como para permitir que te portes así». Para un niño pequeño, las palabras que describen imágenes pueden ayudar a transmitir más claramente este mensaje. Lo que sigue es un relato que yo usaba con nuestros niños cuando estaban muy pequeños, cuando cruzaban el límite de la conducta inaceptable:

> Oí hablar de un pajarito que estaba en su nido con su mamá. La mamá pájaro se fue a traer unos gusanos para comer, y le dijo al pajarito que no saliera del nido mientras ella no estaba. Pero el pajarito no le hizo caso. De un salto salió del nido y cayó al suelo, donde un enorme gato lo atrapó. Cuando te digo que me hagas caso, es porque sé qué es lo mejor para ti igual que la mamá pájaro sabía qué era lo mejor para su hijito. Cuando te digo que te quedes en el jardín del frente, es porque no quiero que salgas corriendo a la calle donde un auto te puede atropellar. Te quiero mucho y no quiero que te suceda nada malo. Si no me haces caso, tendré que castigarte para ayudarte a recordar lo importante que es. ¿Me entiendes?

Mi madre tenía una comprensión sorprendentemente aguda de los buenos procedimientos disciplinarios, como lo he indicado. Era muy tolerante respecto a mi conducta infantil, y en la mayoría de los asuntos yo la encontraba razonable. Si llegaba tarde de la escuela y podía explicar qué había ocasionado el retraso, la cosa no pasaba a más. Si yo no terminaba mi tarea, podíamos sentarnos juntos y llegar a un acuerdo para futura acción. Pero había algo por lo cual ella se mostraba absolutamente estricta: no toleraba la insolencia. Ella sabía que el contestar con altanería y el replicar eran el arma más potente de desafío que un niño tenía a su alcance, y eso había que desalentarlo.

Muy temprano aprendí que si quería emprender un ataque irrespetuoso contra ella, más me valía pararme por lo menos a cuatro metros de distancia. Esa distancia era necesaria para esquivar una reacción instantánea... que por lo general tenía como blanco mis nalgas.

El día que aprendí la importancia de mantenerme fuera de su alcance, brilla en mi mente como una luz de neón. Cometí el costoso error de contestarle con insolencia, estando a poco más de un metro. Supe que había traspasado el límite, y me pregunté qué iba a hacer ella al respecto. No tardé mucho en recibir la respuesta. Mi mamá se dio vuelta para agarrar algo con lo cual expresar su desagrado, y su mano aterrizó en una faja. Eran los días en que una faja interior de mujer estaba forrada con remaches y misteriosos paneles. Se inclinó hacia atrás y lanzó aquella abominable prenda en dirección donde estaba yo, y todavía puedo oírla silbando por el aire. El golpe deliberado me dio contra el pecho, seguido de una multitud de tiras y hebillas que se me enrollaron en la cintura. ¡De un solo golpe me dio toda una paliza! Pero a partir de ese día siempre medí con cuidado mis palabras cuando me dirigía a mi madre. Jamás volví a hablarle irrespetuosamente, ni siquiera cuando llegó a los setenta y cinco años.

Esa historia la he contado muchas veces a lo largo de los años, con reacciones interesantes. La mayoría de las personas la han encontrado divertida, y han comprendido cabalmente el sentido inocuo de aquella acción. Pero unos pocos, que nunca conocieron a mi madre y que no sabían lo mucho que me quería, la condenaron prontamente por el abuso de aquel acontecimiento. Cierto psicólogo cristiano llegó incluso al punto de escribir en su libro un capítulo sobre la maldad de esa tunda. Otro hombre en Wichita, Kansas, se puso tan furioso conmigo por contar esa historia, que se negó a venir a oír una conferencia mía.

Posteriormente admitió que había leído mal la palabra faja, y había pensado que mi madre me había pegado con una sartén. *

Si usted se inclina a concordar con los críticos, tenga la bondad de escuchar mi argumento completo. Soy la única persona en la tierra que puede informar con precisión el impacto de la acción de mi madre. Soy el único que lo vivió. ¡Y estoy aquí para decir que ese golpe de faja fue un acto de amor! Mi madre habría entregado su vida por mí sin dudarlo un momento, y yo siempre lo sabía. No habría dañado jamás un solo cabello de mi despeinada cabeza. Sí, ella se enojó ante mi insolencia, pero su reacción repentina fue una maniobra de corrección. Los dos sabíamos que yo la merecía con creces. Y por eso el dolor momentáneo de aquel suceso no puso en peligro mi sentido de dignidad propia. Créanme o no, me hizo sentirme amado. Gústele o no, doctor psicólogo, pero esa es la verdad.

Ahora permítanme decir lo que es obvio. Con facilidad puedo ver cómo la misma escena habría podido representar un profundo rechazo y hostilidad de primer orden. Si yo no hubiera sabido que ella me amaba, si yo no hubiera merecido el castigo, si hubiera sido que frecuente e injustamente me golpeaban por ofensas menores, entonces yo habría sufrido graves daños a causa de la misma faja voladora. El dolor menor no era la variable crítica. Lo que importaba era el significado del hecho.

Ese episodio específico ilustra por qué es tan difícil realizar una investigación definitiva sobre las prácticas de crianza de los niños. Los factores críticos son demasiado subjetivos como para hacer una selección al azar y analizarlos. Esa complejidad explica también por qué los trabajadores sociales, al tratar de rescatar a los niños de hogares donde presuntamente se abusa de ellos, suelen tener tantos problemas para dictaminar con justicia. Muchos buenos padres, en hogares donde existe amor, han perdido la custodia de sus hijos e hijas a causa de evidencias que se interpretan mal. Por ejemplo, un moretón de un centímetro de diámetro en las nalgas de un niño de piel muy blanca, puede ser o no puede ser indicador de una situación abusiva. En un hogar que por lo demás es seguro y amoroso, ese moretón

---

* John B. Watson and R. R. Watson, Psychological Care of Infant and Child [El cuidado psicológico del bebe y el niño] (Norton & Company, 1928), pp. 81-82, 87.

puede no haber tenido mayor impacto psicológico que un raspón en la rodilla o una abolladura en un dedo del pie. Una vez más, el punto importante no es la pequeña contusión; es más bien el significado detrás de la acción: la forma como se causó, y el tono general de la relación. Sin embargo, hay padres llenos de pesar que han perdido a sus hijos en base a una única evidencia de esa naturaleza. A eso lo llamamos abuso contra los padres.

Por favor, que nadie escriba acusándome de defender a padres y madres que de manera rutinaria maltratan y dañan a sus hijos, aunque sea levemente. Eso es incorrecto. Eso no debe suceder. Pero alguien debe tener el valor de decir que debemos fijarnos en la relación total antes de sustraer a un niño de la seguridad de un buen hogar, y no basar en una sola evidencia una decisión que cambiará su vida.

Volviendo a nuestro tema del respeto, permítaseme hacer hincapié en que eso no podrá funcionar apropiadamente como algo unilateral; debe ser recíproco. Los padres no pueden exigir que sus hijos los traten con dignidad si no están dispuestos a hacer lo mismo a cambio. Los padres deben tratar con cortesía a sus niños, sin humillarlos ni avergonzarlos jamás frente a sus amigos. Por lo general, la disciplina debe administrarse lejos de los ojos curiosos de quienes se gozan en contemplar eso. No hay que reírse de los niños si eso los hace sentirse incómodos. Sus profundos sentimientos y solicitudes, aunque parezcan tontos, deben ser objeto de una apreciación sincera. Ellos deben sentir que sus padres «realmente sí se interesan por mí». El amor propio es el atributo más frágil de la naturaleza humana. Puede ser dañado por incidentes menores, y su reconstrucción suele ser difícil de realizar.

Por ejemplo, un padre que es sarcástico y mordaz en su modo de criticar a sus hijos, no puede esperar ser retribuido con un auténtico respeto. Quizás sus hijos le tengan suficiente miedo como para ocultar su desprecio. Pero a menudo buscarán venganza cuando sean adolescentes. Los niños saben muy bien que no les conviene burlarse de la autoridad mientras estén todavía bajo su control. De manera que un padre malvado y gruñón puede intimidar a su familia durante un tiempo, pero si no muestra respeto por quienes viven con él, es posible que ellos le devuelvan su hostilidad cuando lleguen a una posición más segura en la temprana edad adulta.

LA EDAD DE LAS TRAVESURAS
EN SU APOGEO

Antes de dejar el tema del respeto, digamos algunas cosas respecto a ese maravilloso tiempo de la vida que se conoce como la edad de las travesuras. Comienza con un estallido (por ejemplo una lámpara o un florero de porcelana que se rompe en mil pedazos) más o menos al año y medio de edad, y avanza lleno de emociones y acontecimientos más o menos hasta el tercer cumpleaños. Un niño de esa edad es el enemigo más empecinado de la ley y del orden, y cree sinceramente que el universo da vueltas alrededor de él. Con su propio estilito simpático, resulta curioso, encantador, divertido, adorable y emocionante, pero también egoísta y exigente, rebelde y destructivo. El actor cómico Bill Cosby debe de haber perdido unas cuantas batallas a manos de niños de esa edad, pues se cita de él esta frase: «Denme doscientos niños activos de dos años de edad, y podría conquistar el mundo entero».

Los niños entre un año y medio hasta los tres años de edad no quieren que se les restrinja ni se les prohiba en modo alguno, ni se muestran inclinados a ocultar su punto de vista. Resienten cada siestecita que se les impone, y la hora de acostarse se convierte en una batalla agotadora y horripilante. Quieren jugar con todo lo que está a su alcance, particularmente los adornos frágiles y caros. Prefieren usar sus pantalones en vez del orinal, e insisten en comer con las manos. Y debo recordarles a ustedes que la mayor parte de lo que entra en la boca de ellos no es comida. Cuando se vuelven locos en una tienda, corren tan rápido como pueden llevarlos sus veloces piernecitas. Agarran al gatito por las orejas, y al sentir el arañazo arman el escándalo más grande. Quieren que mamita pase todo el santo día a menos de un metro de distancia, preferiblemente cumpliendo la función de compañera de juegos a tiempo completo. Sin duda, ¡el niño de esta edad es un tigre!

Los padres y madres que hacen todo correctamente al manejar a estos preciosos bebés, aun así es probable que les resulten difíciles de controlar. Por esa razón los padres no deben abrigar la esperanza de hacer que sus niños de dos años actúen como niños más maduros. Una mano firme pero paciente logrará, con el tiempo, apaciguar al pequeño anarquista, pero probablemente no antes de que cumpla tres o cuatro años. Lamentablemente, sin embargo, la actitud del niño para con la autoridad puede ser perjudicada gravemente durante la edad de las travesuras. Los padres y madres que sienten tanto cariño por esa graciosa personita amada, que no se atreven a correr el riesgo de contradecirlo, pueden perder el control sobre él para no recuperarlo jamás. Este es el momento para que los padres establezcan su autoridad, con cariño pero también constancia, como los jefes a quienes debe ajustar cuentas.

En cierta ocasión traté con la madre de un rebelde muchacho de trece años, el cual resistía cualquier insinuación de autoridad paterna. No regresaba a casa sino hasta que fueran al menos las dos de la mañana, y deliberadamente desobedecía toda solicitud que ella le hiciera. Dando por entendido que su falta de control sobre él era una dificultad que venía de mucho tiempo atrás, le pregunté si podía narrarme la historia de este problema. Ella recordaba claramente cuando había comenzado todo: Su hijo tenía menos de tres años por entonces. Ella lo llevó al dormitorio y lo colocó en su cuna, y él le escupió en la cara.

Ella le explicó la importancia de no escupirle a mamá en la cara, pero se vio interrumpida por otro proyectil mojado. A esta madre se le había dicho que todas las confrontaciones podían ser resueltas mediante el amor, la comprensión y el diálogo. Entonces se limpió la cara y comenzó otra vez, instante en el cual fue alcanzada por otro lanzamiento, con excelente puntería. Como ella se sentía cada vez más frustrada, lo estremeció con las manos... pero no con suficiente fuerza como para impedirle dar en el blanco con el siguiente salivazo.

¿Qué le quedaba entonces? Su filosofía no le ofrecía ninguna solución honrosa a este embarazoso desafío. Finalmente, salió aprisa del cuarto, completamente enfurecida, y su pequeño contrincante escupió contra la parte posterior de la puerta cuando ésta se cerró. ¡Ella perdió y él ganó! Esta madre exasperada me contó que, después de esa noche, ella jamás había vuelto a tener control sobre su hijo.

Cuando los padres pierden esas tempranas confrontaciones, los conflictos posteriores se vuelven más difíciles de ganar. Los padres que son demasiado débiles, o que están demasiado cansados u ocupados como para ganar, cometen un costoso error que los acosará durante la adolescencia de su hijo. Si usted no puede hacer que un niño de cinco años recoja sus juguetes, es poco probable que vaya a ejercer mucho control durante la etapa más desafiante de su vida.

Es importante entender que la adolescencia es una condensación o compendio de toda la instrucción y la conducta que la han precedido. Cualquier asunto que quede sin arreglar durante los primeros doce años tiene probabilidades de infestarse y salir a flote durante la adolescencia. Eso quiere decir que el momento apropiado para empezar a desactivar la bomba de tiempo de la adolescencia es doce años antes de que ésta llegue. El doctor Bill Slonecker, pediatra de Tennessee y muy buen amigo mío, dijo en cierta ocasión en mi programa de radio «Enfoque a la familia»: «Si la disciplina comienza el segundo día de vida, ya lleva usted un día de retraso».

El doctor Slonecker no se estaba refiriendo a darle nalgadas a un bebé, ni a ninguna otra forma de castigo físico en sí. Más bien se refería a que los padres estuvieran en dominio de la situación amando a su hijo lo suficiente como para establecer el control sobre él. Con demasiada frecuencia él atendía en su consultorio privado a madres que tenían miedo de gobernar a sus bebés. Llamaban al consultorio y se quejaban desesperadas: «Mi bebé de seis meses está llorando y lo siento muy caliente». Él les preguntaba si el niño tenía fiebre, a lo cual la respuesta era: «No lo sé. Es que no me deja tomarle la temperatura». Esas madres ya habían cedido parte de su autoridad a sus bebés. Vivirán para lamentarlo.

Debo señalar que hay algunas formas de conducta rebelde que son claramente diferentes en su origen de ese desafío «insolente» que he venido describiendo. El antagonismo de un niño y su terco negativismo pueden emanar de la frustración, la desilusión o el rechazo, y deben interpretarse como señal de advertencia a la que hay que prestar atención. Tal vez la tarea más difícil del papel de padres estriba en discernir la diferencia entre esas dos motivaciones distintas.

La conducta resistente de un niño envía siempre un mensaje para sus padres, que ellos deben descifrar antes de reaccionar. Ese mensaje suele tomar la forma de una pregunta:

«¿Son ustedes los que mandan o soy yo?» En este caso, lo apropiado es una respuesta clara que desanime todo intento futuro de derrocar el gobierno constituido del hogar. Por otro lado, el antagonismo del pequeño puede ser su modo de decir: «Me siento poco amado, ahora que apareció el obstáculo de ese hermanito, el bebé gritón. Antes mamá se ocupaba de mí; ahora nadie me quiere. Detesto a todo el mundo». Cuando es este tipo de significado lo que subyace a la rebeldía, los padres deben tomar medidas cuanto antes para apaciguar su causa.

Los padres más eficientes son los que tienen la destreza de penetrar en la mente de su hijo, viendo lo que ve, pensando lo que piensa, sintiendo lo que siente. Por ejemplo, cuando un niño de dos años grita y llora a la hora de ponerlo en la cama, hay que determinar qué es lo que está comunicando. Si es que está verdaderamente asustado por la oscuridad de su cuarto, la reacción apropiada debe ser muy diferente a si es que simplemente está protestando por tener que irse a dormir. El arte de ser buenos padres gira en torno a la interpretación del significado que está detrás de la conducta.

Si los padres conocen intuitivamente a su hijo, podrán observar y discernir lo que está sucediendo en su cabecita. El niño les dirá lo que está pensando, si ellos aprenden a escuchar con cuidado. Sin embargo, a no ser que lleguen a dominar esa capacidad, estarán continuamente tropezando en la obscuridad en su búsqueda de una reacción apropiada.

Para repetir el primer punto, el objetivo primordial de disciplinar al niño es obtener y mantener su respeto. Si los padres fracasan en esa tarea, la vida se vuelve realmente muy incómoda. Ahora pasaremos a los otros cuatro elementos del enfoque tradicional de la crianza de los hijos, de los cuales se tratará en el capítulo siguiente.

3

Mayor sentido común sobre los niños

En el primer capítulo señalé que había ciertos riesgos relacionados con el hecho de ser yo un joven padre y a la vez decidir escribir y dar conferencias acerca de la disciplina de los hijos. Eso ponía una enorme presión sobre nuestra imperfecta familia en aquellos días. Pero Dios me dio unos hijos buenos, y la experiencia de vivir como en una pecera la manejamos bastante bien. Sin embargo, hubo unos cuantos momentos difíciles que resultaron muy vergonzosos.

Una de esas pesadillas ocurrió un domingo por la noche en 1974, cuando Danae tenía nueve años y Ryan casi cinco. En esa ocasión se me había pedido dar una charla en el culto de una iglesia, cerca de nuestra casa. A fin de cuentas, cometí esa noche dos grandes errores. El primero fue que decidí hablar sobre la disciplina de los hijos, y el segundo fue que llevé conmigo a mis hijos a la iglesia. Debí haber sabido que convenía hacer algo diferente.

Después de pronunciar aquella noche mi mensaje agradable, agudo e informativo, y que provocaba a reflexión, me quedé de pie en la parte delantera del templo para hablar con padres y madres que estuvieran pidiendo más consejo. Se reunieron a mi alrededor tal vez unos veinticinco padres, cada uno de los cuales iba haciendo por turno preguntas específicas. Ahí estaba yo, impartiendo profunda sabiduría sobre la educación de los hijos como una máquina de venta automática, cuando en eso todos oímos un fuerte golpe en el balcón. Miré hacia arriba horrorizado y divisé a Danae persiguiendo a Ryan por encima de los asientos, riéndose y tropezando y corriendo por todo el piso superior. Aquel fue uno de los momentos más embarazosos de mi vida. Difícilmente podía seguir diciéndole a la señora que estaba frente a mí cómo controlar a sus hijos, cuando los míos estaban armando un desastre en el balcón; tampoco podía echarles mano con facilidad. Por fin logré cruzar una mirada con Shirley y le hice señas de que emprendiera una misión antiterrorista en el segundo piso. Jamás volví a hablar en público sobre ese tema con mis hijos a cuestas.

Cuento esa historia para aclarar la meta de una crianza adecuada de los hijos. No se trata de producir muchachos perfectos. Aunque usted establezca en su hogar un sistema impecable de disciplina, como nadie en toda la historia lo ha hecho, sus niños seguirán siendo niños. A veces serán atolondrados, destructivos, perezosos, egoístas y—¡sí!—también irrespetuosos. Tal es la naturaleza de la humanidad. Nosotros, como adultos, tenemos los mismos problemas. Además, cuando de los niños se trata, así es como debe ser. Los niños y las niñas son como relojes; hay que dejarlos funcionar. Lo que quiero decir es que los principios de este libro no están diseñados para producir pequeños robots perfectos que se puedan sentar en la sala con las manos juntas, abrigando sólo pensamientos patrióticos y nobles. Aun si pudiéramos generar eso, no sería sabio intentarlo.

El objetivo, a mi modo de ver, es tomar la materia básica con que nuestros bebés llegan al mundo, y luego irla moldeando poco a poco hasta formar adultos maduros y responsables que teman a Dios. Es un proceso de veinte años que traerá consigo progresos, contratiempos, éxitos y fracasos. Cuando el niño cumpla los trece años, por un tiempo usted podrá jurar que él ha perdido de vista todo lo que usted creyó haberle enseñado: modales, amabilidad, gracia y estilo. Pero después empieza a predominar la madurez, y las pequeñas plantitas de las siembras pasadas comienzan a brotar. Es una de las experiencias más satisfactorias de la vida el observar ese progreso desde la infancia hasta la edad adulta, en el lapso de dos dinámicas décadas.

Pasemos ahora a comentar los cuatro principios restantes de la manera de usar el sentido común en la crianza de los niños.

2. La mejor oportunidad para comunicarse suele darse después de una acción disciplinaria. No hay nada que acerque más a los padres con su hijo que el que la madre o el padre ganen decisivamente después de ser desafiados con insolencia. Esto es particularmente válido si el niño se lo andaba «buscando», sabiendo perfectamente bien que merecía lo que recibió. La demostración de la autoridad de los padres es algo que reconstruye el respeto como ningún otro proceso puede hacerlo, y con frecuencia el niño revelará su cariño después que se sequen las primeras lágrimas.

Por esta razón, los padres no deben aterrorizarse ni abstenerse de las confrontaciones con sus hijos. Uno debe anticipar estas ocasiones como acontecimientos importantes, porque proporcionan la oportunidad de transmitir a los hijos mensajes verbales y no verbales que no se pueden expresar en otras ocasiones. Permítame recalcar una vez más que no estoy sugiriendo que los padres usen castigos excesivos en estas situaciones. Al contrario, una pequeña dosis de sufrimiento logra muchísimo para ablandar el espíritu rebelde del niño. Sin embargo, las nalgadas deben ser de suficiente magnitud como para causar auténticas lágrimas.

Después del desahogo emocional, el niño a menudo querrá acurrucarse contra el pecho de su padre o madre, y debe ser bienvenido con brazos abiertos, cálidos y amorosos. En ese momento, los dos podrán hablar de corazón a corazón. Usted puede decirle lo mucho que lo quiere, y lo importante que es él para usted. Puede explicarle por qué fue castigado, y cómo puede evitar esa dificultad la próxima vez. Este tipo de comunicación suele ser imposible con otras medidas disciplinarias, como el poner al pequeño de pie en un rincón o el quitarle su juguete favorito. Un niño resentido generalmente no quiere hablar.

Este punto se puede ilustrar con una confrontación que mi esposa tuvo una vez con nuestra hija Danae. Cuando Danae no era más que una ternura de quince meses, Shirley quería encender una hoguera en la chimenea y necesitaba ir al otro lado del garaje para conseguir un poco de leña. Como estaba lloviendo, le dijo a Danae, que estaba descalza, que la esperara en la puerta. Y como Danae había aprendido a hablar muy temprano, conocía bien el significado del mandato. Aun así, de repente se fue dando pasitos a través del patio mojado. Shirley la atrapó y la llevó de regreso, repitiendo la orden con más firmeza. Pero tan pronto como Shirley dio media vuelta, Danae reanudó su expedición. Era un acto inconfundible de desobediencia a sus instrucciones claras. De modo que, al tercer viaje, Shirley le dio varios golpes en sus piernecitas con un látigo.

Después que cesaron sus lágrimas, la chiquitina se acercó a Shirley junto a la chimenea y extendió los brazos, diciendo: «Dame un abrazo mamita». Shirley recogió a Danae tiernamente en sus brazos, y la meció durante quince minutos. Durante esos tiernos momentos, le habló con dulzura sobre la importancia de la obediencia.

La cordialidad de la madre o del padre después de esas acciones de disciplina es esencial para demostrar que lo que el padre o la madre rechaza es la conducta específica, y no al niño en sí. William Glasser, creador de la Terapia de la Realidad, dejó muy clara esa distinción al describir la diferencia entre disciplina y castigo. La «disciplina» va dirigida contra la conducta objetable, y el niño aceptará su consecuencia sin resentimiento. Glasser define «castigo» como una reacción que va dirigida contra el individuo. Representa el deseo de una persona de herir a otra; y es expresión de hostilidad en vez de amor correctivo. Como tal, es algo que al niño a menudo le resiente profundamente.

Aunque yo a veces uso esos dos términos como sinónimos, estoy de acuerdo con la premisa básica de Glasser. Es indiscutible que hay una forma incorrecta de corregir al niño, que le puede hacer sentir no amado, no deseado, e inseguro. Una de las mejores garantías para que esto no ocurra es una conclusión con demostración de cariño al encuentro disciplinario.

3. Ejercer el mando sin criticar constantemente (¡sí, es posible!). El gritar y criticar constantemente a los niños se puede convertir en hábito, y por cierto un hábito inútil. Quizá alguna vez usted le haya gritado a su niño: «¡Esta es la última vez que te lo digo por última vez!» Los padres y madres suelen usar el enojo para lograr acciones, en vez de usar acciones para lograr acciones. Es agotador ¡y no da resultado! El tratar de ejercer el mando sobre los niños mediante gritos es absolutamente vano, como tratar de usar la bocina en lugar del timón para llevar la dirección del auto.

Consideremos una ilustración que podría representar a cualquiera de un millón de hogares al final de un largo e intenso día. Muerta de cansancio, la mamá siente que la cabeza le golpea por dentro como un tambor, mientras considera cómo hacer que su hijo se dé un baño y se vaya a acostar. Pero Enriquito, de ocho años, no quiere ir a acostarse y sabe por experiencia que su atormentada madre durará por lo menos treinta minutos en lograr que lo haga.

Enriquito está sentado en el piso, entretenido con sus juguetes. Su mamá mira su reloj y dice:

—Enriquito, ya son casi las nueve [exageración de treinta minutos], así que recoge tus juguetes y ve a bañarte.

Ahora bien, tanto Enriquito como su mamá saben que ella no quería decir que él se fuera a bañar inmediatamente. Sólo quería que él comenzara a pensar en bañarse. Ella habría caído muerta ahí mismo si él hubiera obedecido a su orden vacía.

Aproximadamente diez minutos después, la mamá vuelve a hablar:

—¡Vamos, Enrique, se está haciendo tarde y mañana tienes que ir a la escuela! ¡Quiero que recojas esos juguetes y luego quiero que te metas en la tina!

Ella todavía no pretende que Enriquito le obedezca, y él lo sabe. Su verdadero mensaje es: «Nos estamos acercando más, Quique». Enriquito da unas cuantas vueltas y coloca en su lugar una o dos cajas, sólo para demostrar que la oyó. Luego se sienta para jugar durante unos minutos más.

Pasan seis minutos y la mamá emite otra orden, esta vez con más pasión y un tono de amenaza en su voz:

—¡A ver, jovencito, escúchame! ¡Te dije que te movieras, y lo dije en serio!

Para Enriquito, esto significa que debe recoger sus juguetes y caminar l-e-n-t-a-m-e-n-t-e hacia la puerta del baño. Si su madre lo persigue rápidamente, entonces debe realizar su trabajo a toda prisa. Sin embargo, si la mente de su mamá se distrae antes de que ella cumpla el último paso de este rito, o si por milagro suena el teléfono, Enriquito queda en libertad de disfrutar de un alivio de unos cuantos minutos.

Como se puede ver, Enriquito y su madre están involucrados en una obra teatral de un solo acto que les es muy conocida. Los dos conocen las reglas y el papel que el otro actor desempeña. La escena entera está programada previamente, computarizada y con su respectivo guión. En la realidad, es prácticamente una repetición de una escena que se da noche tras noche. Cada vez que la mamá quiere que Enriquito haga algo que a él le desagrada, ella va avanzando a lo largo de pasos graduales de falsa ira, comenzando con tranquilidad y terminando con la cara enrojecida y amenazas. Enriquito no tiene que moverse sino hasta que ella alcance su punto de explosión.

Se trata de un juego bastante tonto. Puesto que la mamá controla a Quique con vanas amenazas, ella debe permanecer medio irritada todo el tiempo. Su relación con los hijos está contaminada, y concluye cada día con una migraña intermitente sobre su ojo izquierdo. Nunca puede contar con la obediencia al instante, porque necesita por lo menos cinco minutos para desarrollar un grado creíble de enojo.

Es mucho mejor usar la acción para lograr la conducta deseada. Hay cientos de maneras de proceder que producirán una respuesta deseada, algunas de las cuales implican un leve dolor, mientras que otras le ofrecen al niño una recompensa. El uso de recompensas o «refuerzo positivo» se trata en el capítulo siguiente, y por eso no se presentará aquí. Pero el dolor leve, o «refuerzo negativo», también puede proporcionarle al niño una excelente motivación.

Cuando el niño hace caso omiso a la solicitud calmada de obediencia que le hace su padre o madre, éste debe tener algunos medios para hacer que su hijo quiera cooperar. Para aquellos a quienes no se les ocurre ningún recurso así, voy a sugerir uno: se trata de un músculo que se encuentra bien acurrucado contra la base de la nuca. Los libros de anatomía lo llaman el trapecio, y cuando uno lo aprieta firmemente, envía al cerebro pequeños mensajeros que dicen: «Esto duele; a toda costa debes evitar que se repita». El dolor es temporal, y no puede causar daño alguno. Pero se trata de un recurso asombrosamente eficaz y práctico para los padres cuando su pequeño no hace caso de un mandato directo de moverse.

Volvamos a la escena de Enrique a la hora de acostarse, y permítame sugerir cómo se podría volver a representar más eficazmente. Para empezar, la madre debió haberle advertido de antemano que tenía quince minutos más para jugar. A nadie, niño ni adulto, le gusta una interrupción repentina de su actividad. Después habría sido sabio poner el reloj despertador o el timbre de la cocina. Al pasar los quince minutos y sonar el timbre, la mamá debió haberle dicho tranquilamente a Enriquito que fuera a bañarse. Si él no se movía inmediatamente, debió haberle apretado el músculo de la nuca. Si Enriquito aprende que invariablemente se le aplicará este procedimiento o alguna otra cosa poco agradable, se pondrá en marcha antes de que vengan las consecuencias.

Sé que algunos de mis lectores podrían alegar que la aplicación deliberada y premeditada de un dolor leve a un niño pequeño es algo rudo y muestra poco amor.

Para otros, sonará como pura barbarie. Obviamente estoy en desacuerdo. Si me ponen a escoger entre una madre acosadora, que grita y que profiere amenazas, y que estalla varias veces al día, y una mamá que tiene una respuesta razonable y controlada ante la desobediencia, yo ciertamente recomendaría lo segundo. A la larga, un hogar más tranquilo también es mejor para Enriquito, debido a que se evita la contienda entre generaciones.

En cambio, cuando un pequeño descubre que no existe amenaza alguna detrás de las miles de palabras que escucha, deja de escucharlas. Los únicos mensajes a los cuales reacciona son los que alcanzan un clímax de emoción, lo cual quiere decir que se están produciendo muchos gritos y alaridos. El niño va jalando en la dirección opuesta, poniéndole los nervios de punta a su mamá y causando tensión a la relación de padre e hijo. Pero la limitación más importante de esas reprimendas verbales es que a menudo quien las emplea tiene que recurrir al final, de todos modos, al castigo físico. Este castigo tiene también más probabilidades de ser severo, porque el adulto está irritado y descontrolado. De modo que, en vez de que la disciplina se administre de modo calmado y juicioso, el padre o la madre ha quedado enervado y enojado, y da golpes frenéticos contra el niño beligerante. No había razón para que tuviera lugar un pleito. La situación pudo haber terminado de diferente modo si la disposición de los padres hubiera sido de serenidad confiada.

Hablando suavemente, casi agradablemente, la mamá dice:

—Enriquito, tú sabes lo que pasa cuando no me haces caso. Ahora, no veo ninguna razón por la que tenga que hacerte sentir incómodo sólo para conseguir tu cooperación esta noche; pero si insistes, voy a jugar el juego contigo. Cuando suene la alarma, comunícame cuál es la decisión.

Entonces el niño tiene una elección que hacer, y las ventajas de obedecer al deseo de su madre son bien claras. No es necesario que ella grite. No es necesario que amenace con acortarle la vida. No es necesario que se irrite. Ella está al mando. Desde luego, la mamá tendrá que demostrar dos o tres veces que está dispuesta a aplicar el dolor u otro castigo, si es necesario. De vez en cuando a lo largo de los meses siguientes, Enriquito va a verificar si ella continúa al timón. Esa pregunta se responderá con facilidad.

El músculo de la nuca es una fuente sorprendentemente útil de dolor leve. Se puede utilizar en esas incontables situaciones en que se dan confrontaciones cara a cara entre el adulto y el niño. Un incidente similar me ocurrió allá en los días en que mis hijos eran pequeños. Yo acababa de salir de una farmacia, y a la entrada estaba un anciano, encorvado, de aproximadamente setenta y cinco u ochenta años de edad. Cuatro muchachos, probablemente de unos quince años, lo habían arrinconado y estaban corriendo en círculos alrededor de él. Cuando salí por la puerta, uno de los muchachos acababa de golpear el sombrero del anciano haciendo que se bajara hasta cubrirle los ojos, y ellos se estaban riendo de lo ridículo que se veía, apoyado en su bastón.

Me paré frente al anciano y sugerí a los muchachos que encontraran a otra persona a quien atormentar. Me insultaron y luego se alejaron lentamente por la calle. Me subí a mi auto y estuve lejos de allí durante unos quince minutos. Regresé a buscar algo que había olvidado, y al momento de bajarme del auto vi a los mismos cuatro muchachos salir corriendo de una ferretería cercana. El dueño iba corriendo tras ellos, agitando el puño y protestando a gritos. Posteriormente me enteré de que habían recorrido los pasillos de su tienda, derribando al suelo latas y botellas que estaban en los anaqueles. Además se habían burlado de que el hombre era judío y bastante obeso.

Cuando los muchachos me vieron llegar, sin duda pensaron que yo me creía como un nuevo Robin Hood, protector de los inocentes y amigo de los oprimidos. Uno de los jóvenes atormentadores corrió directo hasta quedar frente a mí, y me miró a los ojos desafiante. Era mucho mas bajo que yo, pero por lo visto se sentía seguro por ser un adolescente. Me dijo:

—¡Usted acaba de pegarme! ¡Lo voy a demandar por todo lo que tiene!

Tengo manos bastante grandes, proporcionadas a mi cuerpo de un metro ochenta y siete de altura y de casi noventa kilos. Obviamente era el momento de usarlas. Le agarré el músculo del hombro por ambos lados, apretando firmemente. De inmediato cayó al suelo, sosteniéndose el cuello. Se alejó rodando y luego emprendió la fuga junto con sus amigos, volviéndose para gritarme insultos.

Di parte del incidente, y más tarde, esa misma noche, recibí una llamada telefónica de la policía. Me dijeron que los cuatro jóvenes malhechores habían estado hostigando a comerciantes y clientes en esa cuadra, durante varias semanas. Sus padres se negaban a cooperar con las autoridades, y la policía se sentía maniatada. Al no contar con la ayuda de los padres, no sabían qué hacer. Ahora, al reflexionar en aquel incidente, no se me puede ocurrir una mejor forma de alimentar y cultivar la delincuencia juvenil que el modo en que la sociedad permite que ese tipo de insolencias triunfen impunemente. A Leonardo da Vinci se atribuye esta frase: «Quien no castiga el mal está ordenando que se cometa».

La disciplina fuera del hogar no es muy diferente que la disciplina dentro el hogar. Los principios mediante los cuales se puede controlar a los hijos son los mismos en ambas situaciones; lo único que cambia es la aplicación. Un maestro, un director de niños exploradores, o un líder de recreación que trata de controlar a un grupo de niños por medio de la ira, está destinado a una frustración increíble. Los niños van a descubrir hasta dónde está dispuesto a llegar el adulto antes de emprender acción alguna, e invariablemente lo van a empujar exactamente hasta ese punto.

Resulta sorprendente observar con cuánta frecuencia un maestro o líder de grupo trata de imponer medidas disciplinarias que a los niños no les desagradan. Por ejemplo, conocí a una maestra que gritaba y amenazaba y le suplicaba a su clase que cooperara. Cuando ellos se descontrolaban por completo, ¡ella se subía al escritorio y hacía sonar un silbato! ¡A los niños les encantaba! Ella pesaba como ciento diez kilos, y durante el almuerzo y el recreo los niños tramaban cómo lograr que se subiera al escritorio. Ella, sin percatarse, estaba ofreciéndoles un espectáculo, una recompensa por su indisciplina. ¡Eso resultaba mucho más ameno que estudiar las tablas de multiplicación! La actitud de los niños se parecía a la de aquel conejo del cuento, que le suplicó a la zorra que no lo tirara al zarzal. Era lo que ellos más deseaban.

Nunca hay que subestimar la conciencia que tiene un niño de que está rompiendo las reglas. Creo que la mayoría de los niños son bastante analíticos a la hora de desafiar a la autoridad: consideran con anticipación su fechoría, y sopesan sus probables consecuencias. Si hay demasiadas probabilidades de que triunfe la justicia, optan por tomar un rumbo más seguro. Esta observación queda verificada en millones de hogares, donde un pequeño empuja a uno de sus progenitores hasta el límite de la tolerancia, pero sigue siendo un dulce angelito con el otro. La mamá se queja: «Ricardito le hace mucho caso a su papá, pero a mí ni me presta atención». Ricardito no es tonto. Él sabe que con su mamá sale mejor librado que con su papá.

Para resumir este punto, el padre o la madre debe reconocer que las técnicas de control más exitosas son las que manipulan algo de importancia para el niño. Las discusiones con mucha palabrería y las amenazas vanas tienen poco o ningún poder de motivación para el niño. «¿Por qué no te compones y haces lo que se debe hacer, José? ¿Qué voy a hacer contigo, hijo? Dios mío, parece que siempre tengo que llamarte la atención.

Simplemente no puedo entender por qué no haces lo que se te dice. Si al menos una sola vez te portaras como es digno de tu edad». Y por ese camino sigue y sigue la descarga de palabras.

José aguanta las interminables reprimendas, mes tras mes, año tras año. Para suerte suya, está equipado con un mecanismo que le permite oír lo que quiere oír y dejar pasar todo lo demás. Así como quien vive cerca de la línea del ferrocarril llega a no oír siquiera el retumbo de los trenes que pasan, así José ha aprendido a hacer caso omiso a esos sonidos sin significado que hay en su ambiente. José (como todos sus contemporáneos) estaría mucho más dispuesto a cooperar si claramente sacara provecho personal.

4. No saturar al niño con cosas materiales. A pesar de las privaciones de la época de la Gran Depresión, en la década de los años treinta, había por lo menos una pregunta que era más fácil de responder entonces de lo que lo es hoy: ¿Cómo puedo negarme a los deseos materialistas de mi niño? En aquel tiempo era muy fácil para los padres decirles a sus hijos que no podían darse el lujo de comprarles todo lo que ellos quisieran; el papá con esfuerzos podía asegurar que hubiera pan en la mesa. Pero en épocas de más opulencia, la tarea de los padres se vuelve menos creíble. Se necesita mucho más valentía para decir: «Pues no, no te voy a comprar la Muñequita Ojoslindos ni la Bebé Soplanarices», que lo que se necesitaba para decir: «Lo siento mucho, pero tú sabes que el dinero no nos alcanza para comprarte esas muñecas».

Las exigencias de los niños por recibir juguetes caros son generadas con todo esmero por medio de millones de dólares que los fabricantes invierten en la publicidad por televisión. Los anuncios son hechos con tal habilidad que los juguetes parecen ejemplares de tamaño natural de aquello que representan: aviones a reacción, monstruos-robot, rifles automáticos. El pequeño consumidor contempla boquiabierto, en el colmo de la fascinación. Cinco minutos después da inicio a una campaña que llegará a costarle a su papá cien dólares, más las baterías y los impuestos.

El problema está en que con frecuencia su papá sí puede costear el nuevo artículo, si no con dinero en efectivo, al menos con su mágica tarjeta de crédito. Y cuando en la misma cuadra hay otros tres niños que ya tienen los codiciados juguetes, los papás empiezan a sentir la presión, y hasta sentimientos de culpabilidad. Se sienten egoístas porque ellos mismos se han dado lujos parecidos. Supongamos que los padres son suficientemente valientes como para resistir la insistencia del niño; pero eso no es un obstáculo insalvable: los abuelos son sumamente fáciles de convencer.

Aun si el niño no tiene éxito en conseguir que sus padres o abuelos compren lo que desea, existe un recurso anual infalible: ¡El Papá Noel! Cuando el jovencito pide a Papá Noel que le traiga cierto juguete, sus padres caen en una trampa sin salida. ¿Qué pueden decir, «el Papá Noel no tiene los recursos»? ¿Irá a olvidarse y decepcionarle el hombrecito alegre con traje rojo? No el juguete llegará en el trineo de Papá Noel.

Algunos podrían preguntar: «¿Y por qué no? ¿Por qué no hemos de dejar que nuestros hijos disfruten de los frutos de nuestras épocas de vacas gordas?» Desde luego que yo no les negaría a los pequeños una cantidad razonable de las cosas por las que suspiran. Pero muchos niños de la sociedad moderna se ven inundados de excesos que les resultan perjudiciales. Se ha dicho que la prosperidad presenta una prueba más fuerte al carácter de una persona que la adversidad, y me inclino a estar de acuerdo.

Hay pocas cosas que inhiben el sentido de aprecio más que cuando el niño se siente con derecho a lo que se le antoje tener y cuando quiera tenerlo. Es revelador observar cómo un niño o una niña va abriendo los montones de regalos en su fiesta de cumpleaños o tal vez para Navidad. Lo que hace es ir tirando a un lado cada uno de esos caros contenidos, con poco más que una mirada. La mamá del niño se siente incómoda por su falta de entusiasmo y gratitud, y entonces le dice:

—¡Vaya, Mario! Mira eso. ¡Es una pequeña grabadora! ¿Qué se le dice a la abuela? Dale a abuela un gran abrazo. ¿Me oíste, Mario? Ve a darle a abuelita un gran abrazo y un beso.

Mario puede elegir hacer o no hacer los ademanes esperados ante la abuela. Su falta de expresividad proviene del hecho de que los premios que se ganan con facilidad tienen poco valor, sin importar cuánto le hayan costado a quien los compró originalmente.

Hay otra razón por la cual al niño hay que negarle algunas de las cosas que cree que quiere. Aunque suene paradójico, cuando uno le da demasiado en realidad le roba el deleite. Un ejemplo clásico de este principio de la saturación se pone de manifiesto cada año en mi familia, con ocasión del Día de Acción de Gracias. Nuestra familia ha sido bendecida con la presencia de varias de las mejores cocineras que hayan dirigido una cocina, y varias veces al año se lucen con su especialidad. La tradicional comida de Acción de Gracias consta de pavo, aderezo, arándanos, puré de papas, camotes, guisantes, panecillos calientes, dos tipos de ensalada, y seis u ocho platos más.

Antes de sufrir un ataque cardiaco en 1990, participé con mi familia en un lamentable pero maravilloso rito gastronómico durante esos días de fiesta. Todos comimos hasta sentirnos incómodos, sin dejar espacio para el postre. Luego fueron traídos a la mesa el pastel de manzana, el bizcocho, y el postre fresco de frutas. Simplemente parecía imposible que pudiéramos comernos un solo bocado más, pero no se cómo nos las arreglamos y lo hicimos. Por fin, diversos parientes hartos comenzaron a alejarse de sus platos, tambaleándose, buscando dónde caer.

Después, como a las tres de la tarde, la presión interna comenzó a amainar y alguien repartió los dulces. Cuando llegó la hora de la cena nadie tenía hambre, y eso que estábamos acostumbrados a comer tres comidas al día. Se confeccionaron y se consumieron emparedados de pavo, seguidos de otra porción de pastel. Para entonces, todos tenían la mirada vacía y sin pensar casi, comían lo que ni querían ni disfrutaban. Esa ridícula ceremonia continuó por dos o tres días, hasta que la sola noción de comida empezó a darnos asco. Mientras que normalmente el comer ofrece uno de los mayores placeres de la vida, pierde toda su emoción cuando el apetito de comida está saciado.

Hay aquí un principio más amplio que tener en cuenta. El placer se da cuando se satisface una necesidad intensa. Si no existe necesidad, no hay placer. Un simple vaso de agua es más valioso que el oro para quien se está muriendo de sed. Debe ser evidente la analogía con la situación de los niños. Si usted nunca le permite a un niño sentir necesidad de algo, él nunca disfrutará del placer de recibirlo. Si usted le compra un triciclo antes de que aprenda a caminar, una bicicleta antes de que aprenda a sostenerse, un auto antes de que aprenda a conducir, un anillo de diamantes antes de que aprecie el valor del dinero, él aceptará esos regalos con poco placer y aún menos agradecimiento. Qué lástima que un niño así nunca haya tenido oportunidad de anhelar algo, de soñar con eso por las noches y hacer fantasías durante el día. Quizás hasta habría podido desesperarse lo suficiente como para trabajar por conseguirlo. La misma posesión que produjo un bostezo pudo haber sido un trofeo y un tesoro. Sugiero que usted le muestre a su niño la emoción de una privación temporal; eso divierte más y es mucho menos caro.

Antes de pasar a otro punto, permítaseme contar un ejemplo relativo a los últimos días de la vida de mi padre. Él había sufrido un ataque masivo del corazón, lo cual puso en juego su futuro. A medida que él veía avecinarse su partida, se fue fascinando cada vez más con la vida. Todo lo que había en la creación de Dios le interesaba, desde las ciencias hasta las artes. Hasta llegó a conocer personalmente a los pajarillos que llegaban por su casa, y se hizo amigo de ellos. A todos les puso nombre, y muchos de ellos comían de su mano. Eso fue lo que condujo a el suceso de los pájaros estorninos.

Quién sabe por qué, una avecilla abandonó a sus cuatro estorninos antes que ellos fueran capaces de valerse por sí mismos. Eso provocó un intenso esfuerzo en la casa de los Dobson por salvar a los estorninos por todos los medios posibles. Es cierto que pertenecían a una especie no apreciada y enfermiza, pero mi padre se sentía terriblemente atraído por cualquier cosa que tuviera en verdadera necesidad. Fue así como se puso en marcha una campana de rescate. Dos semanas después, recibí de mi madre la siguiente carta que explicaba el paradero de sus emplumados amiguitos:

Querida familia: Si pudiera escribir como tú, Jim, les daría vida a los últimos once días que tu papá y yo vivimos en un mundo de pájaros. Como sabes, los cuatro estorninos sobrevivientes, Ini, Mini, Maini y Mo, fueron expulsados de su nido bajo el alero, y nosotros los adoptamos. Tenían las plumas como pelusa, y sus cuerpos parecían estar compuestos de patas, alas y picos.

Constantemente gorjeaban pidiendo alimento, una vez obtenido el cual sus llantos se calmaban y se convertían en una hermosa canción de cuna. Crecieron tanto que ya no cabían en su primer nido acogedor, y tu papá los trasladó a una caja más grande de la cual no podían escapar. De manera que su única exposición al mundo exterior era esa área de sesenta por noventa centímetros que había sobre sus cabezas. Parecían saber que esa abertura era donde se concentraba la acción, de modo que se agrupaban con la cabeza hacia arriba, chillando sus cancioncillas. Cuando tu papá se asomaba por arriba junto con Benji nuestro perro, los cuatro pajaritos abrían sus picos amarillos, gorjeando: «¡Gusanos, gusanos!»

A medida que el cuarteto creció, se posaban en una rama donde los colocaba tu papá. En alguna ocasión saltaban al suelo y lo seguían a él por el jardín, acurrucándose junto a sus zapatos, y no lo dejaban alejarse más de unos pocos centímetros. Sus movimientos espasmódicos hacían difícil que uno mantuviera el ritmo al caminar. Desde el principio nos sentíamos inseguros acerca de qué darles de comer. Tu papá les daba pan suave con leche, metiéndolo con unas pinzas en sus picos abiertos de par en par junto con gusanos, granos, y algunas gotas de agua en un gotero. Sin embargo, a la novena mañana, Jimmy se encontró muerto a Mo. ¡Qué se le iba a hacer! A la décima tarde murió Mini. La undécima noche él se puso a mirar a los dos pajaritos que quedaban; y mientras los miraba, Maini dio un largo «pío», se echó, estiró las patitas y se murió. Ahora sólo quedaba Ini, el pajarito más fuerte, el que tenía más vitalidad y personalidad. Pero hoy en la mañana sus gorjeos eran desesperados y más débiles. No pasó del mediodía. Cuando Jimmy se inclinó sobre la caja que servía de nido, Ini reconoció su presencia, se acercó a él y dio un último «pio», y allí acabó.

Los dos nos pusimos muy tristes; sentíamos que en cierto modo les habíamos fallado a esas criaturas desamparadas que se habían esforzado tanto por vivir y por volar en el hermoso cielo. El amor de tu padre por esos pájaros insignificantes, y su tristeza por haberlos perdido, revelan el alma del hombre con quien me casé y con quien he vivido durante cuarenta y tres años. ¿Alguien se pregunta por qué es que lo amo?

Mamá

Ese hombre a quien mi madre amaba tanto no había de durar mucho en este mundo. Un mes después murió mientras estaba sentado a la mesa para la cena. Su último acto antes de caer en los brazos de mi mamá fue pronunciar una oración de bendición sobre los alimentos que no había de vivir para comerse.

¿Y los estorninos? La mejor explicación de por qué no sobrevivieron es que mi papá simplemente los alimentó en exceso. Se dejó engañar por su constante clamor por la comida. En su esfuerzo por satisfacerles la necesidad, mi padre en realidad mató a los pajaritos que tan desesperadamente procuraba salvar. ¿Me estoy dando a entender? También nosotros los padres, con nuestro enorme amor por nuestros hijos, podemos infligirles un daño irreparable si cedemos a sus ruegos de obtener más y más cosas. Hay ocasiones en que la mejor respuesta que podemos ofrecer es no.

5. Establecer un equilibrio entre amor y disciplina. Llegamos ahora a la noción fundamental sobre la cual descansa toda la relación entre padres e hijos. Se encuentra en un cuidadoso equilibrio entre amor y disciplina. La interacción de esas dos variables es crucial, y es lo que más, se acerca a una fórmula para tener éxito en la labor de ser padres.

Nos hemos fijado ya en el primer factor, el control disciplinario, y lo que le ocasionan a un niño los extremos de la opresión y la permisividad. El otro ingrediente, el amor paternal, es igualmente vital. En los hogares donde los niños no son adorados al menos por uno de sus progenitores (o por una figura paterna o materna), se marchitan como una planta sin agua.

Desde hace décadas se sabe que si los bebés no son amados, tocados y acariciados, frecuentemente morirán de una extraña enfermedad que en un inicio se llamó marasmo. Sencillamente se marchitan y mueren antes de su primer cumpleaños. La evidencia de esa necesidad emocional se observó ya en el siglo XIII, cuando Federico II realizó un experimento con cincuenta bebés. Quería ver qué idioma hablarían si no tenían jamás la oportunidad de escuchar una palabra hablada. Para llevar a cabo este dudoso proyecto de investigación, asignó nodrizas para que bañaran a los niños y los amamantaran, pero les prohibió acariciarlos, mimarlos y hablarles. El experimento fracasó dramáticamente porque los cincuenta bebés murieron. Cientos de estudios más recientes indican que la relación entre madre e hijo, durante el primer año de vida, es aparentemente imprescindible para que el niño sobreviva. Realmente un niño no amado es el fenómeno más triste de toda la naturaleza.

Mientras que la ausencia de amor tiene sobre los niños un efecto predecible, algo que no está bien fundado es que el exceso de amor o «superamor» también impone sus riesgos. Creo que algunos niños resultan malcriados a causa del amor, o de algo que pasa por amor. Algunas personas de nuestra sociedad se concentran tremendamente en los niños en esta etapa de su historia; han cifrado en sus pequeños todas sus esperanzas, sueños, deseos y aspiraciones. La culminación natural de esta filosofía es la protección excesiva de esta nueva generación.

Conocí a cierta madre ansiosa que afirmaba que sus hijas eran la única fuente de satisfacción en su vida. Durante largos veranos, pasaba la mayor parte de su tiempo sentada junto a la ventana del aposento delantero de su casa, contemplando a sus tres niñas mientras jugaban. Temía que pudieran herirse o que necesitaran su ayuda, o que se salieran a la calle con sus bicicletas. Sus demás responsabilidades con la familia quedaron sacrificadas, a pesar de las vigorosas quejas de su esposo. Ella no tenía tiempo para cocinar ni para limpiar la casa; el oficio de vigilia junto a la ventana era su única función. Sufría una tensión enorme a causa de los peligros conocidos y desconocidos que podían acechar a sus amadas hijas.

Las enfermedades de la infancia y los peligros repentinos siempre son difíciles de tolerar para un padre o madre que ama a sus hijos, pero la más leve amenaza produce una ansiedad insoportable cuando la mamá o el papá es excesivamente protector. Lamentablemente, ese padre o madre no es la única persona que sufre; con frecuencia el niño es también una víctima. No se le permite correr riesgos razonables, riesgos que son preludio necesario al crecimiento y al desarrollo. Del mismo modo, los

problemas de materialismo descritos en la sección anterior suelen llegar a un extremo en una familia en la cual a los niños no
se les puede negar nada. La inmadurez emocional prolongada
es otra consecuencia frecuente de la protección excesiva.

Debo mencionar otra situación desafortunada que ocurre
con demasiada frecuencia en nuestra sociedad. Se presenta en
hogares donde la madre y el padre representan extremos opuestos en lo referente al control. La situación suele seguir un patrón bien conocido: El papá es un hombre muy ocupado, y está
hondamente sumido en su trabajo. Esta fuera de casa desde
temprano en la mañana hasta la noche, y cuando por fin regre-
sa trae al hogar un maletín lleno de cosas que hacer. Tal vez viaja con frecuencia. Durante las raras ocasiones en que está en casa y no está trabajando, está agotado. Se deja caer frente al televisor para mirar el partido, y no quiere que nadie lo moleste.
Por consiguiente, su modo de abordar el manejo de los niños es
áspero y poco agradable. Se violenta con regularidad, y los niños aprenden a no atravesársele en el camino.

En cambio, la mamá brinda más apoyo. Su hogar y sus hijos
son las fuentes de su alegría; la verdad es que han llegado a
reemplazar las llamas de los fuegos románticos que ya se han
desvanecido de su matrimonio. Le preocupa la falta de cariño y
de ternura que muestra el papá para con los niños. Siente que
ella debe compensar ese trato áspero, inclinándose en la dirección contraria. Cuando por castigo él manda a los niños a la cama sin cenar, ella les contrabandea un poco de leche y galletas.
Como ella es la única autoridad que está en escena cuando no
está el papá, el tono predominante en el hogar es de una permisividad no estructurada. Ella necesita demasiado a sus niños como para arriesgarse a tratar de controlarlos.

Es así como los dos símbolos paternos de autoridad actúan
de modo que se contradicen entre sí, y el niño queda atrapado
en algún punto intermedio. El niño no respeta a su padre ni a su
madre, porque cada uno de ellos ha eliminado la autoridad del
otro. He observado que esas formas de autoridad autodestruc-
tivas suelen ir alimentando una bomba de tiempo de rebeldía,
que explota durante la adolescencia. Los adolescentes más hostiles y agresivos que he conocido provienen de ese tipo de combinación antitética.

Una vez más, el «punto medio» del amor y el control es lo que debemos buscar si queremos producir niños sanos y responsables.

RESUMEN

Para que no exista un mal entendido, voy a recalcar mi mensaje explicando el aspecto opuesto. No estoy recomendando que en su hogar reine la violencia ni la opresión. No estoy sugiriendo que usted les dé a sus hijos unas nalgadas todas las mañanas junto con el desayuno, ni que obligue a los varones a permanecer sentados en la sala con las manos juntas y las piernas cruzadas. No estoy proponiendo que usted trate de hacer adultos de sus niños, ni que castigue a sus hijos sin ton ni son, dando golpes y gritando cuando ellos no sabían que hubieran hecho algo incorrecto. No estoy sugiriendo que usted se vuelva frío e inaccesible como un modo de garantizar su dignidad y su autoridad. Esas tácticas de parte de los padres no producen niños sanos ni responsables. Por el contrario, lo que estoy recomendando es un principio sencillo: cuando usted recibe un reto desafiante, su triunfo debe ser definitivo. Cuando el niño pregunte: «¿Quién manda aquí?», hágaselo saber. Cuando él susurre: «¿A mí quién me quiere?, tómelo en sus brazos y rodéelo de cariño. Trátelo con respeto y dignidad, y espere lo mismo de él. Y entonces, comience a disfrutar de los dulces beneficios de una labor paternal competente.

4

Preguntas y respuestas

La disciplina de los niños se ha convertido en un asunto tan controvertido y cargado de emociones, especialmente a la luz de la actual plaga de abuso infantil, que en un libro de esta naturaleza hay muchas probabilidades de malentendidos. Para ayudar a dejar en claro el fundamento de mi filosofía, he incluido las siguientes preguntas y respuestas que fueron tomadas de verdaderos diálogos con padres y madres. Tal vez estos puntos sirvan para dar más significado a la estructura que he construido en los capítulos anteriores.

P— Usted habló de que los padres tuvieran un plan, una meta consciente en su modo de abordar la tarea de ser padres. ¿Aplicaría usted eso a los preescolares? ¿Específicamente, qué es lo que debiéramos tener la esperanza de lograr entre los dieciocho meses y los cinco años de edad?

R— Hay dos mensajes que los padres queremos transmitir-les a los preescolares, e incluso a los niños que ya han entrado en la edad de escuela primaria. Estos son: (1) «Te quiero, pe-queño, más de lo que podrías comprender. Eres sumamente va-lioso para tu (padre) y para mí, y yo le doy gracias a Dios por permitirme ser tu (madre)», y (2) «Como te amo tanto, tengo que enseñarte a obedecerme. Esa es la única forma en que pue-do cuidarte y protegerte de cosas que podrían hacerte daño». *

Leamos lo que nos dice la Biblia: «Hijos, obedeced en el Se-ñor a vuestros padres, porque esto es justo» (Efesios 6:1). Esta es una respuesta abreviada a una pregunta muy importante y compleja, pero tal vez le dé a usted un punto donde comenzar a formular su propia filosofía de la paternidad.

P— Hoy se habla mucho acerca de la importancia de la co-municación entre el padre o la madre y el niño. Si uno suprime la conducta desafiante del niño, ¿cómo puede él expresar la hostilidad y el resentimiento que experimenta?

R— El niño debe estar en libertad de decirle a su padre o madre cualquier cosa, incluso «No me caes bien» o «No fuiste justa conmigo, mamita». Estas expresiones de verdadero senti-miento no deben ser suprimidas, con tal que se digan de modo respetuoso. En este punto hay una línea muy sutil entre lo que es conducta aceptable y conducta inaceptable. La expresión de sentimiento fuerte por parte del niño, incluso resentimiento y enojo, debe alentarse si es que existe. Pero el padre o la madre debe prohibirle al niño recurrir a epítetos y a la rebeldía abier-ta. «Papá, heriste mis sentimientos en presencia de mi amigo, y eso fue poco amable» es una afirmación aceptable. «¡Tonto! ¿Por qué no te callaste la boca cuando mis amigos estaban ahí?» es evidentemente inaceptable. Si el asunto se aborda razonable-mente como se describió en la primera afirmación, sería sabio que el padre se sentara y tratara de comprender el punto de vis-ta de su hijo. El papá debe ser lo suficientemente maduro como para pedirle disculpas a su hijo si cree que hizo mal. Pero si ha-bía hecho bien, debe explicar tranquilamente por qué reaccionó como lo hizo, y decirle al niño cómo puede evitar el choque la

---

* Dr. James Dobson, The Strong-Willed Child [El niño de voluntad fuer-te] (Wheaton: Tyndale House Publishers, Inc. 1978), p. 52.

próxima vez. Es posible comunicarse sin sacrificar el respeto a los padres, y al niño hay que enseñarle cómo expresar apropiadamente su descontento. Ese será un instrumento de comunicación muy útil en etapas posteriores de la vida.

P— Tenemos un niño adoptado que llegó a nuestro hogar cuando tenía dos años. Pero en esos primeros dos años de vida había vivido lleno de temor, y nosotros lo compadecemos. Por eso mi esposo y yo no podemos permitirnos castigarlo, ni siquiera cuando lo merece. También nos parece que no tenemos derecho a disciplinarlo, ya que no somos sus padres biológicos. ¿Estamos actuando bien?

R— Temo que ustedes están cometiendo un error que es común entre padres de niños adoptados ya grandecitos. Sienten demasiada lástima por sus pequeños como para confrontarlos. Les parece que ya la vida ha sido demasiado dura para esos pequeños, y creen que no deben empeorarles las cosas disciplinándolos. Como ha indicado usted, a menudo existe el sentir de que no se tiene el derecho de hacerle ciertas exigencias a un hijo adoptivo.

Esas actitudes llenas de culpabilidad pueden desembocar en consecuencias desafortunadas. Los niños adoptados tienen las mismas necesidades de orientación y disciplina que los que permanecen con sus padres biológicos. Una de las formas más eficaces de hacer que un niño se sienta inseguro es tratarlo como si fuera diferente, extraño o frágil. Si los padres lo ven como un desafortunado niño sin hogar a quien hay que resguardar, él también se verá a sí mismo de ese modo.

De igual modo, es posible que los padres de niños enfermos y deformes encuentren difícil poner en práctica la disciplina. Un niño que tiene un brazo tullido o algún mal no mortal puede convertirse en un pequeño terror, simplemente porque sus padres no establecen los acostumbrados límites de conducta. Hay que recordar que la necesidad de ser dirigidos y gobernados es casi universal en la infancia. Esta necesidad no queda eliminada por otros problemas y dificultades en la vida. En algunos casos, el deseo de que haya límites queda resaltado por otras dificultades, ya que es por medio de un control amoroso como los padres le expresan al niño lo que él vale como persona.

Voy a hacer un comentario más acerca de los niños adoptados, en lo cual hay que fijarse. Yo habría respondido la pregunta de otro modo si el niño adoptado hubiera sido víctima de maltratos físicos. En aquellos casos en que han ocurrido golpizas u otros daños antes de que el niño hallara un hogar permanente, sería poco sabio recurrir al castigo corporal. Es probable que el recuerdo de los antiguos horrores le haga difícil al niño entender la naturaleza correctiva del castigo. Entonces, para un niño que ha sido víctima de maltratos lo que conviene son otras formas de disciplina, y grandes expresiones de amor.

P— ¿Cree usted que a un niño haya que exigirle decir «gracias» y «por favor» en la casa ?

R— Claro que sí. El exigir esas frases es un método para recordar al niño que éste no es un mundo para «pedir, pedir». Aunque los padres cocinen para sus hijos, les compren sus cosas y se las den, los pequeños deben asumir ciertas responsabilidades de actitud en compensación. Como he indicado ya, la gratitud es algo que hay que inculcar; y ese proceso de instrucción comienza con la cortesía elemental.

P— Mi esposo y yo estamos divorciados, de modo que yo tengo que encargarme sola de toda la disciplina de los niños. ¿En qué forma hace cambiar eso las recomendaciones que ha dado usted?

R— En nada. Los principios de la buena disciplina siguen siendo los mismos, sin importar cuál sea el entorno familiar. Cierto que los procedimientos se vuelven más difíciles de poner en práctica para un padre o una madre que está sola, como usted, ya que no tiene nadie que la apoye cuando los niños se ponen insolentes. Usted tiene que desempeñar el papel del padre además del de la madre, cosa que no es fácil de hacer. No obstante, los niños no hacen concesiones por su situación difícil. Usted tiene que ganarse el respeto de ellos, o se quedará sin recibirlo.

P— Ha indicado usted la necesidad de establecer límites dentro del hogar. ¿De veras quieren los niños que se les pongan límites a su conducta?

R— ¡Sin duda alguna! Después de trabajar con niños y en torno a ellos durante todos estos años, no podría estar más convencido de esa realidad. Ellos derivan seguridad del saber dónde están los límites y quién está disponible para hacer que se respeten. Tal vez un ejemplo sirva para aclararlo más. Imagínese que usted va conduciendo un auto sobre un puente en Colorado que se llama Barranco Royal Gorge. El puente está suspendido a cientos de metros de la base del cañón, y como es la primera vez que usted hace esa travesía, se siente incómodo al cruzarlo. (Conocí cierto niño que quedó tan sobrecogido por la vista desde el puente, que dijo: «¡Vaya, papá, si uno se cae por aquí, se morirá seguramente!») Ahora bien, supongamos que no hubiera barandillas a los lados del puente. ¿Por dónde conduciría usted el auto? ¡Pues exactamente por el centro de la carretera! Aunque usted no tenga intención de dar contra las barandas protectoras a los lados, usted se sentirá más seguro con sólo saber que están ahí.

La analogía con los niños ha quedado demostrada por la experiencia. Durante los primeros años del movimiento progresista en la educación, cierto teórico entusiasta eliminó la cerca de malla que rodeaba el patio del jardín de niños. Pensó que los niños sentirían más libertad de movimiento al no tener a su alrededor esa barrera visible. Pero cuando se quitó la cerca, los niños y las niñas se amontonaron cerca del centro del campo de juegos. No solamente se quedaron allí, sino que ni siquiera se aventuraron a acercarse al borde del terreno. Los límites definidos infunden seguridad. Cuando la atmósfera del hogar es como debe ser, los niños viven en completa seguridad. Nunca se les regaña ni castiga a menos que ellos busquen problemas deliberadamente, y mientras se mantengan dentro de los límites tendrán felicidad, libertad y aceptación. Si es eso lo que significa la «democracia» en el hogar, entonces estoy a favor. Pero si significa ausencia de límites, o que los niños pongan sus propios límites desafiando a los padres, entonces me opongo a ella con todas mis fuerzas.

P— «Permisividad» es un término relativo. Por favor, explique lo que significa para usted.

R— Cuando uso el término «permisividad» me refiero a la ausencia de autoridad paterna eficaz, que ocasiona la falta de límites para el niño. Ese término representa la tolerancia a la falta de respeto por parte de los niños, a la insolencia, y a la confusión general que se manifiesta ante la ausencia del liderazgo de los adultos.

P— Nunca le he dado nalgadas a mi niña de tres años porque temo que eso le enseñe a pegarles a otras personas y a ser una persona violenta. ¿Cree usted que me equivoco?

R— Plantea usted una pregunta sumamente importante, que refleja un malentendido muy común con relación a la educación de los niños. En primer lugar, permítame recalcar que sí es posible, e incluso fácil, el formar a un niño violento y agresivo cuando ha observado ese tipo de conducta en el hogar. Si habitualmente recibe golpes de sus padres que son hostiles e irascibles, o si es testigo de violencia física entre adultos encolerizados, o si siente que en su familia no lo aman ni lo aprecian, el niño no se quedará sin notar cómo se realiza ese juego. Por eso el castigo corporal que no se administra conforme a lineamientos cuidadosamente pensados es algo peligroso. El ser padre o madre no confiere ningún derecho de abofetear o intimidar a un niño sólo porque uno tuvo un mal día o anda de mal humor. Es precisamente este tipo de disciplina injusta lo que hace que algunas autoridades bienintencionadas rechacen por completo el castigo corporal.

Sin embargo, el solo hecho de que una técnica se use incorrectamente no es razón para rechazarla por completo. Hay muchos niños que necesitan desesperadamente esta clase de resolución a su desobediencia. En aquellas situaciones en que el niño comprende a cabalidad lo que se le está pidiendo que haga o no haga, pero se niega a ceder al liderazgo del adulto, unas buenas nalgadas son el camino más corto y más eficaz para llegar a un ajuste de actitudes. Cuando él baja la cabeza, aprieta los puños y deja ver que se está armando para el pleito, la justicia debe hablar pronta y elocuentemente. Esa reacción no solamente elimina la agresividad en el niño, sino que le ayuda a dominar sus impulsos y a vivir en armonía con diversas formas de autoridad benevolente a lo largo de la vida. ¿Por qué? Porque va en armonía con la naturaleza misma. Pensemos en el propósito que el dolor leve tiene en la vida del niño.

Supongamos que Pedrito, de dos años, jala un mantel, y que un florero con rosas que hay encima se vuelca sobre el borde de la mesa, golpeándolo en la frente. De este dolor él aprende que es peligroso jalar un mantel a menos que sepa qué hay encima. Cuando toca una hornilla caliente, pronto aprende que el calor hay que respetarlo. Si llega a vivir cien años, jamás en su vida volverá a extender la mano y tocar una hornilla roja. La misma lección la aprende cuando le jala la cola al perrito y obtiene de inmediato una hermosa fila de dentelladas en el dorso de la mano, o cuando se baja de su sillita alta, mientras su mamá no lo está mirando, y descubre cómo funciona la ley de gravedad.

Durante tres o cuatro años va acumulando chichones, moretes, raspones y quemaduras, y cada uno de ellos le va enseñando los límites de la vida. ¿Acaso estas experiencias hacen de él una persona violenta? ¡No! El dolor que va asociado a esos acontecimientos le va enseñando a evitar el volver a cometer esos mismos errores. Dios creó este mecanismo como un valioso medio de instrucción.

Ahora bien, cuando un padre o madre administra razonablemente unas nalgadas como respuesta a una desobediencia deliberada, se le está dando al niño un mensaje no verbal parecido. Él debe entender que no sólo en el mundo físico hay peligros que evitar. Debe cuidarse también de peligros en su mundo social, tales como el desafío, la insolencia, el egoísmo, los berrinches, las conductas que ponen en peligro su vida, etc. El leve dolor que va asociado con esas formas deliberadas de mala conducta tiende a inhibirlas, así como el malestar ayuda a configurar la conducta en el mundo físico. Ninguna de las dos cosas transmite odio. Ninguna de ellas produce el rechazo. Ninguna de las dos hace que el niño sea más violento.

La verdad es que los niños que han experimentado castigo corporal por parte de sus padres amorosos no tienen dificultad alguna en entender su significado. Me acuerdo de mis buenos amigos Arthur y Ginger Shingler, que tenían cuatro niños muy hermosos que a mí me encantaban. Uno de ellos pasó por un período difícil en que sencillamente «se lo andaba buscando». El conflicto llegó a su clímax en un restaurante, cuando el niño siguió haciendo todo lo que podía por portarse mal. Por fin Arthur lo sacó al estacionamiento para darle unas nalgadas que ya eran más que necesarias. Una mujer que iba pasando observó la escena y se indignó. Reprendió al padre por «maltratar» a su hijo, y dijo que se proponía llamar a la policía. Ante eso, el niño dejó de llorar y le dijo a su padre:

—¿Qué le pasa a esa señora, papá?

Él sí que había entendido la disciplina, aunque su defensora no la entendiera. Un niño o niña que sabe que en casa abunda el amor no va a resentir unas nalgadas bien merecidas. En cambio, el que no es amado o recibe un trato de indiferencia va a detestar cualquier forma de disciplina.

P— ¿Cree usted que hay que pegarle a un niño por cada acto de desobediencia o de desafío?

R— NO. El castigo corporal debe ser algo que ocurre con bastante poca frecuencia. Hay ocasiones apropiadas para que el niño se quede sentado en una silla «pensando» en su mal comportamiento, o se le puede privar de algún privilegio, o mandarlo a su cuarto para «pasar un momento aislado», u obligarlo a trabajar cuando había planeado jugar. En otras palabras, hay que variar la manera de responder ante la mala conducta, siempre con la esperanza de mantenerse un paso adelante del niño. Lo que uno se propone es reaccionar continuamente en la forma que beneficie al niño, y en proporción al «delito» cometido. En este sentido, no hay nada que pueda sustituir la sabiduría y el tacto en el papel de ser padres.

P— ¿En qué partes del cuerpo diría usted que se debe aplicar el castigo físico?

R— Debe limitarse a la zona de las nalgas, donde es muy poco probable que se pueda infligir un daño permanente. No soy partidario de abofetear a un niño ni de sacudirlo fuertemente de los brazos. Una forma de lesión común que aparecía en la sala de emergencias del Hospital Infantil, cuando yo trabajaba allí, tenía que ver con niños que sufrían de dislocación de hombros. Los padres, encolerizados, les habían halado los bracitos y les habían dislocado el hombro o el codo. Si uno le pega al niño sólo en las nalgas o en la zona superior de las piernas, creo que lo estará haciendo correctamente.

P— ¿Hay alguien que no deba nunca pegarle a un niño?

R— Ninguna persona que tenga antecedentes de haber maltratado a niños debe arriesgarse a dejar perder el control otra vez. Nadie que en secreto «disfrute» al administrar castigo corporal debe ser la persona que lo aplique. Ninguna persona que sienta que no tiene control de sí mismo debe llevar a cabo ninguna forma de acción disciplinaria física. Y probablemente los abuelos no deben pegarles a sus nietos, a menos que los padres les hayan dado permiso de hacerlo.

P— ¿Cree usted que llegará el momento en que el castigo corporal quede prohibido por la ley?

R— Es muy probable. La tragedia del maltrato infantil ha hecho que a la gente le resulte muy difícil entender la diferencia entre la maldad para con los niños y las formas constructivas y positivas de castigo físico. En los países occidentales hay gente que no descansará sino hasta que el gobierno interfiera con las relaciones entre padres e hijos, con toda la fuerza de la ley. Ya ha sucedido en Suecia, y en los Estados Unidos los medios de comunicación parecen resueltos a lograr que se apruebe ese tipo de legislación. Será un día triste para las familias. El maltrato infantil aumentará en vez de disminuir, a medida que más padres frustrados exploten después de no tener una respuesta apropiada a la conducta desafiante.

P— Hay controversia acerca de si un padre o madre debe pegar con la mano, o más bien con algún otro objeto, como un cinturón o una paleta. ¿Qué recomienda usted?

R— Lo que yo recomiendo es algún objeto neutral. A quienes discrepan en este punto, los invito a hacer lo que les parezca correcto. Para mí no es un asunto crucial. La razón por la que sugiero una vara o paleta es porque la mano debiera verse como un instrumento de amor: para sostener, abrazar, dar palmadas y acariciar. En cambio, si usted está acostumbrado a castigar de repente con la mano, puede ser que su hijo no sepa cuándo está a punto de recibir un manotazo, y que entonces desarrolle el hábito de retroceder nerviosamente cuando usted de pronto se rasca la cabeza. Ese problema no surge si usted se toma el tiempo de buscar un objeto neutral.

Mi madre usaba siempre una vara, la cual no podía ocasionar ningún daño permanente. Pero le ardía a uno lo suficiente como para transmitir un mensaje bien claro. Cierto día, cuando yo la había presionado a ella hasta el colmo de su paciencia, llegó al punto de enviarme al patio a cortar mi propio instrumento de suplicio. Regresé con una pequeña astillita de quince centímetros, con la cual ella no habría podido causar más que cosquillas. A partir de entonces, nunca me volvió a enviar a hacer esa tarea tonta.

Como admití anteriormente, hay personas (particularmente quienes se oponen del todo al castigo físico) que opinan que el uso de un objeto neutral en la disciplina es equivalente al abuso contra los niños. Entiendo su preocupación, especialmente en los casos en que un padre o madre piensa que «la razón se impone por la fuerza», o pierde los estribos y daña al niño. Por eso los adultos deben siempre mantener un equilibrio entre el amor y el control, cualquiera sea el método mediante el cual administran la acción disciplinaria.

P— ¿Hay una edad especifica en la que se empieza a dar nalgadas a un niño? ¿Y a qué edad se le deben dejar de dar?

R— No hay excusa para dar castigo físico a bebés o niños menores de quince a dieciocho meses de edad. ¡Hasta el sacudir a un bebé puede ocasionarle un daño cerebral o la muerte, en esta edad tan delicada! Pero hacia la mitad del segundo año (los dieciocho meses), el niño o niña ya es capaz de saber lo que uno le está diciendo que haga o que no haga. Entonces, de un modo muy gentil, se les puede pedir cuentas por su comportamiento. Supongamos que un niño está extendiendo la mano hacia un tomacorriente o algo que le va a lastimar.

Uno le dice: «¡No!», y él simplemente devuelve la mirada y continúa extendiendo la mano. Uno puede ver en su cara la sonrisa de desafío, mientras piensa: «¡Lo voy a hacer de todos modos!» Yo recomendaría un manotazo en los dedos, apenas lo suficiente como para que le pique. Un poquito de dolor logra mucho a esa edad, y comienza a manifestarles a los niños las realidades del mundo y la importancia de escuchar lo que uno les dice.

No existe un momento mágico al final de la infancia cuando las nalgadas pierdan su efecto, porque los niños difieren mucho unos de otros en lo emocional y en su desarrollo. Pero como línea general, yo sugeriría que la mayor parte del castigo corporal debe concluir antes de que entren a primer grado (los seis años de edad). A partir de entonces debe ir menguando, y terminar cuando el niño está entre los diez y los doce años de edad.

P— Si es natural que un niño que comienza a caminar quiebre todas las reglas, ¿hay que disciplinarlo por su desafío?

R— Muchas de las nalgadas y manotazos que se les dan a los niños en la edad cuando aprenden a caminar podrían y deberían evitarse. La mayoría de las veces ellos se meten en problemas debido a su deseo natural de tocar, morder, probar, oler y romper todo lo que tengan a su alcance. Sin embargo, ese comportamiento de «extender el radio de acción» no es agresivo. Es valioso como medio de aprendizaje, y no hay que desalentarlo. He visto a padres y madres que se pasan el día entero dando manotazos a sus hijos de dos años, simplemente porque éstos están investigando su mundo. Esa sofocación de la curiosidad normal no es justa para con el pequeño. Parece insensato dejar algún adorno caro donde va a ser para él una tentación, y después regañarlo por caer en la tentación. Si el pequeño deditos-gordos insiste en manosear las tazas de porcelana que están en la repisa de abajo, es mucho más sabio distraerlo con otra cosa que disciplinarlo por su persistencia. La oferta de un juguete diferente es algo que los niños de esa edad no pueden resistir. Es sumamente fácil interesarlos en juguetes menos frágiles, y los padres deben mantener a la disposición unas cuantas opciones para usarlas cuando sea necesario.

Entonces, ¿cuándo es que al niño que aprende a caminar hay que sujetarlo a una moderada disciplina? ¡Cuando desafía abiertamente los mandatos expresos de sus padres! Si cuando uno lo llama él se va corriendo en dirección contraria, si deliberadamente lanza al piso su vaso de leche, si se escapa a la calle cuando se le está diciendo que se detenga, si a la hora de acostarse pega gritos y arma un berrinche, si golpea a sus amigos, esas son formas de conducta inaceptable que hay que desalentar. Sin embargo, incluso en esas situaciones, a menudo no se requieren unas nalgadas con todas las de ley para eliminar esa conducta. Un manotazo firme en los dedos o unos cuantos minutos de estar sentado en una silla pueden transmitir el mismo mensaje con igual grado de convicción. Las nalgadas deben reservarse para los momentos en que el niño expresa el máximo antagonismo, cosa que suele ocurrir después del tercer cumpleaños.

Creo que es importante recalcar el punto que anteriormente se estableció. Los años de la edad de las travesuras son cruciales para determinar la futura actitud del niño con respecto a la autoridad. Hay que enseñarle pacientemente a que obedezca, sin exigirle que se comporte como un niño más maduro.

Sin descalificar nada de lo que he dicho antes, debo destacar también que soy un creyente firme en el uso juicioso de la graciosidad (y del sentido del humor) en las relaciones entre padres e hijos. En un mundo en que con frecuencia se empuja a los niños a crecer demasiado rápido, demasiado pronto, se les puede secar el ánimo como una pasa, bajo la constante mirada de unos ojos escrutadores. Es refrescante ver a padres y madres que atemperan su inclinación por la brusquedad con una medida de «favor inmerecido». Siempre hay cabida en nuestros hogares para perdonar con amor. Asimismo, no hay nada que rejuvenezca más rápido el ánimo apagado y delicado de los niños, que cuando un ambiente festivo impregna el hogar y cuando sus aposentos se ven con frecuencia llenos de risas. ¿Ha oído usted algún buen chiste últimamente?

P— A veces mi esposo y yo no estamos de acuerdo en cuanto a la disciplina que aplicamos, y nos ponemos a discutir sobre qué es mejor enfrente de nuestros hijos. ¿Cree usted que eso es perjudicial?

R— Sí, eso creo. Usted y su esposo deben convenir cada uno en respaldar la decisión del otro, por lo menos en presencia del niño. Si la cosa es correcta o no, es asunto que se puede discutir después. Cuando ustedes dos se contradicen abiertamente, a los niños comienza a parecerles que lo correcto y lo incorrecto son cosas arbitrarias.

P— ¿Qué piensa usted de tener un consejo de familia, donde cada miembro de la familia tiene igual voto sobre las decisiones que afectan a la familia entera?

R— Es una buena idea hacer saber a cada miembro de la familia que los demás valoran su punto de vista y su opinión. Las decisiones más importantes deben compartirse dentro del grupo, porque esa es una forma excelente de ir constituyendo la fidelidad y la lealtad familiar. Sin embargo, la idea de la igualdad de voto implica llevar ese concepto demasiado lejos. Un niño de ocho años no debe tener la misma influencia que su padre o su madre en el aspecto de tomar decisiones. Debe quedar bien en claro que los padres son los benévolos capitanes del barco.

P— Mi hijo me obedece dentro de la casa, pero se vuelve difícil de controlar cuando lo llevo a algún lugar público, como un restaurante. En esos casos me hace pasar vergüenza delante de la gente. ¿Por qué se porta así? ¿Cómo puedo hacerlo cambiar?

R— A muchos padres y madres no les gusta castigar o corregir a sus niños en lugares públicos, donde la acción disciplinaria será observada por testigos críticos. Exigen la buena conducta en la casa, pero el niño se siente «en zona segura» cuando hay presentes adultos desconocidos. En una situación así, es fácil ver qué es lo que ha observado el niño. Ha aprendido que los locales públicos son un refugio donde puede actuar como le dé la gana. Sus padres están con las manos atadas, a causa de una restricción que ellos mismos se han impuesto. El remedio para esta situación es simple: cuando el pequeño Rodrigo decide desobedecer en público, responda usted exactamente igual que como lo haría en casa, excepto que hay que llevarse a Rodrigo a un lugar donde sea privado. O si él ya es mayorcito, usted puede prometerle que abordará la cuestión tan pronto como lleguen a la casa. Pronto Rodrigo aprenderá que en todas partes se aplican las mismas reglas, y que los refugios no son, después de todo, tan seguros.

P— ¿Se debe disciplinar a un niño por mojar la cama? ¿Cómo puede uno resolver este difícil problema?

R— A menos que ocurra como acto de desafío cuando el niño ya está despierto, el orinarse en la cama (enuresis) es un acto involuntario por lo cual el niño no es responsable. Bajo tal circunstancia, la acción disciplinaria es imperdonable y peligrosa. De todas maneras, él siente vergüenza al despertarse mojado, y cuanto mayor se vuelve, tanto más tonto se siente por eso. El niño que moja la cama necesita considerable reafirmación y paciencia por parte de sus padres, y ellos deben tratar de disimular el problema ante las personas que podrían reírse de él. Hasta el humor bienintencionado dentro de la familia resulta doloroso cuando se hace a expensas del niño.

El mojar la cama ha sido tema de muchas investigaciones, y hay varias causas diferentes en casos individuales. En algunos niños el problema es fisiológico, como consecuencia de tener la vejiga pequeña u otra dificultad física. Se puede consultar a un pediatra o a un urólogo para el diagnóstico y tratamiento de casos así.

Para otros el problema tiene un origen indiscutiblemente emocional. Cualquier cambio en el ambiente psicológico del hogar puede producir la humedad nocturna. Durante los campamentos de verano que se hacen para niños pequeños, los directores suelen poner cubiertas plásticas sobre el colchón de las camas de todos los pequeños visitantes. Aparentemente, la ansiedad que va asociada con el hecho de estar lejos del hogar ocasiona una alta probabilidad de enuresis durante las primeras noches ¡y resulta especialmente riesgoso dormir en la parte inferior de una litera doble! A propósito, las cubiertas para colchón se consiguen fácilmente y son una buena inversión para el hogar. Claro que no resuelven el problema, pero sí ahorran el esfuerzo posterior de limpieza.

Hay un tercer factor que, a mi modo de ver, es la causa más frecuente de la enuresis, fuera de los factores físicos. Alrededor de los dos años, los niños mojan la cama simplemente porque todavía no han adquirido un control adecuado de su vejiga durante la noche. Es entonces cuando algunos padres comienzan a establecer la rutina de levantar a sus hijos por la noche para llevarlos al baño. Ahí el niño sigue profundamente dormido, mientras le dicen: «Haz pipí», o como sea. Así, cuando el niño va creciendo y surge la necesidad de orinar por la noche, suele soñar que le están diciendo que lo haga. Con sólo que se despierte parcialmente o se sienta molesto durante la noche, el niño puede creer que lo están acompañando al baño. Yo recomendaría a los padres con hijos mayorcitos que mojan la cama, que dejen de levantarlos por la noche, aun cuando por un tiempo continúen mojando la cama.

Hay otros remedios que a veces dan resultados positivos, como ciertos aparatos electrónicos que hacen sonar un timbre y despiertan al niño cuando la orina completa un circuito eléctrico. Si el problema persiste, un pediatra o un psicólogo infantil pueden orientar a los padres para buscar una solución. Entretanto, es importante ayudar al niño a mantener el respeto de sí mismo a pesar de esa embarazosa dificultad. Y a toda costa, esconda su disgusto si lo tiene.

Puede ser útil el sentido del humor. Una vez recibí una carta de una madre que había anotado la oración que hacía su hijito de tres años al acostarse: «Ahora me acuesto para dormir. Cierro los ojos, y mojo la cama».

P— ¿Durante cuánto tiempo se le debe permitir a un niño llorar después de ser castigado? ¿Existe un límite?

R— Sí, creo que debe haber un límite. Mientras las lágrimas representen un auténtico desahogo de emoción, hay que dejarlas correr. Pero, repentinamente, el llanto puede transformarse de un sollozo interior, a una expresión de protesta encaminada a castigar al enemigo. El verdadero llanto generalmente dura dos minutos o menos, pero puede seguir hasta cinco. Después de eso, lo que el niño está haciendo es simplemente quejarse, y el cambio se puede reconocer por el tono y la intensidad de la voz. Yo lo obligaría a que interrumpa el llanto de protesta, por lo general ofreciéndole un poquito más de aquello que en un principio ocasionó las lágrimas. En momentos de menor confrontación, es fácil detener el llanto haciendo que el niño se interese en alguna otra cosa.

P— He tenido la experiencia de pegarles a mis hijos por su desobediencia, sin que eso pareciera surtir efecto. ¿Fracasa ese modo de acción con algunos niños?

R— Los niños varían tan enormemente entre sí que a veces es difícil creer que todos sean miembros de la misma especie humana. Hay niños y niñas que se sienten aplastados con sólo una mirada severa, mientras que otros necesitan medidas disciplinarias fuertes e incluso dolorosas para que se les cause una impresión vívida. Esta diferencia generalmente resulta del grado en que el niño necesite la aprobación y aceptación de los adultos. Como dije anteriormente, la principal tarea de los padres consiste en tratar de ver desde el punto de vista del niño, para poder así ajustar la disciplina a su percepción particular.

Como respuesta directa a la pregunta generalmente no es esa variación individual lo que hace que las nalgadas no surtan efecto. Cuando las medidas disciplinarias fracasan, generalmente se debe a errores fundamentales en su aplicación. Es posible que una cantidad doble de castigo dé apenas la mitad de los resultados. He hecho un estudio de situaciones en las que los padres me han dicho que su hijo hace caso omiso del castigo físico y viola la misma regla. Hay cinco razones principales para esa falta de éxito.

1. El problema más recurrente se origina en una disciplina infrecuente y caprichosa. La mitad de las veces, al niño no se le disciplina por un acto específico de desafío; la otra mitad sí. Los niños necesitan saber que sin duda se hará justicia. Si existe aunque sea una leve oportunidad de derrotar al sistema, hay algunos que lo intentarán repetidas veces.

2. Es posible que el niño tenga una voluntad más fuerte que sus padres, y ambos lo saben. Si el niño puede aguantar más un conflicto temporal, ha ganado una gran batalla, eliminando de esta manera el instrumento de disciplina de su progenitor. Los pequeños más fuertes son lo suficientemente inteligentes como para captar, por intuición, que no hay que dejar que las nalgadas tengan éxito. Entonces endurecen la cerviz y soportan el trago amargo. La solución es sobrepasarlos y ganar, aunque se necesite dar varias vueltas al asunto o problema. La experiencia será dolorosa para ambas partes, pero los beneficios se verán mañana, y al día siguiente, y al otro también.

3. De pronto el padre o madre emplea una forma de disciplina, después de no haber hecho nada durante un año o dos antes de esa ocasión. El niño necesita una transición para responder a un nuevo procedimiento, y los padres pueden desalentarse durante el período de ajuste. Pero hay que animarse con la certeza de que la disciplina, si se aplica con constancia, dará sus resultados con el tiempo.

4. Tal vez las nalgadas fueron demasiado leves. Si no duele, no vale la pena evitarlo la próxima vez. Un solo manotazo en las nalgas de un niño de dos años y medio que está bien pertrechado de pañales no sirve como escarmiento. A la vez que hay que tener cuidado de no excederse, hay que asegurarse de que el niño sienta el mensaje.

5. Para algunos niños, esta técnica simplemente no es apropiada. El niño con un impedimento neurológico que es hiperactivo, por ejemplo, puede volverse más terrible e incontrolable si se le aplica el castigo corporal. El niño que ha sido víctima de maltratos puede identificar la disciplina amorosa con el odio del pasado. Y el niño que es muy sensible puede necesitar una estrategia diferente. Una vez más, nada puede sustituir al conocimiento y a la comprensión de determinado niño o niña.

P— ¿Se les debe pegar a los hijos adolescentes por la desobediencia o rudeza?

R— ¡No! Los adolescentes quieren desesperadamente que

se les vea como adultos, y resienten mucho el que se les trate como a niños. A esa edad las nalgadas son el insulto máximo, y
ellos tienen razón en detestarlo. Además, no da resultados positivos. Para los adolescentes la disciplina debe darse por medio
de la pérdida de privilegios, la privación de dinero, y otras formas parecidas de castigo no físico. ¡Hay que ser creativos!

He de señalar que mi madre era habilísima para luchar contra la guerra que le daba durante mis tercos años de adolescencia. Mi padre era pastor a tiempo completo y frecuentemente
estaba de viaje, de modo que mi mamá era quien tenía la responsabilidad principal de educarme. Por aquella época yo les
estaba haciendo la vida difícil a mis maestros, y en varias ocasiones me mandaron a la oficina del director, donde recibí seve-
ros sermones y unos cuantos azotes con una abominable man-
guera de hule (cosa que en aquellos tiempos se permitía). Sin
embargo, esa disciplina no me hizo cambiar de actitud, y mi
madre se fue enojando cada vez más con mi irresponsabilidad y
con el descenso en mis notas. No pasó mucho tiempo antes de
que llegara a su límite.

Cierto día, al volver yo del colegio, me hizo sentarme y dijo
firmemente:

—Sé que has andado vagabundeando en el colegio y te has
hecho el tonto con tus tareas. También sé que has tenido problemas con tus maestros—. (Ella siempre parecía tener un equipo de detectives que le contaban todos los detalles de mi vida
privada, aunque hoy día creo que no era mucho más que una
mente perspicaz, buenos ojos, y una increíble capacidad intuiti-
va.) Prosiguió—: Pues bien, lo he pensado, y he decidido no tomar ninguna medida para cambiar lo que está ocurriendo. No
te voy a castigar. No te voy a quitar privilegios. Ni siquiera voy
a hablar del asunto otra vez.

Yo estaba a punto de sonreír de alivio, cuando ella dijo:

—Pero hay una cosa que sí quiero que entiendas. Si alguna
vez el director llama para hablar conmigo a causa de tu conducta, te prometo que al día siguiente voy a ir contigo al colegio. Voy a caminar todo el día a cincuenta centímetros detrás
de ti. Te voy a llevar de la mano frente a todos tus amigos en
los pasillos y durante el almuerzo, y voy a participar en todas
tus conversaciones a lo largo de todo el día. Cuando te sientes

en tu silla, voy a colocar mi silla junto a la tuya, o tal vez incluso me meta en tu propia silla. Durante un día entero, no me voy
a apartar de tu lado».

Esa promesa me dejó absolutamente aterrorizado. Habría
equivalido a un suicidio social el que mi «mamita» me anduviera siguiendo por todos lados frente a mis amigos. ¡Ningún castigo habría podido ser peor! Estoy seguro de que mis maestros
se preguntaron por qué había habido un mejoramiento tan repentino en mi conducta, y un ascenso tan notorio en mis notas
hacia el final de mi primer año de la escuela secundaria. Es que
yo simplemente no podía correr el riesgo de que mi mamá reci-
biera aquella fatal llamada telefónica.

Mi madre sabía que la amenaza de un castigo físico no es la
mejor fuente de motivación para un adolescente. Tuvo una mejor idea.

P— Mi niña de cuatro años frecuentemente llega corriendo
a casa bañada en lágrimas, porque alguna de sus amiguitas le ha
pegado. Le he enseñado que no es correcto pegarles a otras personas, pero ahora ellas le están haciendo la vida imposible a mi
hijita, ¿qué debo hacer?

R— Creo que usted fue sabia al enseñarle a su hija a no pegar ni maltratar a otras personas, pero la defensa propia es otro
asunto. Los niños pueden ser crueles con un niño indefenso.
Cuando los pequeños juegan juntos, cada uno de ellos quiere tener los mejores juguetes y determinar en ventaja propia las reglas del juego. Si descubren que pueden predominar simplemente asestando un buen puñetazo a la nariz de su compañero
de juegos, es probable que alguien salga adolorido. Estoy seguro de que habrá quienes discrepen de mí en este asunto, pero
creo que uno debe enseñarles a sus hijos cómo defenderse
cuando son atacados.

Hace poco di consulta a una madre que estaba preocupada
por la incapacidad de su hijita de defenderse. En el vecindario
había cierta niña que, ante la más leve provocación, golpeaba en
la cara a la pequeña Ana, de tres años. La pequeña tirana, de
nombre Juanita, era muy chiquita y femenina, pero jamás sentía el dolor del desquite porque a Ana le habían enseñado a no
pelear. Le recomendé a la madre de Ana que le enseñara a su hija a devolverle el golpe a Juanita si a ella le pegaban primero.

Varios días después la madre escuchó afuera un fuerte alterca-do, seguido de una breve pelea. Entonces Juanita se puso a llo-rar y se fue para su casa. Ana entró en la casa muy tranquila, con las manos en los bolsillos, y explicó:

—Juanita me pegó, así que tuve que ayudarle a recordar que no debía pegarme otra vez.

Ana había sido eficiente en devolver ojo por ojo y diente por diente. A partir de aquel momento, ella y Juanita han jugado juntas con mucha más paz.

En términos generales, los padres deben recalcar lo insen-sato que es pelear. Pero obligar a un niño a quedarse pasivo cuando lo están apaleando es dejarlo a merced de la sangre fría de sus compañeros.

P— Eche usted un vistazo a sus veinticinco años de trabajar con padres e hijos. ¿Cuál es el mejor de todos los consejos dis-ciplinarios que usted puede ofrecer? ¿Qué técnica o método nos ayudará a manejar a nuestros niños mejor que cualquier otro que usted haya visto, ofrecido o se haya puesto en práctica?

R— Es posible que mi respuesta no sea lo que usted espera-ba, pero representa algo que he observado frecuentemente y que sé que es válido. La mejor forma de lograr que los niños ha-gan lo que uno quiere es pasar tiempo con ellos antes de que surjan problemas disciplinarios: divertirse juntos y disfrutar de la risa y de la alegría conjunta. Cuando se dan esos momentos de amor y de cercanía, los niños no se sienten tan tentados a de-safiar ni a poner a prueba los límites. Se pueden evitar muchas confrontaciones estableciendo amistad con los niños, y hacien-do así que ellos quieran cooperar en el hogar. ¡Sin duda eso es mejor que mostrar enojo para motivar a los pequeños!

P— Ahora me doy cuenta de que he hecho muchas cosas in-correctas con mis hijos. ¿Puedo deshacer el daño?

R— Una vez que el hijo o la hija llega a la adolescencia, ya es muy tarde para cambiar hábitos; pero antes de ese momento tal vez todavía sea posible inculcar en el hijo las actitudes ade-cuadas. Afortunadamente, hay cabida para que cometamos unos cuantos errores con nuestros hijos. Nadie puede tener la expectativa de hacerlo todo bien, y no son los pocos errores lo que destruye a un muchacho. Es más bien la influencia constan-te de determinadas condiciones a lo largo de la infancia.

5

Herramientas milagrosas

Parte 1

En los capítulos anteriores hablábamos acerca de la reacción adecuada de los padres a la «conducta desafiante» del niño. Ahora tornamos nuestra atención a cómo dirigir a los hijos cuando no se trata de situaciones de antagonismo. Hay incontables situaciones en que la madre o el padre desea incrementar el nivel de responsabilidad del niño, pero esa tarea no es fácil. ¿Cómo puede una madre lograr que su niño se cepille los dientes con regularidad, o que recoja su ropa, o que practique los modales en la mesa? ¿Cómo puede enseñarle a ser más responsable con su dinero? ¿Qué puede hacer el padre o la madre para eliminar hábitos inapropiados como el lloriqueo, el descuido, o la aparente pereza? ¿Existe una solución para la impuntualidad perpetua?

Ese tipo de conductas no implica una confrontación directa entre padre e hijo, y no hay que manejarlas de la misma manera determinante que se describió anteriormente. Sería injusto y poco sabio castigar a un pequeño por su comprensible inmadurez e infantilismo. Al alcance del padre entendido hay una técnica mucho más eficaz.

El primer psicólogo educativo, E. L. Thorndike, desarrolló en la década de 1920 un modo de entender la conducta que puede resultar muy útil para los padres. Lo llamó la «ley del refuerzo». Posteriormente ese concepto se convirtió en la base de una rama de la psicología conocida como *behaviorismo*, que yo rechazo absolutamente. El behaviorismo fue descrito por B. F. Skinner y J. B. Watson (mencionado anteriormente), e incluye la increíble noción de que la mente no existe. Uno de mis libros de texto en la universidad describía el behaviorismo como «psicología sin mente». ¡Bien dicho! Esa teoría percibe el cerebro humano como un simple tablero de interruptores, que conecta los estímulos que llegan con las respuestas que salen.

A pesar de mi desacuerdo con la extrapolación de los escritos de Thorndike, es indudable que el concepto original puede ser útil para los padres. Enunciada de modo sencillo, la ley del refuerzo dice así: «Una conducta que logra consecuencias deseables se va a repetir». En otras palabras, si a un individuo le gusta lo que sucede como resultado de su conducta, se inclinará a repetir esa acción. Si Lucía obtiene atención favorable de parte de los jovencitos el día que estrena un vestido nuevo, va a querer ponerse ese vestido una y otra vez. Si Paco gana con cierta raqueta de tenis y pierde con otra, preferirá la raqueta con la que obtuvo éxito. Este principio es tremendamente simple, pero tiene implicaciones interesantes para el aprendizaje humano.

En la primera edición de este libro describía yo el uso de estas técnicas con nuestro perrito salchicha, Sigmund Freud (Sigui). El viejo Sigui llegó a vivir quince años, pero ya se fue para donde sea que se van al morir los perros energéticos. Fue divertido amaestrar a ese testarudo animal mediante el uso del refuerzo, que era lo único que cautivaba su atención. Por ejemplo, la mayoría de los perros salchicha se sientan derechos sin que uno les enseñe a hacerlo, ya que se trata de una reacción natural para esos animales de cuerpo alargado. ¡Pero Sigui no! Era sin lugar a dudas el animal más independiente del mundo. Durante su primer año de vida, a mí me pareció que era un poco «corto» de seso; al segundo año comencé a pensar que tal vez se había vuelto loco; finalmente llegué a considerarlo como un pícaro indócil y testarudo que simplemente quería hacer las cosas a su modo.

En resumen, era difícil conquistar a Sigui para lograr que cooperara en cualquier programa de autosuperación sin ofrecerle algún incentivo comestible. Sin embargo, le gustaban de modo especial las galletas, y utilicé esa pasión para sacarle provecho. Yo lo hacía colocarse en una posición vertical en la que permanecía durante sólo uno o dos segundos antes de caerse. Luego le daba un pedacito de una de esas galletas con trocitos de chocolate. Le encantaba. Lo volvía a sentar derecho, y le daba la golosina mientras iba cayendo. Sigui daba brincos por todo el aposento, tratando de quitarme las galletas que quedaban; pero no había más que una manera de continuar la merienda. Hasta Sigui comenzó a captar la idea.

En cuestión de treinta minutos de ese ridículo ejercicio, el salchicha recibió el mensaje con toda claridad. Una vez que lo entendió, casi nunca se le veía con las cuatro patas en el suelo a la vez. A lo largo del día se le podía encontrar parado sobre sus ancas, pidiendo un bocado de algo de lo que fuera. A fin de cuentas llegó a pesarme haber empezado el juego, porque me sentía culpable cuando no le hacía caso. Después de todo, había sido idea mía en un principio, y me sentía obligado a encontrarle en la cocina algo que comer.

Esa técnica del refuerzo también resultó útil para enseñarle a Sigui a ir a traer una bola (fantástica demostración de la inteligencia animal). Tiré la bola como a tres metros frente a nosotros, y luego arrastré a Sigui agarrado por el pellejo del pescuezo, hasta donde se encontraba la pelota. Le abrí la boca, coloqué la bola, y lo arrastré de regreso hasta el punto de inicio. En la meta lo esperaba una galleta de avena. Incluso fue más fácil obtener su cooperación esta vez, porque comenzó a captar el concepto de trabajar por una recompensa. Esa idea se arraigó firmemente, y Sigui comenzó a ser bastante creativo en aplicarla para provecho propio. Si por casualidad la familia comía la cena en bandejas para poder ver el noticiero vespertino en la televisión,

Sigui se apostaba exactamente en el punto donde la línea de visión de todos cruzaba de camino al televisor. Allí se sentaba, meneando y mendigando un bocado.

Se han hecho intentos más serios por enseñarles a los animales conductas refinadas mediante los principios del refuerzo. Los resultados han sido extraordinarios. A una paloma se le enseñó a examinar piezas de radio que avanzaban en una faja transportadora. El ave evaluaba cada componente, y los que estaban defectuosos los sacaba del carril, por lo cual recibía una porción de grano. Allí se quedaba sentada todo el día, bien concentrada en su trabajo. Como podríamos imaginar, a los sindicatos no les pareció muy bien el asunto; la paloma no exigía recesos para tomar café ni otros beneficios adicionales, y su salario era miserablemente bajo. A otros animales se les ha enseñado a realizar proezas prácticamente humanas mediante la aplicación cuidadosa de recompensas.

Debo apresurarme a reconocer lo que algunos de mis lectores podrían estar pensando en este momento. Hay un abismo insalvable entre los niños y los animales. ¿Qué tienen que ver estas técnicas con los niños? Sólo esto: los seres humanos también son motivados por lo que les agrada, y esa realidad puede ser útil a la hora de enseñar a los niños y niñas una conducta responsable. Sin embargo, no basta con repartir regalos y premios de una manera no planificada. Hay principios específicos que deben seguirse para que la ley del refuerzo alcance su plena potencialidad. Consideremos los elementos de esta técnica en una aplicación detallada a los niños.

1. Las recompensas deben otorgarse con prontitud. Para obtener de una recompensa su máxima eficacia, hay que ofrecerla poco después de que ha tenido lugar la conducta deseable. Con frecuencia los padres cometen el error de ofrecer a sus hijos recompensas a largo plazo, pero tiene poco éxito. Por lo general resulta poco fructífero ofrecerle a un niño de nueve años un auto para cuando cumpla dieciséis, con tal de que se esfuerce en la escuela durante los próximos siete años. Con frecuencia se les ofrece a niños de segundo y tercer grado de primaria un viaje para las próximas vacaciones a cambio de buen comportamiento durante todo el año. Por lo general, su grado de obediencia no se modifica ante ese atractivo. Es insatisfactorio ofrecerle a

Margarita una muñeca nueva para Navidad si mantiene su cuarto en orden en el mes de julio. La mayoría de los niños no tienen ni la capacidad mental ni la madurez para mantener en mente, día tras día, una meta a largo plazo. Para ellos el tiempo avanza lentamente; por lo tanto, el refuerzo parece imposible de alcanzar y poco interesante de considerar.

Para los animales, la recompensa debe ofrecerse aproximadamente dos segundos después de que ha tenido lugar la conducta. Un ratón aprenderá mucho más rápido las vueltas de un laberinto si el queso lo espera al final, que si se impone un retraso de cinco segundos. Aunque los niños pueden tolerar demoras mayores que los animales, la fuerza de la recompensa se debilita con el tiempo.

El refuerzo inmediato se ha usado con éxito en el tratamiento del autismo infantil, un grave desorden que se parece a la esquizofrenia en la infancia. El niño autista no se relaciona apropiadamente con sus padres ni con ninguna otra persona; no tiene lenguaje verbal; habitualmente exhibe una conducta extraña e incontrolable.

¿Qué es lo que ocasiona ese acongojante desorden? La evidencia parece apuntar hacia la existencia de un defecto bioquímico en el aparato nervioso del niño autista. Cualquiera que sea la causa, el autismo es extremadamente resistente al tratamiento.

¿Cómo puede el terapeuta ayudar a un niño que ni puede hablar ni relacionarse con él? Todas las formas anteriores de tratamiento han sido tan ineficaces que desmoralizan, lo cual condujo al doctor Ivar Lovaas y sus colegas a experimentar, hace muchos años, con el uso de recompensas. En la Universidad de California en Los Ángeles, se colocó a unos niños autistas en un programa diseñado para estimular el habla. Al principio, se colocaba en la boca del niño un poco de dulce cada vez que articulaba un sonido de cualquier clase; sus gruñidos, quejidos y refunfuños eran todos recompensados del mismo modo. El siguiente paso consistía en recompensarlo por sonidos vocales más específicos. Cuando se enseñaba el sonido «o», se le «pagaba» con dulces por todos los ruidos accidentales que se aproximaran al sonido apropiado. A medida que el niño iba avanzando, finalmente se le exigía pronunciar los nombres de ciertos objetos o personas para lograr la recompensa. Posteriormente se buscaban frases de dos palabras, seguidas de una oración más compleja. Mediante este procedimiento sencillo se les enseñó algo del lenguaje a esos infortunados niños.

La misma técnica se ha empleado simultáneamente para enseñarle al niño autista a reaccionar ante las personas que lo rodean. Se le colocaba dentro de una pequeña caja oscura que tenía una ventana corrediza de madera. El terapeuta se sentaba fuera de la caja, de frente al niño que se asomaba por la ventana. Mientras el niño miraba al terapeuta, la ventana permanecía abierta. Pero cuando su mente se distraía y comenzaba a mirar a su alrededor, la compuerta caía y él quedaba por algunos segundos en total oscuridad. Aunque nunca se ha podido transformar exitosamente en un individuo normal a un niño con autismo severo, el uso de la terapia de refuerzo sí condujo a algunos de esos pacientes a un estado de conducta civilizada. La clave del éxito ha sido la aplicación inmediata de una consecuencia agradable a la conducta deseada.

Una comprensión de cómo funciona el refuerzo no sólo es útil en hospitales para niños autistas. Sirve también para explicar cómo funciona la conducta en la casa, como hemos visto. Por ejemplo, los padres suelen quejarse de la irresponsabilidad de sus pequeños, pero no logran percatarse de que parte de esta falta de diligencia ha sido aprendida. La mayor parte de la conducta humana es aprendida; tanto las reacciones deseables como las indeseables. Los niños aprenden a reír, a jugar, a correr, a saltar; también aprenden a lloriquear, a hacer pucheros, a pelear, a armar berrinches, o a portarse una niña como marimacho. El maestro invisible es el refuerzo. El niño repite aquella conducta que él considera exitosa. Un pequeño puede ser cooperador y servicial porque disfruta del efecto que esa conducta causa en sus padres; otro puede ponerse de mal humor y hacer pucheros, por la misma razón. Cuando los padres reconocen en sus hijos características que les disgustan, deben darse a la tarea de enseñar otros rasgos admirables permitiendo que la buena conducta tenga éxito y que la mala conducta falle.

A continuación se describen los pasos de un programa trazado por el doctor Malcolm Williamson y yo cuando los dos trabajábamos como personal permanente del Hospital Infantil de

Los Ángeles. El sistema es útil con niños y niñas entre cuatro y ocho años de edad; puede modificarse según la edad y madurez del pequeño.

a. El diagrama de la página siguiente enumera algunas responsabilidades y conductas que el padre o madre puede querer inculcar. Estos catorce puntos constituyen un grado mucho mayor de cooperación y esfuerzo de lo que la mayoría de los niños de cinco años pueden exhibir diariamente, pero el uso apropiado de recompensas puede darle más la apariencia de diversión que de trabajo. La clave es el refuerzo inmediato; cada noche se deben colocar adhesivos de color en forma de círculos (preferiblemente rojos) o estrellas junto a las conductas que se realizaron satisfactoriamente. Si no se consiguen círculos se puede colorear los cuadrados con un marcador; pero hay que dejar que el niño vaya anotando sus propios éxitos.

b. Se deben dar dos centavos de dólar (o alguna cantidad de dinero apropiado para su país) por cada conducta realizada apropiadamente en un día específico; si en un día se deja de hacer tres cosas, no se da ningún dinero.

c. Como el niño puede ganar veintiocho centavos al día como máximo, el padre o la madre tiene una excelente oportunidad para enseñarle cómo administrar su dinero. Se sugiere que se le permita gastar solamente de sesenta a ochenta centavos por semana de este dinero ganado. Se pueden planear viajes especiales a la tienda o a la juguetería. Antes, la camioneta de helados que pasaba todos los días era una cómoda fuente de refuerzos, aunque hoy día cada vez hay más padres que tratan de limitar la grasa y el azúcar que comen sus hijos. Del dinero restante de $1,16 a $1,36, se le puede exigir al niño que dé veinte centavos para la ofrenda de la iglesia o para alguna otra obra de beneficiencia; después debe ahorrar unos treinta centavos por semana. El saldo se puede ir acumulando para un gasto a largo plazo, en algo que él quiera o necesite.

d. La lista de actividades por recompensar no permanece estática. Una vez que el niño se ha hecho el habito de colgar su ropa, o de dar de comer al perrito, o de lavarse los dientes, el padre o la madre debe entonces poner en su lugar una nueva responsabilidad. Cada mes se debe hacer un nuevo gráfico y el niño pude hacer sugerencias sobre los cambios.

Este sistema proporciona varios beneficios adicionales, además del objetivo principal de enseñar la conducta responsable. Por ejemplo, mediante su uso el niño aprende a contar. Se le enseña a que dé dinero a causas dignas. Comienza a entender el concepto del ahorro. Aprende a restringir y dominar sus impulsos emocionales. Y por último, se le enseña el significado del dinero y cómo usarlo con sabiduría. Las ventajas para los padres son igualmente impresionantes. Un hombre con cuatro hijos pequeños puso en práctica este sistema y posteriormente me contó que el nivel de ruido en su casa se había reducido notoriamente.

Nota: Este plan se describe aquí casi exactamente como apareció en la versión original de *Atrévete a disciplinar*. Desde entonces he escuchado muchos relatos de éxito y unas cuantas quejas. Los comentarios negativos más comunes han provenido de padres que dicen que la tarea de llevar un registro de un sistema contable tan complicado resulta una carga cada noche. Toma de quince a veinte minutos en poner las estrellitas y calcular los centavos. Si eso resulta incómodo en su familia, yo sugeriría que se incluyan menos trabajos. Al seleccionar cinco actividades importantes y recompensarlas con tres a cinco centavos, cada una cumpliría el cometido de igual manera. Logre que el sistema funcione bien para usted, modificando el concepto según sea necesario. De cualquier manera, le aseguro que si se aplica apropiadamente sí funcionará.

Si esta clase de refuerzo tiene tanto éxito, ¿por qué no se ha usado más ampliamente? Lamentablemente, muchos adultos se muestran renuentes a usar las recompensas porque las ven como una fuente de soborno. Uno de nuestros recursos de enseñanza más exitosos se deja de lado a causa de un malentendido filosófico. Toda nuestra sociedad se basa en un sistema de refuerzos, pero no queremos aplicarlo donde más se necesita: con los niños pequeños. Los adultos vamos a trabajar todos los días, y el viernes nos pagan. ¿Equivale eso a dejarse sobornar por el patrón? A los soldados valientes se les dan medallas; a los empresarios exitosos se les dan placas; a los empleados que se jubilan se les regalan relojes. Las recompensas hacen que el esfuerzo responsable valga la pena. Así es como funciona el mundo de los adultos.

«Mis trabajos»

NOVIEMBRE	1	2	3	4	5	6	7	8	9	10	...
1. Me lavé los dientes sin que me dijeran											
2. Ordené mi cuarto antes de acostarme											
3. Recogí mi ropa sin que me dijeran											
4. Di de comer a los peces sin que me dijeran											
5. Boté la basura sin que me dijeran											
6. Le hice caso a mamá hoy											
7. Le hice caso a papá hoy											
8. Dije mis oraciones esta noche											
9. Hoy fui amable con mi hermanito											
10. Me tomé mi vitamina											
11. Hoy dije «gracias» y «por favor»											
12. Anoche me fui a acostar sin reclamar											
13. Hoy le di agua limpia al perro											
14. Me lavé las manos y llegué a la mesa cuando me llamaron											
TOTAL:											

La principal razón del éxito abrumador del capitalismo es que el trabajo esforzado y la disciplina personal son recompensados de muchas formas. La gran debilidad del socialismo es la ausencia de refuerzos. ¿Por qué un hombre va a luchar por rendir más si no hay nada especial que ganar? Creo que esa fue la razón principal del terrible fracaso del comunismo en lo que fue la Unión Soviética y en Europa Oriental. No había ningún incentivo para la creatividad ni para el esfuerzo extra.

Oí hablar de un curso de química en la universidad donde el estudiante más esforzado de la clase, Genio Cabezas, pasó largas horas preparándose para el primer examen. El día de la prueba anotó 90 puntos y obtuvo una elegante nota de «sobresaliente». Otro estudiante, Primitivo Piedra, casi nunca abría un libro. Hizo el gran examen sin preparación alguna y obtuvo resonantes 50 puntos por su esfuerzo. En su libreta de calificaciones se consignó una nota de «suspendido».

Sin embargo, el profesor era firme creyente de los principios socialistas. Le molestó ver que Genio tenía 20 puntos más de lo que en realidad necesitaba para pasar, mientras que a Primitivo le faltaban 20. Eso no le pareció justo al buen catedrático. De modo que los puntos fueron redistribuidos, y ambos estudiantes pasaron con una airosa nota de «regular». Pero Genio jamás volvió a estudiar para un examen de química. ¿Podríamos reprochárselo?

El comunismo y el socialismo son destructores de la motivación, porque castigan la creatividad y el esfuerzo. Premian la mediocridad y el descuido. La naturaleza misma de esos sistemas económicos viola la ley del refuerzo. En cambio la libre empresa funciona a la perfección con la naturaleza humana.

Hay padres que establecen en el hogar un sistema de socialismo en miniatura. Los antojos y deseos de sus hijos son cubiertos por el «Estado», y no van conectados de ningún modo con la diligencia o la disciplina. Sin embargo, esperan que los pequeños Juan y Carmen realicen sus responsabilidades simplemente porque es noble hacerlo así. Quieren que aprendan y suden por el puro gozo del logro personal. La mayoría de los niños no se tragan eso.

Considere el enfoque alterno al «soborno» que acabo de recomendar. ¿Cómo va a lograr usted que su niño de cinco años realice las conductas enumeradas en el diagrama? Los métodos sustitutos que se usan con más frecuencia son el criticar, quejarse, suplicar, gritar, amenazar, castigar. La madre que se opone al uso de recompensas tal vez se acueste cada noche con dolor de cabeza, prometiendo no tener más hijos. No le gusta acentuar el materialismo en esa forma; pero puede ser que después le regale dinero a su hijo. Como su pequeño nunca maneja su propio efectivo, nunca aprende cómo ahorrarlo ni cómo gastarlo sabiamente. Los juguetes que ella le compra se adquieren con dinero de ella, y él los valora menos. Pero lo que es más importante, él no está aprendiendo la autodisciplina ni la responsabilidad personal que son posibles mediante el refuerzo cuidadoso de esa conducta.

Hay que admitir que existen ciertas tareas que un niño debe hacer por el hecho de ser miembro de la familia. El lavar los platos o sacar la basura, pueden ser cosas que se exigen y no se refuerzan. Estoy de acuerdo en que no hay que ofrecer recompensas por cada tarea que se hace en la casa. Pero cuando uno quiere que sus hijos sobrepasen esa base, haciendo cosas como limpiar el garaje, o si uno quiere reforzar una mejor actitud, existe un enfoque más eficiente que el criticar y amenazar.

Aun así, este concepto sigue siendo punto de controversia. Observé la aplicación de estos puntos de vista contrastantes en dos situaciones familiares reales. Los padres de Diego se oponían filosóficamente al refuerzo que ellos llamaban soborno. Por consiguiente, a él no se le recompensaba (no se le pagaba) por los esfuerzos que hacía en la casa. Diego detestaba su tarea porque el esfuerzo no involucraba ninguna ganancia personal; era algo que había que aguantar.

Cuando tenía que cortar el césped los sábados, salía como arrastrándose hasta la zona de desastre y contemplaba con ojos desenfocados la deprimente tarea que le aguardaba. Como se podía esperar, hacía un trabajo muy mal hecho porque no tenía la menor motivación Este descuido le hacía merecedor de todo un castigo verbal por parte de su padre, lo que no ayudaba en nada a que la experiencia fuera agradable. Los padres de Diego no eran tacaños con él. Satisfacían todas sus necesidades y hasta le daban algo de dinero para gastos. Cuando había una feria en la ciudad, le daban dinero para que gastara. Como sus regalos no iban conectados con los esfuerzos responsables que él hiciera, el dinero no era para él una fuente de motivación. Diego creció odiando el trabajo; sus padres, sin percatarse, le habían reforzado la irresponsabilidad.

Los padres de Bernardo tenían una perspectiva diferente. Opinaban que había que pagarle por las tareas que sobrepasaran sus deberes normales en la casa. No se le recompensaba por sacar la basura o por ordenar su cuarto, pero sí recibía dinero por pintar la cerca el sábado. Su salario por hora era una suma respetable, comparable con lo que de hecho podría ganar fuera de la familia. A Bernardo le encantaba su trabajo. Por las mañanas se levantaba y atacaba las malas hierbas del patio. Podía contar su dinero y trabajar, mirar su reloj y trabajar y volver a contar su dinero. A veces regresaba aprisa de la escuela para sacar una hora o dos antes de que oscureciera. Abrió su propia cuenta bancaria, y tenía mucho cuidado con su modo de gastar el dinero que había ganado con esfuerzo. Bernardo era muy bien visto en el barrio porque siempre tenía dinero en el bolsillo. No lo gastaba muy a menudo, pero habría podido hacerlo en cualquier momento. ¡Eso sí que era poder! En cierta ocasión sacó del banco todo el dinero, y pidió que le dieran el monto total en billetes nuevos de un dólar. Luego apiló sus veintiocho billetes en la gaveta superior de su cómoda, y de vez en cuando se los enseñaba a Diego y a sus otros amigos que no tenían un centavo. El trabajo y la responsabilidad eran la clave de esa posición social, y de ambas cosas había aprendido bastante.

Los padres de Bernardo tenían cuidado de nunca regalarle un centavo. Le compraban la ropa y cosas que necesitara, pero él mismo compraba sus juguetes y gustos personales. Desde el punto de vista económico, ellos no gastaban más dinero que los padres de Diego; lo único que hacían era conectar cada centavo con la conducta que deseaban. Creo que su modo de abordar las cosas era el más productivo de los dos.

Como se dio a entender anteriormente, es muy importante saber cuándo usar recompensas y cuándo recurrir a los castigos. No se recomienda utilizar las recompensas cuando el niño ha desafiado la autoridad del padre o madre. Por ejemplo, es posible que la mamá diga: «Recoge tus juguetes, Isabel, porque vienen visitas», e Isabel se niegue a hacerlo. Es un error que en ese momento la mamá le ofrezca a Isabel un caramelo para que acate su solicitud. Lo que estaría haciendo sería recompensar el desafío.

Si todavía hay confusión acerca de cómo reaccionar en este tipo de conflicto directo, le sugiero al lector que eche otro vistazo a los primeros cuatro capítulos del presente libro. No se deben usar las recompensas como sustituto de la autoridad; la recompensa y el castigo tienen cada uno su propio lugar en el manejo de los niños, y el invertir esas funciones acarrea resultados lamentables.

2. No es necesario que las recompensas sean de naturaleza material. Cuando mi hija tenía tres años, comencé a enseñarle algunas letras del abecedario. En aquellos días yo me preocupaba menos que ahora por la nutrición, y solía usar como refuerzo trocitos de chocolate. Al final de una tarde estaba yo sentado en el piso, ejercitando a Danae con varias letras nuevas, cuando la casa se estremeció por un formidable estrépito. Todos los de la familia salimos corriendo de la casa para ver lo que había ocurrido, y observamos que un adolescente había chocado su auto en medio de nuestro tranquilo vecindario residencial. El muchacho no estaba malherido, pero su automóvil estaba ruedas arriba en medio de la calle. Rociamos el auto humeante con agua para impedir que la gasolina, que estaba goteando, prendiera fuego; e hicimos la necesaria llamada telefónica a la policía. No fue sino hasta que empezó a apagarse la emoción que nos dimos cuenta de que nuestra hija no nos había acompañado fuera de la casa.

Regresé a la sala, donde la encontré con los brazos sumergidos hasta el codo en la bolsa de un kilo de chocolates que yo había dejado atrás. Se había metido en la boca por lo menos cien gramos de chocolate, y la mayor parte de lo que quedaba estaba repartido en su mentón, su nariz y su frente. Cuando me vio llegar, se las arregló para apretujarse en sus mejillas de ardilla otro puñado de dulces. A partir de esa experiencia aprendí una de las limitaciones del usar refuerzos materiales o al menos comestibles.

Cualquier cosa que se considere deseable para un individuo puede servir como refuerzo para su conducta. Para los animales las recompensas más obvias son aquellas que satisfacen necesidades físicas, mientras que los humanos se sienten más motivados por resolver sus necesidades psicológicas. Por ejemplo, algunos niños preferirían recibir una sincera palabra de elogio que un billete de diez dólares, particularmente si la aprobación del adulto se expresa frente a otros niños. Los niños y los adultos de todas las edades buscan constantemente la satisfacción de sus necesidades emocionales, entre ellas el deseo de recibir amor, aceptación social y respeto a sí mismos. Además, tienen la esperanza de encontrar emoción, estímulo intelectual, entretenimiento y placer.

La mayoría de los niños y adultos están sumamente interesados en lo que piensan y dicen sus compañeros. Por consiguiente, el refuerzo verbal puede ser el motivador más fuerte para la conducta humana. Considérese el tremendo impacto de las siguientes afirmaciones:

«Ahí viene Felipe, el más feo de toda la escuela».

«¡Luisa sí que es tonta! En la clase nunca sabe la respuesta correcta».

«Fernando va a fallar con el bate, como siempre».

Estas palabras poco amables corroen como ácido a los niños a quienes describen, haciendo que ellos modifiquen su conducta futura. Felipe puede volverse taciturno, retraído, y fácil de avergonzar. Luisa probablemente mostrará todavía menos interés que antes en sus estudios, dando a sus maestros la impresión de ser perezosa. Fernando podría abandonar el béisbol y otros intereses deportivos.

La verdad es que yo pasé por esa experiencia. Siempre me he considerado un deportista, y a lo largo de los años he jugado diversos deportes. Durante los cuatro primeros años de universidad me destaqué en el tenis, y en el año de graduación fui capitán del equipo. Sin embargo, nunca tuve mucho interés en el béisbol y con razón. Cuando yo estaba en tercer grado, cierto día estaba parado en el campo derecho, con las bases llenas. Toda la clase de tercer grado, incluso muchas niñas, había salido a observar el gran partido, y todo estaba preparado. El bateador disparó hacia mí la pelota, la cual inexplicablemente me pasó por entre los dedos y cayó al suelo. Todo avergonzado recogí la pelota y se la tiré al árbitro. Él se hizo a un lado y la dejó rodar unos cincuenta metros. Todavía puedo oír los pies del corredor galopando hacia la plataforma de home. Todavía puedo oír a las niñas riéndose. Todavía puedo sentir mi cara ardiendo de vergüenza ahí en el terreno. Ese día me alejé del campo y desistí de una brillante carrera de béisbol.

Los adultos somos igualmente sensibles a los comentarios vanos de nuestros compañeros. Con frecuencia resulta cómico observar lo vulnerables que somos a las observaciones que de paso hacen nuestros amigos (e incluso nuestros enemigos). «Has subido algunos kilos, ¿verdad, Marta?» Marta puede decidir hacer caso omiso del comentario por el momento, pero esa noche pasará quince minutos frente al espejo y a la mañana siguiente comenzará un programa de dieta.

«Rafael es como de tu edad, Pedro; yo diría que tiene unos cuarenta y seis o cuarenta y ocho años». Pedro sólo tiene treinta y nueve, y ante eso se queda pálido; la nueva preocupación por su apariencia puede resultar crucial en su decisión de comprarse un peluquín al mes siguiente. Nuestro sistema auditivo está más sintonizado a este tipo de evaluación que a ningún otro tema; y en gran medida nuestro sentido de respeto propio y de dignidad brotan de esos mensajes no intencionados.

El refuerzo verbal debe envolver toda la relación entre padres e hijos. Con demasiada frecuencia nuestra instrucción como padres consta de un millón de «no hagas» que le atiborramos al niño en la garganta. Debemos pasar más tiempo recompensándolo por la conducta que deseamos, aun si nuestra «recompensa» no es más que un sincero elogio. Al recordar la necesidad de autoestima y de aceptación que tiene el niño, los padres sabios pueden satisfacer esos importantes anhelos mientras los usan para enseñar conceptos y conductas que se consideran valiosas. Unos cuantos ejemplos pueden resultar útiles:

La madre a la hija: «De veras coloreaste muy bien sin salirte de las líneas del cuadro, Rita. Me gusta mucho ver un buen trabajo como este. Lo voy a colocar en la pared de la cocina».

La madre al esposo en presencia de su hijo: «Rodolfo, ¿te diste cuenta de cómo esta noche Paquito metió la bicicleta al garaje? Antes siempre la dejaba afuera hasta que le decíamos que la guardara; pero se está volviendo mucho más responsable, ¿no crees?»

El padre al hijo: «Te agradezco que hayas guardado silencio

mientras calculaba mi presupuesto, hijo. Fuiste muy considerado. Ahora que he terminado ese trabajo, tendré más tiempo. ¿Qué te parece si planeamos ir al zoológico el próximo sábado?»

La madre al hijo pequeño: «Daniel, toda la mañana has estado sin chuparte el dedo. Estoy muy orgullosa de ti. Vamos a ver cuanto logras esta tarde».

No es sabio que un padre o madre elogie al niño por conductas que en realidad no admira. Si todo lo que el niño hace le merece un gran abrazo y una palmada en la espalda, la aprobación de su mamá poco a poco va perdiendo sentido. Las conductas específicas que merecen auténticos elogios pueden encontrarse si se buscan, hasta en el pequeñín más travieso.

Pues bien, detengámonos un poco para ver unas cuantas preguntas y respuestas pertinentes, y luego pasemos al capítulo siguiente para estudiar algunas otras enseñanzas acerca de la ley del refuerzo.

PREGUNTAS Y RESPUESTAS

P— ¿Se pueden usar recompensas en un programa de la iglesia o de la Escuela Dominical?

R— He visto usarse el refuerzo con muchos resultados en una Escuela Dominical. En lugar de ganar dinero, los niños acumulaban «talentos» que se parecían a dinero de juguete de diversos valores. (La idea de los talentos se tomó de la parábola de Jesús en Mateo 25: 15.) Los niños ganaban talentos al memorizar versículos bíblicos, o por ser puntuales el domingo en la mañana, tener asistencia perfecta, traer un visitante, etcétera. Este sistema de moneda se usaba entonces para obtener nuevos artículos de los que se exhibían en una urna de cristal. Biblias, bolígrafos, libros, rompecabezas y otros premios religiosos o educativos estaban a la disposición para escoger.

La sección de niños floreció en la iglesia donde se usaba este sistema. Sin embargo, algunas personas pueden oponerse a ese tipo de programa orientado hacia lo material en un contexto de iglesia, y eso es asunto que queda sujeto a evaluación en cada caso.

P— ¿Debo jactarme de mi niño todo el día por cada cosita que hace? ¿No es posible formar un muchacho malcriado si uno le está diciendo todo el tiempo que cada pasito que da es maravilloso?

R— Sí, la alabanza «inflacionaria» es imprudente. Como lo mencioné en un libro anterior, el pequeño rápidamente se acostumbra a ese juego verbal y entonces las palabras de uno van perdiendo su significado rápidamente. Por lo tanto, es útil distinguir entre los conceptos de adulación y alabanza.

La adulación es infundada: Es lo que dice la abuela cuando llega de visita: «¡Ah, miren a mi chiquita! ¡Cada día estás más linda! Te apuesto a que cuando seas una señorita vas a tener que estar espantando a los muchachos con un palo». O: «Vaya, qué chico más vivo eres». La adulación se da cuando uno va amontonando elogios sobre el niño por algo que no es un logro suyo.

En cambio, la alabanza se usa para reforzar la conducta positiva y constructiva. Debe ser sumamente específica, en vez de un comentario general. Decir: «Has sido un buen muchacho» es insatisfactorio. Es mejor: «Me gusta ver cómo mantuviste limpio tu cuarto hoy». Los padres siempre deben estar atentos a las oportunidades de ofrecer a sus hijos una alabanza auténtica y bien merecida, mientras evitan la vana adulación. *

P— ¿Debe un padre o una madre obligar al niño a comer?

R— No. En realidad, la mesa es un posible campo de batalla donde al padre o a la madre fácilmente se le pueden poner emboscadas. ¡Ahí usted no puede ganar! Un niño de voluntad fuerte es como un buen general, que siempre busca un punto de ventaja desde donde dominar al enemigo. No necesita mirar más lejos. De todos los puntos comunes de conflicto entre las generaciones (la hora de acostarse, el cabello, la ropa, los estudios, etc.), en la mesa la ventaja está toda a favor del niño. Tres veces al día, un minúsculo pequeñín puede simplemente negarse a abrir la boca. No importa cuánta fuerza se emplee, no se le podrá hacer comer lo que no quiere comerse.

Me acuerdo de un niño de tres años que estaba resuelto a no comerse sus guisantes, y un padre que había decidido que las

---

* Dr. James Dobson, *Hide and Seek* [Escondidas] (Old Tappan, Nueva Jersey: Fleming H. Revell Company, 1974), p. 69.

benditas bolitas verdes debían ser consumidas. Era una clásica confrontación entre la fuerza irresistible y un objeto imposible de mover. Ninguno de los dos quería ceder. Después de una hora entera de arengar, amenazar, engatusar y sudar, el padre no había logrado su propósito. El niño, lleno de lágrimas, permanecía ahí sentado, mientras una cuchara llena de guisantes le apuntaba amenazante a sus labios herméticamente sellados.

Finalmente, a punta de intimidación, el papá se las arregló para meter en su lugar un bocado de guisantes. Pero el chiquillo no quería tragárselos. No se todo lo que pasó a continuación, pero la madre me dijo que no tuvieron otra opción que mandar al niño a la cama, todavía con los guisantes en la boca. Estaban atónitos ante la fuerza de su voluntad.

A la mañana siguiente, la madre se encontró un montoncito de guisantes remojados al pie de la cama, donde el niño los había arrojado. Un punto para el niño, ninguno para el papá. ¡A ver en qué otro terreno de lucha puede un niño de quince kilos derrotar a un hombrote de cien!

Claro que no todos los niños de esa edad son así de resistentes. Pero muchos de ellos estarán bien dispuestos a pelear por la comida. Es su juego ideal de resistencia. Es cuestión de conversar con cualquier padre o abuelo experimentado, y le dirán a uno que esa es la verdad. Lo triste es que esos conflictos son innecesarios. Los niños comerán tanto como necesiten, si uno evita que se llenen de lo que no deben. De hambre no se van a morir. ¡Lo prometo!

La forma de entenderse con el niño que come mal es ponerle enfrente buena comida. Si asegura que no tiene hambre, cubra el plato, póngalo en el refrigerador, y mande al niño a jugar. En unas cuantas horas volverá. Dios le ha puesto en su barriguita una sensación rara que dice: «¡Dame de comer!» Cuando suceda esto, no le ponga enfrente dulces, golosinas, ni confites. Limítese a sacar la comida de antes, caliéntela y vuelva a servírsela. Si él protesta, mándelo a jugar otra vez. Aunque pasen doce horas o más, prosiga con este método hasta que llegue el momento en que la comida, cualquier comida, empieza a tener un aspecto y un aroma deliciosos. A partir de ese momento, la batalla en la mesa del comedor deberá pasar a la historia.

P— Usted afirmó anteriormente que no está a favor de que se aplique el castigo físico a los adolescentes. ¿Qué haría usted para estimular la cooperación de mi hijo de catorce años que deliberadamente se convierte en un fastidio? Deja su ropa tirada, se niega a ayudar con cualquier tarea de rutina que haya en la casa, y molesta a su hermanito hasta más no poder. ¿Qué puedo hacer al respecto?

R— Los principios del refuerzo resultan especialmente útiles con los adolescentes, porque esas recompensas son atractivas para los jóvenes durante esa etapa de la vida, en la que típicamente están centrados en sí mismos. Sin embargo, la pereza es una realidad inevitable de la vida de muchos adolescentes. Su falta de diligencia y su apatía general tienen origen fisiológico. Al principio de la adolescencia, su energía se está reorientando hacia el crecimiento rápido. Además, los cambios glandulares requieren un reajuste físico. Es posible que durante varios años quieran dormir hasta el mediodía y andar arrastrándose hasta que sea la hora de hacer algo que esté dentro de sus gustos. Para que un sistema, el que sea, tenga éxito para recargar esas lentas baterías, probablemente tendrá que incluir alguna clase de incentivo. Se pueden seguir los tres pasos que se dan a continuación para implementar un sistema de refuerzo con un muchacho de dieciséis años:

1. Decida qué cosa es importante para el joven, para usarla como incentivo. Para la mayoría de los que acaban de obtener su licencia de conducir, poder usar el auto de la familia por dos horas es lo mejor del mundo, en la noche en que van a salir con una muchacha. (Claro que éste podría ser el incentivo más caro en toda la historia si el joven conductor es un poco inseguro cuando se sienta al volante.) Una concesión de dinero es otra fuente de motivación fácilmente disponible, como se describió anteriormente. En nuestros días los adolescentes siempre necesitan efectivo. Una salida corriente con una muchacha puede costar veinte dólares o más, a veces mucho más. Otro incentivo podría implicar alguna prenda de vestir elegante que de ordinario no estaría dentro del presupuesto del joven. El ofrecerle un medio para obtener esos lujos es una alternativa feliz a los rezongos, llantos, regateos, quejas y fastidios que de otro modo podrían sobrevenir. La mamá dice: «Claro que podrás recibir la ropa deportiva que quieres, pero tendrás que ganártela». Una vez que se conviene en un motivador aceptable, se puede poner en marcha el segundo paso.

2. Formalice el acuerdo. Un contrato es un excelente medio para convenir una meta común. Una vez que se ha escrito un acuerdo, el padre y el joven lo firman. El contrato puede incluir un sistema de puntos que le posibilite al adolescente alcanzar la meta en un plazo razonable. Si no se pueden poner de acuerdo en el número de puntos pueden solicitar el arbitraje de una tercera persona. Examinemos una muestra de un acuerdo en el cual Manuel quiere un fonógrafo para discos compactos, pero resulta que faltan diez meses para su cumpleaños, y él no tiene plata. El tocadiscos cuesta unos $150. Su padre conviene en comprar el aparato si Manuel se gana 10.000 puntos en las próximas seis a diez semanas, haciendo varias tareas. Muchas de estas oportunidades se esbozan por anticipado, pero la lista se puede extender a medida que surgen otras posibilidades:

a. Por tender la cama y ordenar el cuarto cada mañana 50 puntos
b. Por cada hora de estudio 150 puntos
c. Por cada hora de trabajo realizado en la casa o en el jardín 300 puntos
d. Por llegar a tiempo al desayuno y a la cena 40 puntos
e. Por cada hora de cuidar a los hermanitos 150 puntos
f. Por lavar el auto cada semana 250 puntos
g. Por levantarse antes de las 8:00 a.m. el sábado 100 puntos

Aunque los principios mencionados son eficaces casi en todos los casos, el método de aplicación debe variarse. Con un poco de imaginación, usted puede crear una lista de oficios y cantidad de puntos que funcionen en su familia. Es importante señalar que se pueden ganar puntos por cooperar, y se pueden perder por resistirse. La conducta descortés e irrazonable se puede castigar con la pérdida de 50 puntos o más. (Sin embargo, las penas se deben imponer con justicia y con poca frecuencia, de otra manera se desmoronará todo el sistema.)

Además, se pueden acreditar puntos de bonificación por conductas que sean particularmente elogiables.

3. Establezca un método para proveer recompensas inmediatas. Recuerde que la prontitud en dar el refuerzo logra los mejores resultados. Esto es necesario para mantener el interés de los adolescentes conforme avanzan hacia la meta final. Se puede construir un gráfico de tipo termómetro, con la escala de puntos anotada al lado. En la parte superior está la marca de 10.000 puntos, junto a una representación del fonógrafo u otro premio. Cada noche se hace un total de los puntos del día, y se extiende hacia arriba la parte roja del termómetro. Si Manuel progresa con constancia y rapidez, se puede ganar algo extra; tal vez un disco compacto de su músico favorito o algún privilegio especial. Si él cambia de opinión acerca de lo que quiere comprar, los puntos se pueden aplicar a una compra diferente. Por ejemplo, 5.000 puntos son el 50% de 10.000 y valdrían $75 para otra compra. Sin embargo, no le dé a su hijo la recompensa si no se la gana. Eso eliminaría los usos futuros del refuerzo. Tampoco le niegue ni le aplace la meta una vez que se la ha ganado. El sistema que se acaba de describir no es algo inmutable. Debe adaptarse a la edad y madurez del adolescente. Un joven puede sentirse insultado por un método que a otro lo volvería loco de alegría.

6

Herramientas milagrosas

Parte 2

Tal como lo hemos venido comentando, el incrementar en un niño su nivel de responsabilidad y autodisciplina no es tarea fácil. Los padres deben enseñárselo mediante un plan de juego específico. Pero la labor se facilita si se emplea la ley del refuerzo. En el capítulo anterior examinábamos dos principios específicos que ayudan a alcanzar a un máximo los beneficios de esta técnica. Dichos principios consistían en (1) otorgar las recompensas inmediatamente, y también (2) utilizar recompensas no materiales tales como el elogio, los abrazos, y la simple y tradicional atención, junto con el refuerzo monetario y material.

Ahora nos fijaremos en los tres principios restantes, comenzando con el siguiente:

3. Casi cualquier conducta que se aprende por medio del refuerzo puede ser eliminada si la recompensa se retiene por un tiempo suficiente.

Es una verdad establecida que una conducta que no se refuerza llegará a desaparecer en algún momento.

Ese proceso, que los psicólogos llaman extinción, puede ser muy útil para los padres y maestros que quieren modificar la conducta de los niños. Una vez más, el mundo animal nos proporciona muchos ejemplos interesantes de extinción. Por ejemplo, el lucio de ojos saltones es un pez grande que tiene un gran apetito por cierto pececillo de agua dulce. Si se le coloca en un tanque de agua junto con su pequeña presa, muy pronto el lucio se hallará a solas en el tanque. Sin embargo, algo interesante sucede cuando se coloca dentro del tanque una placa de cristal, que separa al lucio de los pececillos. El lucio no puede ver el cristal y choca de frente contra él al ir en busca de su merienda. Una y otra vez nada contra el cristal, golpeando contra él su extremo frontal. Es claro que la conducta no está siendo reforzada, y por lo tanto se va extinguiendo poco a poco.

En cierto momento, el lucio se rinde. Ha aprendido que los pececillos no están a su alcance. Entonces se puede quitar el cristal, permitiendo que los pececillos naden en torno a su enemigo mortal con total seguridad. El lucio no trata de comérselos. Sabe lo que sabe: son inalcanzables. Lo sorprendente es que llega el momento en que el lucio de ojos saltones se muere de hambre, mientras que su alimento favorito pasa nadando como si nada frente a su boca.

También se utiliza la extinción para refrenar a los elefantes en un circo. Cuando el elefante es joven, se le encadena la pata a un gran bloque de cemento que no se puede mover. El animal tira repetidas veces contra la barrera sin tener éxito, llegando así a extinguir su conducta de huida. Posteriormente, una pequeña cuerda atada a una frágil estaca que cualquier perro podría romper bastará para refrenar al poderoso paquidermo. Una vez más, la bestia sabe lo que sabe.

Voy a decirlo una vez más: los niños son humanos, y son diferentes de los animales en la mayoría de los aspectos. Pero el principio de la extinción también es aplicable a los niños. Para eliminar en un niño una conducta indeseable, hay que identificar el refuerzo crítico y luego retenerlo o impedirlo. Apliquemos este concepto a un problema común en la niñez. ¿Por qué un niño lloriquea en vez de hablar con voz normal? ¡Porque su madre o su padre ha reforzado el lloriqueo! Cuando la pequeña Cristina de tres años habla con su voz habitual, su mamá está demasiado ocupada como para escuchar. La verdad es que Cristina se pasa el día entero parloteando, de modo que su madre simplemente hace caso omiso de la mayor parte de su palabrería. Pero cuando Cristina habla con un tono rechinante, irritante y detestable, su mamá se vuelve para ver qué anda mal. El lloriqueo de Cristina acarrea resultados; su voz normal no. Y entonces ella se vuelve una lloricona.

Para extinguir el lloriqueo, lo que hay que hacer es simplemente invertir el refuerzo. La mamá debe comenzar por decir: «No te puedo oír porque estás lloriqueando, Cristina. Mis oídos son raros. Simplemente no logran oír los lloriqueos». Después de un día o dos de comunicar este mensaje, la mamá debe hacer como si no oyera ninguno de los tonos de quejido. En cambio, debe ofrecer atención inmediata a una solicitud que se haga con voz normal.

Si este control del refuerzo se aplica apropiadamente, sin duda logrará los resultados que se desean. Casi todo el aprendizaje se basa en este principio, y las consecuencias son seguras y predecibles. Desde luego, es posible que la abuela y el tío Alberto sigan reforzando la conducta que usted está tratando de extinguir, y así la mantengan viva. Por eso es indispensable el trabajo en equipo, especialmente entre padre y madre.

La extinción no es solamente una herramienta que se puede usar en un programa deliberado de entrenamiento. También a veces ocurre accidentalmente. Consideremos el caso de Marcos, de cuatro años. Su madre y su padre estaban preocupados por los berrinches que él armaba, especialmente porque acostumbraba exhibirlos cuando sus padres menos deseaban que se portara mal. Por ejemplo, cuando llegaban visitas a la casa, él explotaba inmediatamente antes de la hora de acostarse. Los mismos estallidos se daban en restaurantes, en la iglesia y otros lugares públicos.

Los padres de Marcos no eran legos en materia de disciplina, e intentaron con su pequeño rebelde todos los métodos que conocían. Le pegaban, lo hacían pararse en un rincón, lo mandaban a acostarse más temprano, lo avergonzaban y lo regañaban. Pero nada de eso daba buen resultado. Los berrinches continuaban con regularidad.

Pero cierta noche cuando ambos leían el periódico en la sala, dijeron algo que encolerizó a su hijo, el cual se tiró al suelo en un ataque de furia. Se puso a gritar, a dar golpes con la cabeza en la alfombra, a dar patadas y a agitar sus brazos. Para ese momento ya ellos estaban totalmente exasperados y no sabían qué hacer, de modo que no hicieron nada. Siguieron leyendo el periódico en un silencio pétreo, cosa que era lo que aquel pequeño huracán menos se esperaba. Él se levantó, miró a su padre, y se volvió a tirar al suelo para dar inicio al segundo acto. Nuevamente sus padres se quedaron sin reaccionar. Para entonces se estaban cruzando miradas de complicidad, y observando con curiosidad al pequeño. Una vez más, el berrinche de Marcos se detuvo abruptamente. Se acercó a su madre, le estremeció el brazo, y cayó al suelo para el tercer acto. Ellos continuaron haciendo como si no lo notaran. ¿Cuál fue su reacción? El niño se sintió tan tonto de estar golpeando el suelo y llorando, que jamás volvió a armar un berrinche.

Ahora sí puede decirse: la ilustración que acabo de citar venía incluida en la primera edición de *Atrévete a disciplinar*, en 1970. Ya es hora de revelar que en realidad ese niño no se llamaba Marcos. Se llamaba Jim. ¡Ay de mí: yo fui el villano de esa historia! Y les puedo asegurar que no tiene ninguna gracia montar un espectáculo teatral si el público no llega.

Resulta claro que el refuerzo de mis berrinches era la manipulación a mis padres. Mediante un comportamiento violento, yo había logrado enojar y angustiar a esos grandes y fuertes adultos. Probablemente me encantaba. En la mayoría de los niños, los berrinches son una forma de conducta desafiante que se puede eliminar con una o más sesiones de nalgadas bien aplicadas. Pero en el caso de unos pocos como yo, lo que ocurría era diferente. Como un pirómano, yo disfrutaba de ver la conmoción que podía ocasionar. Eso en sí mismo era mi recompensa.

Aunque mis padres suprimieron esa conducta negativa en un solo episodio, suele necesitarse mucho más tiempo. Es importante entender el índice típico en que una característica desaparece sin refuerzo.

Consideremos una vez más el ejemplo de la paloma que revisaba piezas de radio, que mencionamos en el capítulo anterior. En un principio el ave dejaba pasar todos los componentes defectuosos, y sólo poco a poco fue reconociendo un porcentaje mayor. Como se muestra en la Figura A, la paloma llegó a identificar finalmente el 100% de las piezas, y continuó con perfecta precisión mientras recibía recompensa o refuerzo (grano) por cada éxito.

Supongamos que entonces se retira el refuerzo. La paloma continuaría interceptando las piezas rotas con perfecta exactitud, pero no por mucho tiempo. Pronto comenzaría a dejar pasar algunas piezas malas. Si continuara trabajando sin recompensa, se iría distrayendo cada vez más y perdiendo interés en su trabajo. Para el final del día, dejaría pasar todas o casi todas la piezas defectuosas.

Sin embargo, al día siguiente se pondría de nuevo a trabajar como antes. Aunque la conducta se extinga en un día, es probable que reaparezca al día siguiente. Este resurgimiento se llama

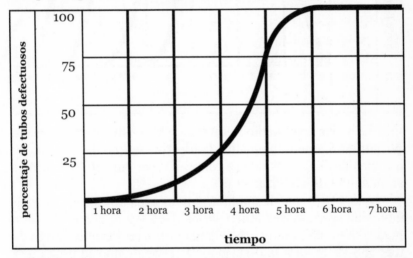

«recuperación espontánea». Cada día la conducta reaparece, como se ilustra en la Figura B. Pero la precisión es menor, y la extinción diaria va ocurriendo cada vez más pronto que el día anterior.

Este principio es importante para extinguir en los niños el comportamiento indeseable. El padre, madre o maestro no debe desanimarse si reaparece una conducta extinta. Su eliminación completa puede requerir un tiempo considerable.

El principio de la extinción ha ayudado a muchas personas a eliminar malos hábitos. Uno de esos sistemas está diseñado para los que quieren dejar de fumar. Se basa en eliminar la sensación agradable (el refuerzo) que generalmente se produce al inhalar el humo del cigarrillo. Para hacerlo, se apunta hacia la cara del fumador un tubo lleno de humo de tabaco muy rancio y concentrado. Cada vez que el individuo aspira su cigarrillo, se le dispara en la cara el humo pútrido del tubo. El fumador comienza a asociar el cigarrillo con la bocanada hedionda que se le viene a

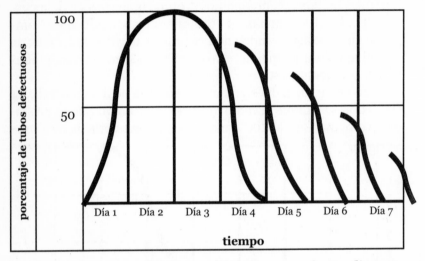

la cara, y por este medio desarrolla a veces un fuerte disgusto por fumar. Lamentablemente, la nicotina es uno de los narcóticos más enviciadores que se conocen, y su impacto químico es sumamente difícil de superar.

La extinción puede también ayudar a los niños a superar algunos de sus temores innecesarios. Una vez di consulta a una madre que estaba muy preocupada por el temor que su hija de tres años le tenía a la oscuridad. A pesar de que se usaba una lamparilla nocturna y quedaba abierta la puerta del dormitorio, a la pequeña Marcela le daba miedo quedarse sola en su cuarto. Insistía en que cada noche su madre se quedara con ella hasta que ella se durmiera, lo cual consumía muchísimo tiempo y era muy incómodo. Si por casualidad Marcela se despertaba por la noche, llamaba pidiendo ayuda. Era evidente que estaba verdaderamente atemorizada.

Ese tipo de temores no son innatos; son aprendidos. Si los padres realmente se dieran cuenta de eso, tendrían más cuidado con lo que dicen y lo que hacen. La realidad es que los pequeños son asombrosamente observadores y suelen adoptar las conductas y preocupaciones que notan en los adultos. Hasta el bromear con buena intención puede producirle problemas a un niño. Si un pequeño entra en un aposento oscuro y alguien le pega un susto desde detrás de la puerta, pronto aprende que la oscuridad no siempre está vacía.

En el caso de Marcela no resultaba claro dónde había aprendido a temerle a la oscuridad, pero creo que su madre, sin darse cuenta, agrandaba el problema. Al preocuparse por su hija le estaba transmitiendo su ansiedad, y Marcela comenzó a pensar que sus propios temores debían estar justificados. «Hasta mamá está preocupada por esto», razonaba sin duda. Marcela llegó a estar tan atemorizada que no podía caminar sin compañía por un cuarto de luz tenue. Fue en este punto de la situación cuando comencé el tratamiento.

Puesto que por lo general resulta inútil convencer con palabras a los niños a dejar sus temores, sugerí que la madre le mostrara a Marcela que no había nada que temer. Eso ayudaría a la niña a percibir que su madre se sentía segura y que no tenía miedo. Entonces compró una bolsa de caramelos y colocó su silla exactamente fuera de la puerta del dormitorio de Marcela. Luego le ofreció a Marcela un trocito de dulce si pasaba algunos segundos dentro de su cuarto, con la luz encendida y la puerta cerrada. Este primer paso no era muy amenazador, y Marcela disfrutó del juego. Se repitió varias veces, y luego se le pidió que anduviera varios pasos entrando en el cuarto oscuro mientras su mamá, que permanecía claramente visible en el pasillo, contaba hasta diez. Eso también fue fácil, y Marcela continuó con el juego a cambio de los trocitos de caramelo.

En viajes siguientes, la puerta se cerraba algunos centímetros más y las luces se bajaban. Por fin Marcela tuvo la valentía de entrar en el cuarto oscuro y cerrar la puerta mientras su madre contaba hasta tres, luego hasta cinco, luego hasta diez. El tiempo que pasaba en la oscuridad se fue alargando poco a poco, y en lugar de producir temor producía dulces, el máximo placer para un niñito. También oía a su madre hablando con confianza y tranquilidad, y sabía que podía salir cuando quisiera. A través de estos medios, se fue reforzando el valor y extinguiendo el temor.

Los usos de la extinción, así como la clase de recompensa que uno use, sólo están limitados por la imaginación y la creatividad del padre o maestro. Inténtela en diversas situaciones. Con un poquito de práctica y de paciencia, usted verá por sí mismo que uno de los mejores métodos de cambiar la conducta es retener el refuerzo mientras se recompensa su conducta favorable.

Pasando adelante, el cuarto principio para sacar lo máximo de esta herramienta milagrosa es:

4. Padres y maestros también son vulnerables al refuerzo. El refuerzo no es sólo el mecanismo mediante el cual los niños y animales aprenden nuevas conductas. También los adultos modifican su conducta según el estímulo positivo y negativo que reciban. Inevitablemente, los niños también entrenan a veces a sus padres, en vez de suceder al revés, al reforzar ciertas conductas y extinguir otras.

Por ejemplo, cuando los papás llevan a sus niños a algún lugar emocionante, como un parque de diversiones, los pequeños muestran su mejor conducta. Pueden ser dulces y cooperadores; un intento claro o abierto de reforzar o recompensar la acción de sus padres. En casos extremos, he visto niños que manipulan hábilmente a sus padres para conseguir lo que quieren o la conducta que prefieren.

Un caso así se da cuando la mamá disciplina a su hija de ocho años, y recibe como respuesta: «Ya tú no me quieres». La mayoría de los niños saben que sus padres están deseosos de transmitirles su amor, y entonces se sirven de este tema delicado para extinguir el castigo. Con frecuencia lo logran.

Otro ejemplo es cuando la maestra anuncia: «Es hora de estudiar sobre la salud, así que saquen sus libros de texto», y la clase entera emite un gemido. Para algunos maestros esta falta de refuerzo es difícil de tolerar, y lo que hacen es eliminar de su programa futuro una asignatura aburrida, o bien enseñarla en forma rutinaria sólo por cumplir.

En la educación superior se dan fenómenos parecidos. Me enteré de cierto curso de postgrado en psicología donde los estudiantes usaron a su catedrático para un experimento de refuerzo. Ese catedrático empleaba dos métodos de instrucción diferentes. Ya bien dictaba la lección basándose en sus apuntes, lo cual era para los estudiantes una experiencia árida y lóbrega, o hablaba espontáneamente, lo cual generaba diálogos vivaces e interesantes. Cierto día los estudiantes, antes de entrar en el aula, se pusieron de acuerdo para recompensar el método de conversación espontanea del profesor, y para extinguir su conducta formal. Cada vez que él se basaba en sus apuntes, ellos movían los pies, miraban hacia afuera por las ventanas, y se ponían a bostezar y a hablar en voz baja unos con otros. En cambio, se mostraban sumamente interesados con sus lecciones no estructuradas. El profesor reaccionó de modo típico.

Adoptó casi exclusivamente el método informal, aunque pasó casi todo el semestre sin saber que lo estaban manipulando.

Un último ejemplo es el del papá que pierde fácilmente la paciencia con sus hijos. Cada vez que ellos incumplen sus expectativas él les grita, cosa que parece hacerlos obedecer. Sus gritos han sido reforzados y se convierte en un padre agresivo y que continuamente levanta la voz.

El punto es sencillo: los padres deben estar conscientes de sus propias reacciones ante el refuerzo, y deben asegurarse de que están al mando de la situación de aprendizaje.

El quinto y último punto de la ley del refuerzo es:

5. Los padres a menudo refuerzan la conducta indeseable, mientras que debilitan las conductas que valoran.

Quizás el aspecto más importante de los dos capítulos anteriores tiene que ver con el refuerzo accidental. Es sumamente fácil recompensar la conducta indeseable en los niños al permitir que tengan éxito. Supongamos, por ejemplo, que los esposos Delgado tienen visitas para la cena, y a las siete en punto meten en la cama a su niño Ricardito, de tres años. Ya saben que Ricardito va a llorar, como siempre lo hace; pero ¿qué pueden hacer? Efectivamente, Ricardito se pone a llorar. Comienza con un volumen bajo, pero poco a poco va subiendo el nivel de decibeles hasta alcanzar el de un avión en despegue.

Por último la señora Delgado se siente tan incómoda por el concierto, que deja que Ricardito se levante. ¿Qué ha aprendido el niño? Que debe llorar a todo volumen si no quiere ir a acostarse. Las protestas tranquilas no sirven. Más vale que los esposos Delgado se preparen para otra batalla de lágrimas a la noche siguiente, porque, al final, la reacción ha logrado éxito. Y si se les olvida, Ricardito sin duda se lo recordará.

Para explicar más este principio, consideremos otro panorama. Laura, una adolescente que le gusta discutir, jamás acepta como respuesta un «no». Es tan amargada que siempre que está en casa se siente mal. Cada vez que su madre no se siente segura de si debe dejar que Laura salga por la noche lo primero que hace es decirle que no puede salir. Al decir primero que no, la madre de Laura está ganando tiempo adicional para pensar bien en la petición. Siempre puede cambiar de opinión, pero sabe que es más fácil pasar de un «no» a un «sí» que de un «sí» a un «no». Sin embargo, lo único que eso le comunica a Laura es que «no» realmente significa «tal vez», y que un «sí» es posible si ella discute y reclama lo suficiente.

Muchos padres cometen el mismo error que la madre de Laura. Permiten que tenga éxito el discutir, el enfurruñarse, el poner mala cara, el golpear las puertas y el tratar de negociar. Los padres no deben asumir una postura definitiva sobre un asunto sino hasta que lo hayan meditado a profundidad y hayan escuchado el alegato de su hijo o hija. Entonces deben aferrarse tenazmente a su decisión. Si el adolescente aprende que un «no» significa «absolutamente no», es menos probable que gaste sus esfuerzos en apelar su caso.

Figurémonos que los esposos López cumplen diez años de casados y van a salir a cenar. Mientras se preparan para partir, sus niños de cinco y seis años comienzan a gritar porque los van a dejar con otras personas. El señor López sabe algo de los principios del refuerzo, de manera que les ofrece a los niños un paquete de chicles con tal que dejen de llorar. Lamentablemente, el señor López no ha reforzado el silencio; lo que ha hecho es recompensar las lágrimas. La próxima vez que él y su esposa vayan a salir, será ventajoso para los niños el llorar de nuevo. Una pequeña alternativa habría podido variar por completo la escena. El señor López debió haber ofrecido los chicles por la cooperación de los niños, antes de que empezaran a correr las lágrimas.

Apliquemos ese principio a los bebés y sus llantos. El llorar es para los bebés una forma importante de comunicación. Es por medio de sus gemidos que nos enteramos de si tienen hambre, cansancio, incomodidad, o emergencia de pañales. Si bien no queremos eliminar el llanto en los bebés, es posible hacer que produzcan menos alboroto si se minimiza el refuerzo de sus lágrimas. Si cada vez que un bebé llora se le carga o se le mece de inmediato, él puede observar pronto la relación entre las lágrimas y la atención de los adultos. Me acuerdo muy bien cuando me detenía por varios minutos en la entrada del cuarto donde dormía mi hija, esperando un silencio momentáneo en su llanto antes de acercarme a la cuna. Al actuar así, reforzaba las pausas en lugar de los gritos.

Es obvio que los padres deben tener cuidado acerca de las conductas que permiten para alcanzar éxito. Deben ejercer la autodisciplina y la paciencia para garantizar que las herramientas del refuerzo y la extinción se estén usando para estimular una conducta responsable y madura.

PREGUNTAS Y RESPUESTAS

P— ¿Cómo puedo hacer que mi hijo preadolescente se familiarice con la necesidad de una conducta responsable a lo largo de su vida? Está desesperadamente necesitado de comprender eso.

R— En vez de volver a inventar la rueda, voy a citar de nuevo algo de otro de mis libros que toca precisamente ese punto. Ahí decía yo que el objetivo general durante la preadolescencia es enseñarle al joven que las acciones tienen consecuencias inevitables. Una de las fallas más graves en una sociedad permisiva es el no lograr conectar esos dos factores: la conducta y las consecuencias.

Con demasiada frecuencia un niño de tres años le grita insultos a su madre, pero ella se queda confundida mirando con asombro. Un niño de primer grado emprende un ataque contra su maestra, pero la escuela le hace concesiones a causa de su edad y no emprende acción alguna. Un niño de diez años es sorprendido robándose unos discos en una tienda, pero lo sueltan cuando sus padres intervienen. Un muchacho de quince años se lleva a escondidas el auto de la familia, pero su padre paga la multa cuando lo arrestan. Un joven de diecisiete maneja su auto como un loco, y sus padres pagan por la reparación cuando le arranca el parachoques. En fin, a lo largo de toda la niñez y adolescencia, los padres amorosos parecen estar resueltos a interponerse entre el comportamiento y sus consecuencias, rompiendo la conexión y obstaculizando el valioso aprendizaje que pudo haberse realizado.

De manera que es posible que un joven o una joven ingrese a la edad adulta sin saber que la vida es dura: que cada acción que realizamos afecta directamente nuestro futuro, y que la conducta irresponsable produce a fin de cuentas pena y dolor. Un joven así solicita su primer empleo, y durante la primera semana llega tarde al trabajo en tres ocasiones. Después, cuando lo despiden con una avalancha de palabras fuertes, se vuelve amargado y frustrado. Era la primera vez en su vida que sus papás no podían venir corriendo a rescatarlo de las consecuencias desagradables. Lamentablemente, muchos padres de hoy continúan «sacando de apuros» a sus hijos mucho después de que se han hecho adultos y han dejado de vivir en el hogar. ¿Cual es el resultado? Esta protección excesiva produce inválidos emocionalmente, que suelen desarrollar características duraderas de dependencia y una especie de adolescencia perpetua.

¿Cómo hace uno para conectar la conducta con sus consecuencias? Estando dispuesto a dejar que el hijo experimente una cantidad razonable de dolor o de incomodidad cuando se comporta de modo irresponsable. Cuando Teresita pierde el autobús de la escuela por perder tiempo, pues que camine uno o dos kilómetros y llegue a la escuela a media mañana (a menos que haya factores de seguridad que lo desaconsejen). Si Elena pierde por descuido el dinero de su almuerzo, que no almuerce ese día. Claro que es posible llevar ese principio hasta un extremo, y volverse uno rudo e inflexible con un niño inmaduro. Lo mejor es exigir que los niños y niñas lleven el peso de la responsabilidad que es apropiada para su respectiva edad, y que de vez en cuando prueben el fruto amargo que acarrea la irresponsabilidad.

P— Se ha referido usted a los hijos que manipulan a sus padres y madres. Pero en sentido contrario, ¿no está el padre manipulando al hijo mediante el uso de recompensas y castigos?

R— No más de lo que un supervisor de fábrica manipula a sus empleados al insistir en que lleguen a tiempo al trabajo. No más de lo que un policía manipula al conductor de alta velocidad al ponerle una multa. No más de lo que una compañía de seguros manipula al mismo conductor al aumentarle la prima. No más de lo que el Ministerio de Hacienda manipula al tributante que registra su declaración cuando ya ha vencido el plazo, y paga una multa por su demora. La palabra «manipulación» implica una motivación siniestra o egoísta. Prefiero el término «administración», que va en el mejor interés de todos, incluso cuando implica consecuencias desagradables. *

P— Soy profesor en los primeros años de secundaria, y hay cinco grupos diferentes que llegan a mi aula cada día para las lecciones de ciencias. Mi mayor problema es lograr que esos alumnos traigan consigo libros, papel y lápiz a la clase. Yo les puedo prestar el material que necesitan, pero nunca me lo devuelven. ¿Qué me sugiere?

R— Enfrenté un problema idéntico durante el año en que estuve enseñando en primeros años de secundaria. Mis alumnos no eran malintencionados; simplemente tenían en la cabeza muchas otras cosas que recordar, como para traer sus materiales escolares. Intenté diversas técnicas de motivación, pero sin éxito. Apelé al deseo de responsabilidad de los alumnos, pero eso sólo produjo bostezos. Emprendí una arenga emocional, pero eso pareció ser un gran desperdicio de energía para una cosa tan insignificante. ¡Tenía que haber otra forma!

Finalmente encontré una solución que se basaba en la certeza de que los jóvenes están dispuestos a cooperar si va en provecho propio. Cierta mañana anuncié que ya no me importaba si traían o no a la clase sus lápices y libros. Yo tenía veinte libros adicionales y varias cajas de lápices con punta, que ellos podían tomar prestados. Si se les olvidaba traer esos materiales, todo lo que necesitaban hacer era pedirlos en préstamo. Yo no iba a rechinar los dientes ni a sulfurarme; me iban a encontrar sumamente dispuesto a compartir mis recursos.

Sin embargo, había un obstáculo: el alumno que pidiera algo prestado iba a tener que quedarse de pie junto a su pupitre (o inclinarse sobre él, si se necesitaba hacer trabajo escrito) durante toda la lección de una hora. En los días que siguieron sonreí al ver cómo antes de la clase los muchachos se echaban a correr tratando de conseguir libros y lápices con sus amigos. Cada día venían a mi aula doscientos veinte alumnos, y aun así sólo como una vez por semana tenía yo que poner en vigor la regla de quedarse en pie. Los alumnos protegían sus propios intereses. Se necesitaba sólo una falla en su memoria; ninguno cometió dos veces la misma torpeza.

---

* Dr. James Dobson, The Strong-Willed Child [El niño de voluntad fuerte] (Wheaton: Tyndale House Publishers, Inc., 1978), p. 136.

A riesgo de ser redundante, repito la valiosa fórmula para administrar a los niños y a los adolescentes: deles la máxima razón para acatar lo que usted desea. Si usted se enoja, ésa será la motivación menos eficaz que pueda yo imaginarme.

P— Si las recompensas y castigos deben darse muy prontamente, ¿por qué Dios no actúa de ese modo con nosotros, sus hijos? Da la impresión de que la gente «se sale con la suya» portándose mal por largos años, y la recompensa máxima para los que llevan una vida cristiana sólo vendrá después de la muerte. Seguro que el Señor sabe acerca del «refuerzo inmediato».

R— Claro que sabe. Él mismo creó las características que nosotros simplemente observamos y tratamos de comprender. Entonces, ¿por qué él no refuerza mas rápidamente la conducta que él desea? Yo no lo sé, aunque la Biblia misma reconoce esa realidad: «Por cuanto no se ejecuta luego sentencia sobre la mala obra, el corazón de los hijos de los hombres está en ellos dispuesto para hacer el mal. Aunque el pecador haga mal cien veces, y prolongue sus días, con todo yo también sé que les irá bien a los que a Dios temen, los que temen ante su presencia (Eclesiastés 8:11-12).

Ya sea que lleguen a tiempo o no, las advertencias y promesas que están en la Biblia son más confiables que ninguna otra cosa en el universo. ¡Será Dios quien tenga la última palabra!

P— ¿Qué piensa usted acerca de los tribunales de menores? ¿Recompensan la buena conducta y extinguen la mala? ¿Son eficientes en lo referente a desalentar la delincuencia?

R— Generalmente no, pero es difícil encontrar a quién echarle la culpa. Yo serví durante tres años en la Comisión Nacional de Asesoría a la Oficina de Justicia Juvenil y Prevención del Delito, designada por el Presidente de los Estados Unidos, Ronald Reagan. Fue una designación fascinante, si bien de vez en cuando resultaba desalentadora. Observé que en algunos casos los tribunales formaban delincuentes, tan sistemáticamente como si estuvieran colocando un ladrillo sobre otro.

Eso fue lo que sucedió con un muchacho de noveno año que yo conocía, quien había transgredido todas las reglas que podía violar, sólo para demostrar la debilidad de la ley. Craig se jactaba ante sus amigos antes de cometer alguna acción ilegal y después se reía cuando no se le castigaba. En cosa de dos años se había robado dos autos y una motocicleta, se había escapado dos veces de su hogar, había sido suspendido del colegio tres veces, y había sido arrestado una vez por andar acechando. Repetidas veces lo vi llegar al tribunal, donde lo soltaban después de recibir del juez otro sermón gastado.

Por último mandaron a Craig a un reformatorio para muchachos delincuentes, desde donde me escribió una carta en la que decía cuánto lamentaba el desastre en que había convertido su vida. Anhelaba regresar a casa y aprovechar su oportunidad de educación. Creo que era hasta dónde podía empujar a fuerzas policiales lo que Craig quería saber. Tan pronto como obtuvo la respuesta, ya no quiso pelear más. Debieron haberlo castigado la primera vez que lo arrestaron.

Poco después de recibir la carta de Craig, conversé con un famoso juez acerca de la evidente suavidad de los tribunales. Le pregunté por que los jueces de menores son tan renuentes a emprender una acción contra un adolescente desafiante, incluso cuando él esté suplicando que lo castiguen. El juez citó dos razones para explicar las actitudes de sus colegas:

(1) No existen suficientes instituciones correccionales disponibles para muchachos como Craig. Los campamentos de trabajo hay que reservarlos para los delincuentes más problemáticos.

(2) A los jueces se les hace difícil interesarse en formas más moderadas de delincuencia, cuando han estado tratando con casos más graves que implican asesinatos, violaciones y robos a mano armada. Es lamentable que los jueces tengan esa limitación. El primer encuentro de un adolescente con la ley debiera ser tan doloroso que no quiera cometer el mismo error otra vez, pero nuestro aparato legal no está diseñado para lograr ese objetivo.

Los tribunales de menores cometen ocasionalmente el error opuesto, es decir, tratar con demasiada dureza a un adolescente. Eso fue lo que pasó con Linda, una muchacha a quien conocí cierta tarde lluviosa. Yo estaba sentado a mi escritorio, preparando un informe, cuando en eso me di cuenta de que no estaba solo. Al levantar la vista me topé con una muchacha descalza, empapada por la lluvia, que estaba a la entrada de mi oficina. Era una adolescente bonita, de unos quince años.

—Ya puede usted llamar a la policía —me ordenó.

—¿Y qué motivo puedo tener para llamar a la policía? —pregunté.

—Porque me escapé de ...— (dio el nombre de un hogar cercano de detención para muchachas delincuentes). Dijo que había pasado todo el día escondiéndose de las autoridades.

Me dijo que se llamaba Linda, y le pedí que se sentara y me contara por qué había huido. Comenzó por el principio, y posteriormente verifiqué que los datos eran ciertos. Su madre había sido una prostituta que no le daba a su hija la menor supervisión ni orientación. Hasta permitía que Linda permaneciera en el cuarto mientras ella atendía a los hombres. Con el tiempo se separó a la niña de su madre y quedó bajo la tutela del tribunal. Fue ubicada en un hogar para jóvenes víctimas, donde no había suficiente amor como para sobrevivir. Durante algunos años su madre estuvo yendo a verla, pero después se desentendió de ella por completo.

Linda estaba tan necesitada de amor que se escapó para encontrar a su madre. Fue devuelta de inmediato al hogar correccional. Un año después trató nuevamente de escapar, con los mismos resultados. Linda siguió escapándose, y cada vez adquiría mayor refinamiento en sus modos de evadir a la policía. El año antes de que yo la conociera había desaparecido otra vez, y esa vez la recogieron varios muchachos. Vivieron juntos durante dos semanas y realizaron varias fechorías y diversas aventuras sexuales durante ese período.

Posteriormente Linda fue arrestada, y se le hizo comparecer como delincuente ante el tribunal de menores. Fue sentenciada al centro de detención para muchachas delincuentes, rodeada por alambradas de tres metros de altura. El tribunal determinó que era una adolescente incontrolable e incorregible, lo cual era inexacto. Linda era una muchacha solitaria, hambrienta de amor, que había sido defraudada por las circunstancias de la vida. Necesitaba alguien que se interesara por ella, no alguien que la castigara. Tal vez el juez estaba demasiado ocupado como para estudiar sus antecedentes; tal vez no tenía a mano una institución diferente para Linda. Sea como sea, las necesidades de esa frágil muchacha permanecían sin ser satisfechas en esa época crítica de su vida.

La justicia de menores debe ser diseñada de manera que sea indulgente con un joven que ha recibido heridas, como es el caso de Linda, y que sea firme con el joven que ha desafiado a la autoridad, como Craig. A veces es difícil reconocer la diferencia.

7

La disciplina dentro del aprendizaje en la educación

Cuando yo estaba en los primeros años de universidad, corría por ahí un pequeño y malicioso rumor según el cual se había hecho un descubrimiento asombroso acerca del aprendizaje humano. Una nueva técnica, llamada «enseñanza durante el sueño», hacía posible que uno se llenara la mente de conocimientos mientras dormía plácidamente. Debo confesar que esa idea me resultaba muy atractiva. Había encajado perfectamente en mi programa el desempeñarme en el día como el hombre popular de la universidad, y realizar mis estudios mientras dormía. Además, puesto que mi carrera era la psicología, me interesaba el funcionamiento del cerebro, y pronto decidí poner a prueba la hipótesis.

Escogí una asignatura en la que se hacían tres exámenes durante el semestre, y en la que el profesor descartaba la nota más baja de las tres. Estudié arduamente para los dos primeros exámenes, y obtuve notas respetables, lo cual me permitía experimentar con el tercero. Antes de la fecha del examen, grabé todos los datos necesarios en mi grabadora, con el cuidado de no aprenderme los detalles mientras hablaba en el micrófono. En total, quedaron comprimidos como sesenta minutos de datos en un solo lado de una de aquellas antiguas cintas de carrete. Entonces, la noche antes del examen salí a divertirme. Mientras mis amigos más inteligentes estaban devanándose los sesos en la biblioteca, yo estaba pasándola bien en un restaurante con algunos muchachos que de todos modos nunca estudiaban mucho. Me sentía de lo más bien.

A la hora de acostarme, conecté la grabadora en mi radio de reloj de modo tal que, a las dos de la mañana, mi propia voz comenzara a hablarle a mi mente inconsciente. Una hora después me despertó el aleteo de la cinta al final del carrete, y volví a fijar el reloj para las cuatro. La cinta tocó durante otra hora, y me volvió a despertar a las cinco. La «audición» final tuvo lugar entre las seis y las siete. Así transcurrió aquella desasosegada noche.

El examen estaba programado para las ocho, y allí me presenté, bostezando y con los ojos agotados. Lo primero que observé fue que las preguntas que había en el examen impreso no me resultaban ni remotamente familiares (cosa que siempre es mala seña). Pero aun así yo tenía la confianza de que la información estaba almacenada allá en las profundidades de mi cerebro, en algún lugar. Entregué el examen y me quedé esperando a que un oficial académico calculara mi calificación. Bastaron unos cuantos minutos.

Había en la clase setenta y tres personas, y yo obtuve la nota número setenta y dos en orden descendente. Había logrado derrotar al tonto de la clase por un punto, pero él apeló al profesor acerca de una respuesta disputada, y le concedieron dos puntos adicionales. ¡Yo quedé completamente de último! Lo único que saqué de aquel experimento fue una noche terrible, y la ira de un compañero de cuarto que había tenido que aguantarse, a la luz de la luna, el aprender un montón de basura que no le interesaba saber.

Muchos años han pasado desde aquellos días de mi inexperta juventud, cuando yo todavía pensaba que era posible conseguir algo sin dar nada. Estaba absolutamente equivocado. Todo lo que vale la pena tiene precio. El progreso natural del universo es el movimiento desde el orden hacia el caos, y no al contrario. La única manera de contrarrestar esa maldición es invertir energía en un proyecto o en un objetivo. Para poder mejorar en algo, especialmente en el desarrollo de las destrezas mentales y del conocimiento, hay que obtenerlo al precio de sangre, sudor, y un poco de lágrimas. No hay modo de esquivar todo eso.

Es mi convicción que algunos de los educadores profesionales —aunque de ningún modo todos— comenzaron a perder de vista esa necesidad de disciplina en la educación cuando pasamos por aquella turbulenta década de los años sesenta. Ellos estaban buscando con entusiasmo una manera más fácil de enseñar a los niños sin aprisionarlos en los rigores de las aulas estructuradas, exámenes, calificaciones, reglas y requisitos. La sociedad estaba cambiando, la autoridad había pasado de moda, y todos los valores tradicionales se empezaban a mirar con suspicacia. ¿Por qué no desechar lo convencional e intentar algo nuevo? ¿Qué tal... un aula «abierta»?

Así nació una de las ideas más insensatas en la historia de la educación. Permítanme citar extractos de un artículo que apareció en el periódico *Seattle News Journal* el 27 de mayo de 1971, donde se describía en toda su gloria un aula abierta. Sin embargo, antes de citarlo quiero hacer hincapié en que los excesos del pasado ya no son evidentes en las escuelas públicas de hoy. Tengo buenas noticias, por ejemplo, acerca del Circuito Escolar de Seattle, que en 1971 había experimentado con el programa no estructurado que se describe a continuación. Si esos días han pasado ya, ¿entonces para qué nos fijamos en una época en que las escuelas se salieron excesivamente de la norma o se entusiasmaron y tomaron medidas sin reflexionar cuidadosamente? Porque no podemos entender a cabalidad quiénes somos hoy sin examinar nuestro pasado. Y porque podemos aprender de los excesos de ayer, cuando se desconfiaba de la autoridad y de la disciplina. Y porque los vestigios de esa filosofía libertina siguen acechando dentro de nuestra sociedad permisiva y en los recintos académicos.

El artículo mencionado se llamaba «La escuela de la que nadie habla», y sus autores eran James y John Flaherty. Al leer los siguientes extractos, imagínese a su hijo inscrito en un programa de esta naturaleza.

Imagínese, si puede, a muchachos de cinco a doce años andando en triciclo por el pasillo de la escuela, pintando sobre las paredes cuando se les antoja y lo que se les antoja, haciéndole lo que les viene en gana cuando quieren, comunicándose abiertamente con sus maestros en palabras vulgares, estableciendo en la escuela los reglamentos, la docencia y el curso según sus deseos. ¡Y todo esto en una escuela pública en Seattle! ¿Exagerado o imposible? ¡No! Está sucediendo ahora mismo en la vieja y conservadora zona de Seward Park. Y el Circuito Escolar de Seattle está pagando la cuenta.

La Escuela Primaria Alterna es un proyecto experimental del circuito escolar. Comenzó en noviembre de 1970, y fue fundada partiendo de la premisa de que las escuelas primarias corrientes son demasiado restrictivas. Se adujo que la escuela debe enseñarle al niño a aprender en un ambiente más natural, y que sus motivaciones para aprender deben brotar desde dentro de su propio ser. Además, que un niño de cualquier edad es capaz de tomar sus propias decisiones y se le debe permitir hacerlo.

Es un paraíso de los niños. No existe un programa de estudio formal, ni barreras de edad, ni estructura de aulas, ni programa general. En efecto, si el niño no quiere aprender las asignaturas fundamentales no está obligado a aprenderlas.

Cuando hicimos la visita, no se estaba realizando ningún trabajo de clase formal. Los niños parecían andar sin rumbo en las tres aulas no supervisadas. Aparentemente no había ninguna clase en lección. Entonces entramos en el sótano del edificio de al lado... para conversar con el señor Bernstein (quien dirige la escuela). Bernstein destacó que se trataba de «todo un nuevo concepto de aprendizaje, como lo ejemplifica A. S. Neill en Springhill, una escuela progresista en la región del este de los Estados Unidos». Bernstein dijo que en sus clases de universidad con frecuencia se usan palabras vulgares para captar la atención o para hacer hincapié en un punto, y que no veía por qué el mismo método pudiera hacerle daño a ninguno de los niños de la Escuela Alterna. «Hay que comunicarse con los niños en el lenguaje que ellos entienden», dijo.

Bernstein [fue] interrogado sobre el hecho de que no se daban clases formales, no se otorgaban calificaciones, y por lo tanto,

¿cómo podía un alumno, al terminar el sexto grado, ingresar a una secundaria corriente? «En cosa de seis años —replicó Bernstein— tal vez todas nuestras escuelas van a ser como ésta, y no habrá problema».

Afortunadamente no fueron muchos los distritos escolares que experimentaron con programas tan extremos como ése, pero el espíritu de los tiempos despreciaba toda autoridad y toda disciplina. Un ejemplo deprimente de esa cambiante filosofía se desglosaba en un libro ampliamente divulgado, llamado *Summerhill*, por A. S. Neill, que es a quien se refería el señor Bernstein. Cuando yo estaba haciendo mis estudios universitarios de postgrado, se me exigió leer ese ridículo libro. Contradecía todo lo que yo creía acerca de los niños, y en realidad acerca de la vida misma. Pero los escritos de Neill y su obra eran objeto de gran crédito en los círculos pedagógicos, y muchos maestros y directores (como Bernstein) fueron influidos por su filosofía del *laissezfaire* (no interferencia).

Summerhill, en Inglaterra, y Springhill, en los Estados Unidos, eran instituciones permisivas que se conformaban a la filosofía despreocupada y liberal de su superintendente, A. S. Neill. A los alumnos residentes no se les exigía levantarse por la mañana, asistir a sus clases, completar las tareas, bañarse, y ni siquiera usar ropa. Rara vez en la historia de la humanidad se les ha dado a los niños un margen de acción tan amplio.

Voy a enumerar los elementos de la filosofía de Neill que regía su muy encomiado programa, y que él recomendaba con gran pasión a los padres de familia en todo el mundo:

1. Los adultos no tienen ningún derecho a insistir en que sus hijos los obedezcan. Los intentos por hacer obedecer a los pequeños simplemente se proponen satisfacer el deseo de poder que tiene el adulto. No hay ninguna excusa para imponerles a los niños los deseos de sus padres. Los niños deben ser libres. El mejor ambiente familiar es aquel en que padres e hijos son iguales en todo. A un niño no hay que exigirle que haga nada, sino hasta que él elija hacerlo. Neill hacía un gran esfuerzo para mostrarles a los alumnos que él era uno más de ellos y no su superior.

2. A los niños no hay que pedirles que trabajen sino hasta que cumplan dieciocho años. Los padres no deben siquiera exigirles que ayuden con pequeños mandados ni con los oficios de la casa. Los estamos insultando si los obligamos a realizar nuestras tareas serviles. Neill, en efecto, hacía énfasis en la importancia de no darle al niño ninguna responsabilidad.

3. No se les debe enseñar a los niños la religión. La única razón por la que existe la religión en la sociedad es para canalizar la falsa culpabilidad que ella misma ha generado acerca de los asuntos sexuales. Nuestros conceptos de Dios, el cielo, el infierno y el pecado se basan en mitos. Las generaciones ilustradas del futuro rechazarán la religión tradicional.

4. Se prohibe estrictamente cualquier clase de castigo, según la filosofía de Neill. Un padre o una madre que le pega a su niño lo hace porque en realidad lo odia, y su deseo de infligirle dolor al niño brota de su propia vida sexual insatisfecha. En Summerhill, cierto alumno quebró diecisiete ventanas sin recibir siquiera una represión verbal.

5. A los adolescentes hay que decirles que la promiscuidad sexual no está en absoluto relacionada con la moral. En Summerhill no se permitían las relaciones sexuales prematrimoniales, pero sólo porque Neill temía las consecuencias de la indignación del público. A veces él y los miembros de su personal andaban desnudos, para eliminar la curiosidad sexual. Predijo que los adolescentes de mañana encontrarían una existencia más sana por medio de una vida sexual sin restricciones. (Lo que en realidad encontraron fue una enfermedad llamada SIDA, y un conocimiento de primera mano de otras enfermedades venéreas.)

6. Al niño no hay que impedirle el acceso a libros o materiales pornográficos. Neill indicó que estaba dispuesto a comprar publicaciones obscenas para cualquiera de sus alumnos que deseara tenerlas. Opinaba que eso les curaría su curiosidad lasciva, sin hacerles daño alguno.

7. A los niños no se les debe exigir que digan «gracias» ni «por favor» a sus padres. Es más, ni siquiera se les debe animar a hacerlo.

8. El recompensar a un niño por su buena conducta es una práctica degradante y desmoralizadora. Es una forma injusta de coerción.

9. Neill consideraba que los libros carecían de significado en la escuela. La educación debe consistir principalmente en el trabajo con arcilla, pinturas, herramientas, y diversas formas de teatro. El aprendizaje no carece de valor, pero debe venir después del juego.

10. Incluso si un niño suspende sus cursos en la escuela, los padres nunca deben mencionar ese asunto. Las actividades del niño son estrictamente asunto suyo.

11. En resumen, la filosofía de Neill era esta: eliminar toda autoridad; dejar que el niño crezca sin interferencia externa; no instruirlo; no obligarlo a nada.

Si A. S. Neill hubiera sido el proponente solitario de ese ataque contra la autoridad, no habría valido la pena preocuparse por él. Pero al contrario, representaba un ejemplo extremo de un punto de vista que adquirió enorme aceptación en los círculos educativos. Herbert R. Kohn fue el autor de *The Open Classroom* [El aula abierta], y contribuyó a ganar respeto por una versión un poco más cuerda de ese concepto en las escuelas públicas. Creámoslo o no, todo eso fue materia de vanguardia durante más de una década. Ahora hemos tenido veinticinco años para evaluar los resultados de aflojar la disciplina y la autoridad en el aula. Fijémonos en lo que le pasó a la generación que recibió más influencia de esa filosofía.

A fines de los años sesenta llegaron a la conclusión de que Dios estaba muerto, de que la nueva moralidad era la inmoralidad, de que la falta de respeto y la irreverencia eran decorosos, de que había que desacatar las leyes impopulares, de que la violencia era un instrumento aceptable para lograr el cambio (como lo eran sus berrinches en la infancia), de que la autoridad era mala, de que el placer era el valor supremo, de que no había que confiar en la gente mayor, de que la diligencia era de mal gusto, y de que su patria no era digna de lealtad ni de respeto. Cada uno de esos factores puede ligarse con la filosofía que enseñaba A. S. Neill, pero que también era aceptada por muchos de sus contemporáneos. El costo que pagamos fue toda una generación de nuestros jóvenes mejores y más brillantes, muchos de los cuales todavía siguen sufriendo por la insensatez de su juventud.

Pero esa filosofía desatinada no sólo provocó el escenario para la revolución estudiantil de fines de los sesenta, sino que también ocasionó graves daños a nuestro sistema escolar y a los niños que fueron víctimas de ese sistema. Yo era por entonces un joven profesor, y me dejaba atónito la falta de orden y de control en las aulas de algunos de mis colegas. La confusión era evidente en todos los niveles educativos. Los niñitos de primer grado intimidaban a sus acosadas maestras de una forma tan sistemática como lo hacían los revoltosos alumnos de secundaria. En algunas situaciones, grupos enteros se volvieron tan expertos en romper el orden, que sus futuros maestros les tenían pavor y terror. Parecía ridículo que el personal de las escuelas tolerara tal desobediencia, cuando se podía haber evitado con facilidad. Sin embargo, en los casos en que los educadores sí ejercían la firmeza, muchos padres de familia protestaban y exigían que se tratara a sus hijos con indulgencia.

Ahora ya he vivido lo suficiente como para haberles seguido la pista a varios de esos muchachos hasta su edad adulta. He hablado personalmente con ellos. He leído sus testimonios. He sentido su ira. Una de las declaraciones más agudas que he visto apareció en la sección «Es mi turno» de la revista *Newsweek*, el 30 de agosto de 1976. La autora, Myra Wolynski, era producto de la filosofía que acabo de describir. Su relato, «Confesiones de una juventud desperdiciada», lo dice todo.

La idea de la educación permisiva le parecía muy atractiva a mi madre en 1956, cuando ella llevaba una vida bohemia y yo tenía cuatro años. En Greenwich Village [un sector de la ciudad de Nueva York] encontró una escuelita privada cuyas creencias coincidían con las suyas, y se puso feliz de matricularme allí. Sé que fue un acto de amor materno, pero puede haber sido lo peor que hizo por mí. Esa escuela —la voy a llamar Arena y Mar— atraía a otros padres de familia similares, profesionales de clase media alta que estaban decididos a no dejar que sus hijos fueran presionados como ellos lo habían sido. Arena y Mar era la escuela sin dolor. Y era la clase de escuela que, con toda razón, es la más temida por las personas que insisten en volver a lo fundamental. En Arena y Mar me convertí pronto en un ejemplar de la libertad educativa: la libertad de no aprender.

Arena y Mar era dirigida por quince mujeres y un hombre que enseñaba «ciencias». Eran personas decentes, algunas mayores y otras más jóvenes, y todas dedicadas a cultivar la creatividad innata que estaban convencidas que teníamos. Había un énfasis formidable en el arte. Sin embargo, no se nos enseñaban técnicas, porque cualquier tipo de organización atrofiaba la creatividad.

Felicidad y jeroglíficos. Teníamos ciertas horas asignadas a diversas materias, pero estábamos en libertad de dejar de lado cualquier cosa que nos aburriera. De hecho era una política de la escuela el que se nos prohibiera estar aburridos o sentirnos desdichados, o ser obligados a competir unos con otros. No había exámenes ni momentos de dificultad. Cuando me sentía aburrida de las matemáticas, se me disculpaba y me daban permiso para irme a la biblioteca a escribir cuentos. La forma en que aprendíamos historia era tratando de crear de nuevo sus elementos menos importantes. En cierto año nos pusimos a moler maíz, a construir tepees [tiendas de campaña de los nativos norteamericanos], y a comer carne de bisonte, y aprendimos dos palabras indígenas. En eso consistía la historia primitiva de los Estados Unidos. Otro año hicimos vestidos complicados, vasijas de arcilla y dioses de cartón piedra. Eso era la cultura griega. Otro año todos éramos doncellas y caballeros con armadura, porque era hora de aprender acerca de la Edad Media. Tomábamos nuestro jugo de naranja en copas de papel aluminio, pero nunca averiguamos de qué se trataba la Edad Media. Simplemente era «la Edad Media».

Supe que los hunos les clavaban estacas a sus caballos y que antes de ir a la guerra se bebían un litro de sangre, pero nadie nos dijo nunca quienes eran los hunos ni por qué era importante que supiéramos quiénes eran. En cierto año, el año del Egipto antiguo, cuando estábamos construyendo nuestras pirámides, hice un mural de diez metros de largo para el cual copié laboriosamente unos jeroglíficos sobre el pliego de papel café. Pero nadie me dijo jamás lo que significaban. Simplemente estaban ahí y eran bonitos.

La ignorancia no es bienaventuranza. Pasábamos largos períodos de tiempo dedicados al trabajo creativo porque nuestros mentores, incurablemente optimistas, nos habían dicho que la forma de ser felices en la vida era crear. Por eso no aprendimos a leer sino hasta que estábamos en tercer grado, porque se pensaba que el leer a temprana edad desalentaba la creatividad espontánea. Lo que sí nos enseñaron muy bien fue a odiar la intelectualidad y todo lo que se relacionara con ella. Por lo tanto, durante nueve años se nos obligó a ser creativos. Y aun así, de Arena y Mar no ha salido ningún buen artista. Lo que sí hacíamos era establecer y restablecer continuamente relaciones interpersonales, y en eso creíamos que consistía el aprender, y nos sentíamos felices. Por ejemplo, a los diez años la mayoría de nosotros éramos analfabetos; pero sabíamos lo que Raymond estaba «representando» cuando, en medio de lo que se suponía era la lección de inglés, se trepó sobre su pupitre e hizo el twist [un paso de baile popular en los EE.UU. en la década de los años cincuenta]. O que Nina era «introvertida» porque siempre estaba encogida en un rincón.

No obstante, cuando por fin nos graduamos, todos los niñitos felices nos fuimos cuesta abajo. Experimentábamos una profunda sensación de abandono. Nuestros padres también. Después de todo aquel dinero de la matrícula y mensualidades, sin mencionar la amorosa libertad, sus niños estaban en el umbral de la escuela secundaria con todas las perspectivas gloriosas de los más pobres escolares de barrios marginados. Y así fue. No importaba a cuál escuela secundaria fuéramos, nosotros éramos los de mal rendimiento y los desventajados culturalmente.

Para algunos de nosotros, la vida real resultó muy pesada. Uno de mis más viejos amigos de Arena y Mar se suicidó hace dos años, después de fracasar por completo, ya con veinte años de edad, en la peor escuela secundaria de Nueva York. Varios otros han invertido tiempo en instituciones psiquiátricas donde, una vez más, estuvieron en libertad de crear durante la terapia ocupacional.

Durante mis propios años de secundaria, el psicólogo

del colegio se asombraba de mi falta de conocimientos básicos. Le sugirió a mi madre que se me aplicara un conjunto de pruebas psicológicas para averiguar por qué yo bloqueaba la información. Lo que pasaba era que yo no la estaba bloqueando, yo no tenía ninguna información que bloquear. La mayoría de mis ex compañeros de Arena y Mar estaban pasando el mismo tipo de dificultades que acompañan a los impedimentos graves. Mi propia comprensión de lectura se hallaba en el octavo nivel de la escala porcentual, cosa que no era de extrañar. Con frecuencia los profesores me preguntaban cómo había hecho para ingresar a la secundaria. Sin embargo, me las arreglé para recorrer a tropezones, no sólo la secundaria sino también la universidad (primero una pre-universidad, pues todas las universidades de cuatro años me habían rechazado; y después la Universidad de Nueva York), y en todo momento detesté los estudios, tal como se me había enseñado. Todavía me asombro de haber obtenido la licenciatura en artes, aunque lo considero como si fuera en ciencias.

El encanto de aprender. Los padres de mis ex compañeros no logran explicarse qué fue lo que salió mal. Habían enviado unos niños brillantes y curiosos, y nueve años después recibieron de vuelta unos adolescentes inútiles. Algunos podrían decir que aquellos de nosotros que fracasamos habríamos hecho igual en cualquier lugar, pero cuando se ve el mismo patrón de conducta anormal en promociones sucesivas que se gradúan, se pueden sacar ciertas conclusiones horripilantes.

Ahora puedo ver a mi hermano de doce años (que está en una escuela tradicional) estudiando matemáticas de nivel universitario, y sé que él sabe más que yo en muchas otras cosas además de las matemáticas. Y también veo que la educación tradicional está dando resultado en el caso de mi hermano de quince años (a quien mi madre, ya reformada, sacó sin demora de Arena y Mar cuando tenía ocho años, para que no se volviera como yo). Ahora, después de siete años de verdadera educación, él está haciendo impresionantes documentales de cine para un proyecto sobre el Bicentenario de la Independencia. Es una mejor experiencia de aprendizaje que el hacer el papel de peregrino [antiguo inmigrante inglés en Norteamérica] durante cuatro meses y medio, y luego de indio durante otros cuatro meses y medio, que es como me imagino que pasaron este año en Arena y Mar.

Y ahora he llegado a ver que la verdadera tarea de la escuela es atraer al alumno para que caiga en las redes del conocimiento, y después, si no se ha dejado atraer, meterlo a la fuerza. Ojalá hubieran hecho eso conmigo.

Fue una actitud noble de los editores de *Newsweek* el publicar esa emotiva «confesión» de Myra Wolynski. Después de todo, la prensa popular ha sido una parte importante del problema, al exaltar las virtudes de las tendencias de vanguardia en el aula. Por ejemplo, la misma revista *Newsweek* dedicó su artículo principal del 3 de mayo de 1971 al tema «Aprender puede ser divertido». En la portada se veía a una niña de escuela primaria construyendo algo con cartón piedra. Cuatro años después, el artículo principal de *Newsweek* se llamaba «Por qué Johnny no sabe escribir». Al aparecer ese segundo artículo, el 8 de diciembre de 1975, le escribí al jefe de redactores de *Newsweek*, sugiriendo que quizás había una conexión entre esos dos artículos. Tal vez Johnny no sabía escribir porque pasaba demasiado tiempo divirtiéndose en el aula. No recibí respuesta.

Que se me entienda bien, por favor: soy partidario de que se incluyan las artes en el curso de estudios, y sin duda quiero que el proceso educativo sea tan emocionante y entretenido como sea posible. Pero no será haciendo cartón piedra que los niños aprendan a leer, a escribir y a calcular. ¡Y muchos de ellos no van a pagar el precio de aprender, a menos que se les exija! Algunos educadores han discrepado en ese modo de entender las cosas, y han postulado que los niños van a esforzarse y estudiar porque tienen una sed interior de conocimientos.

De un ex superintendente de instrucción pública en el estado de California se cita la siguiente afirmación: «Decir que los niños tienen un amor innato por aprender es tan descabellado como decir que los niños tienen un amor innato por el béisbol. Algunos sí. Otros no. Si se les deja a su propio arbitrio, un gran porcentaje de los chiquitines se irán a pescar, o armarán un pleito, o molestarán a las niñas, o se pondrán a ver a Supermán en el televisor. ¡Igual que ustedes y yo!»

Es una observación válida. La mayoría de las veces los alumnos no invierten un poco más de esfuerzo en sus estudios que lo que se les exige, y esa es una realidad que ha causado frustración a los maestros durante cientos de años. Por lo tanto, nuestras escuelas deben tener suficiente estructura y disciplina para exigir de parte de sus alumnos cierto comportamiento. Esto es ventajoso no sólo por razones académicas, sino también porque uno de los propósitos de la educación es preparar a los jóvenes para la vida en años posteriores.

En esta sociedad, para sobrevivir como adulto hay que saber trabajar, hay que saber llegar a tiempo, llevarse bien con los demás, aplicarse a una tarea hasta completarla, y sí, también hay que saber cómo someterse a la autoridad. En resumen, se necesita una buena dosis de autodisciplina y control para enfrentarse con las exigencias de la vida moderna. Tal vez uno de los mayores regalos que un maestro amoroso puede aportarle a un niño inmaduro, por tanto, es ayudarle a que aprenda a permanecer sentado cuando tiene ganas de salir corriendo; a levantar la mano cuando tiene ganas de hablar; a ser cortés con su vecino; a ponerse en fila sin golpear al niño que está antes que él; y a trabajar en artes del lenguaje cuando lo que tiene son ganas de jugar fútbol.

Asimismo, yo abrigaría la esperanza de que nuestras escuelas vuelvan a adoptar reglas razonables para el vestir, eliminando las prendas sugestivas, las camisetas con vulgaridades o las que promueven conjuntos de rock tipo heavy metal, etcétera. También se deben poner en vigor reglas referentes a la buena presentación y aseo.

¡Ya lo sé! ¡Ya lo sé! Esas nociones son tan ajenas a nosotros ahora, que difícilmente podemos imaginarnos tal cosa. Pero los beneficios serían evidentes en forma inmediata. Hay que admitir que los peinados y asuntos de moda momentánea no tienen una significación particular, pero la adhesión a una norma es elemento importante de la disciplina. ¡Eso es algo que los ejércitos han entendido durante cinco mil años! Si se examina el secreto que hay detrás de un equipo campeón de fútbol, una orquesta magnífica, o una empresa exitosa, el ingrediente principal es, invariablemente, la disciplina. Por eso es un gran error el no exigirles nada a los niños, el no establecer normas de conducta. Es necesario que todos nos adhiramos a algunas reglas razonables.

¡Qué inexacta es la creencia de que el dominio propio se favorece al máximo en un ambiente que no impone a los niños obligación alguna! ¡Qué insensato es el supuesto de que la autodisciplina puede brotar como producto de la autoindulgencia! ¡Qué lamentable ha sido el socavamiento sistemático de las reglas educativas, ingeniado por una minoría de padres de familia por medio de la asistencia legal de la Unión Estadounidense de Libertades Civiles, y los viejos y cansados jueces a quienes han apelado! No obstante la voluntad de la mayoría, los opositores de la disciplina se han salido con la suya. Se han eliminado las reglas que rigen la conducta estudiantil, y en su lugar se han puesto millares de restricciones a los educadores. Es ilegal orar en las escuelas, aunque se le hable a un Dios no identificado. La Biblia sólo se puede leer como literatura no inspirada. No se puede exigir la lealtad a la bandera nacional. A los educadores les resulta muy difícil castigar a un alumno o expulsarlo. Los maestros están tan conscientes de la belicosidad de los padres de familia, que con frecuencia se echan atrás ante los insolentes desafíos de sus alumnos. Como resultado de ello, la disciplina académica se halla a punto de extinguirse en algunas de las escuelas de los Estados Unidos.

La propuesta de restaurar las normas y reglas razonables en aquellas escuelas que las han abandonado (muchas no lo han hecho) puede sonar espantosamente opresiva a los oídos de algunos educadores y padres de familia norteamericanos. Pero no tiene por qué ser así. La actividad del aula sí puede ser amena y, al mismo tiempo, estructurada. En efecto, eso es precisamente lo que ocurre en las escuelas japonesas, y las escuelas rusas, y las escuelas inglesas. Y esa es una de las razones por las cuales los alumnos estadounidenses salen derrotados cuando compiten contra otras naciones en pruebas de rendimiento académico.

Sin duda usted habrá oído hablar de las pruebas internacionales de rendimiento. Es bien sabido que a los alumnos estadounidenses les va bastante mal cuando se comparan con jóvenes de otros países. Hace poco, los alumnos estadounidenses de último año de secundaria quedaron en el lugar número catorce, de entre quince países, en una prueba de destrezas avanzadas de álgebra. * Sus puntajes en ciencias fueron más bajos que los de los alumnos de casi todas las naciones industrializadas. [1] Según el Departamento de Educación de los Estados Unidos, solamente uno de cada cinco alumnos de octavo grado ha logrado la competencia propia de su nivel de edad. [2] Los Estados Unidos ocupan sólo el lugar número 49 entre 158 naciones miembros de las Naciones Unidas en sus niveles de alfabetización. [3] Y las notas obtenidas en el Examen General de Admisión a Universidades (SAT) han venido bajando durante años. [4]

Pero antes de que saltemos a culpar a los educadores por todo lo que ha salido mal, es menester que echemos otra mirada a la cultura. Los maestros y administradores escolares que guían a nuestros hijos han sido algunas de las personas más criticadas y subestimadas de nuestra sociedad. Son blanco fácil para el abuso. Se les pide que realicen una tarea tremendamente difícil, y después se les critica casi todos los días por circunstancias que están fuera de su control. Algunos de sus críticos actúan como si los educadores estuvieran haciendo fracasar deliberadamente a los niños. Estoy totalmente en desacuerdo con eso. Aun si los profesionales lo hicieran todo bien, seguiríamos teniendo graves dificultades en nuestras escuelas. ¿Por qué? Porque lo que sucede en el aula no se puede separar de los problemas que ocurren en la sociedad en general.

Ciertamente no se puede culpar a los educadores por la condición en que se encuentran nuestros hijos cuando llegan cada día a la escuela. No es culpa de los maestros que las familias se estén desintegrando y que muchos de sus alumnos hayan sido víctimas de abusos sexuales o físicos, de descuido, o de mala alimentación. Ellos no pueden impedir que los muchachos se queden viendo hasta medianoche en la televisión programas insensatos o películas censuradas, ni que usen sustancias ilegales o licor. Fundamentalmente, cuando la cultura comienza a desmoronarse por

---

* Jerry Adler, «Creating Problems» [«Creando problemas»], revista Newsweek (otoño/invierno 1990), número especial, p. 16.

1 Tom Morganthau, «The Future is Now» [«El futuro ya llegó»], revista Newsweek (otoño/invierno 1990), número especial, p. 72.

2 Revista Newsweek, 14 de octubre de 1991, p. 14.

3 Jonathan Kozol, Illiterate America [Norteamérica analfabeta] (Nueva York: Anchor Press/Doubleday, 1985).

4 The World Almanac and Book of Facts: 1991 [Almanaque mundial y libro de datos, 1991] (Nueva York: Pharos Books, 1990).

problemas sociales masivos que desafían cualquier solución, las escuelas también comienzan a tener mal aspecto. Por eso, aun cuando estoy en desacuerdo con muchas de las tendencias de la educación moderna, me solidarizo con los dedicados maestros y directores en muchos lugares que están tratando de hacer lo imposible a favor de nuestros jóvenes. Hoy día ellos están desalentados, y necesitan nuestro apoyo.

Aun así, hay pasos que se podrían dar para corregir los errores del pasado y crear un clima más favorable para el aprendizaje. En el nivel de secundaria, podemos y debemos hacer de las escuelas un lugar más seguro para alumnos y profesores. Las armas de fuego, las drogas y la adolescencia constituyen un veneno mortal si se combinan. Es increíble lo que hemos permitido que ocurra en nuestros colegios. No es de extrañar que algunos muchachos no puedan pensar en sus estudios: ¡su vida corre peligro! Sí, podemos reducir la violencia si nos comprometemos a esa tarea. ¿Vigilantes armados? Tal vez. ¿Detectores de metales? Si es necesario. ¿Más expulsiones? Probablemente. ¿Administradores sensatos? Definitivamente. Las escuelas con una dirección fuerte, como es el caso de Joe Clark en la Escuela Secundaria Eastside de Paterson, Nueva Jersey, que ha realizado avances espectaculares en el mejoramiento del ambiente académico. Sobre todo, debemos hacer lo que se requiere para pacificar las zonas de combate en las escuelas secundarias, tanto del ciclo intermedio como del superior.

Sin embargo, nuestros problemas más arraigados no podrán ser resueltos con la actual generación de alumnos de escuela secundaria. A largo plazo, nuestra mejor esperanza es volver a empezar con los pequeños que entran a la escuela primaria. Podemos volver a escribir las reglas con esos niños de ojos curiosos. Volvamos a diseñar los grados de primaria de modo que incluyan una mayor medida de disciplina. No me refiero simplemente a tareas de clase más difíciles ni a más tareas. Lo que recomiendo es mayor estructura y control en el aula.

Como primera voz oficial en la escuela, el maestro de primaria se halla en posición de establecer cimientos positivos de actitud sobre los cuales puedan construir otros educadores en el futuro; o, por el contrario, puede llenar a sus pequeños alumnos de desprecio y falta de respeto. Los maestros y maestras que un niño tenga durante los primeros seis años determinarán en gran medida la naturaleza de su actitud para con la autoridad y el ambiente educativo en la escuela secundaria (y más adelante).

Como lo indiqué anteriormente, fui maestro de escuela durante varios años antes de completar mis estudios de postgrado, y aprendí más acerca de cómo piensan los niños por el contacto diario con ellos, que lo que pude haber asimilado jamás con un libro de texto. También fue esclarecedor observar las técnicas de disciplina que usaban otros maestros. Algunos ejercían un perfecto control del aula con poco esfuerzo, mientras que otros confrontaban la permanente humillación del desafío de los alumnos. Observé que existía una diferencia fundamental en la forma en que unos y otros abordaban sus lecciones.

El maestro no experimentado se paraba frente a los niños y niñas y de inmediato buscaba ganarse su afecto. Si bien la mayoría de los buenos maestros quieren caerles bien a sus alumnos, algunos son muy dependientes de la aceptación de los niños. El primer día de escuela del año lectivo, la nueva maestra, la señorita Rosas, le da a la clase un pequeño discurso que transmite este mensaje:

—Estoy feliz de que hayamos tenido la oportunidad de estar juntos. Este va a ser un año lleno de diversión para ustedes; vamos a hacer jabón y a comer jamón, y vamos a pintar un mural que cubra toda la pared. Vamos a hacer excursiones y hacer juegos ¡Va a ser un año fantástico! Ustedes van a sentirse encantados conmigo y yo encantada con ustedes, y será toda una alegría.

Su plan de estudios está bien lleno de actividades superdivertidas que son sus muestras de afecto por el grupo. El primer día de escuela todo sale bien, porque los alumnos se sienten un poco intimidados por el inicio del nuevo año académico. Pero unos tres días después, el pequeño Daniel está sentado al lado izquierdo y quiere saber lo que todos los demás también se están preguntando: ¿hasta dónde podemos empujar a la señorita Rosas? Él quiere hacerse un nombre como muchacho valiente y rudo, y tal vez logre labrar su propia fama a expensas de la señorita Rosas.

En un momento bien calculado, la desafía con un pequeño acto de insolencia. Ahora bien, lo último que la señorita Rosas quiere es el conflicto, porque su esperanza era evitar este año ese tipo de conflictos. No acepta el desafío de Daniel; finge no notar que él no hizo lo que ella le dijo que hiciera. Él gana su primera confrontación menor. Todos en la clase vieron lo que había pasado: no fue gran cosa, pero Daniel salió ileso.

Al día siguiente, Esteban se ha sentido sumamente alentado por él éxito de Daniel. Poco después del saludo matutino a la bandera, desafía a la maestra un poco más abiertamente que Daniel, y una vez más la señorita Rosas deja pasar el desafío. A partir de ese momento, el caos comienza a crecer e intensificarse. Dos semanas después la señorita Rosas está empezando a notar que la cosas no van muy bien. Todos los días se pone a gritar, y no sabe cómo fue que empezó eso; ciertamente no tenía la intención de ser una maestra regañona. Para mediados del año lectivo, la vida se ha vuelto intolerable en el aula; cada nuevo proyecto que ella inicia es saboteado por su falta de autoridad. Y entonces empieza a suceder lo que ella menos quería: los alumnos manifiestan abiertamente su desprecio por ella. Le ponen apodos; se ríen de sus debilidades. Si ella tiene algún defecto físico, como una nariz grande o problemas visuales se lo echan en cara con frecuencia. Durante el tiempo de recreo la señorita Rosas llora en silencio, y la cabeza le duele y le palpita ya tarde en la noche. El director se presenta y contempla la anarquía, y dice: «¡Señorita Rosas, usted tiene que asumir el mando de esta clase!» Pero la señorita Rosas no sabe cómo asumir el mando, porque no sabe cómo lo perdió.

Se ha calculado que el 80% de las maestras y los maestros que abandonan su empleo después del primer año lo hacen a causa de una incapacidad por mantener la disciplina en el aula. Algunas universidades y programas de capacitación de maestros responden a esta necesidad ofreciendo cursos específicos sobre métodos de control. ¡Pero otras no! Algunas legislaturas estatales exigen cursos formales para ayudar a los maestros a manejar este primer requisito para la docencia. Otras no, a pesar de que es imposible aprender en un aula caótica.

Consideremos el enfoque contrastante de una maestra hábil, una señora Fuertes. Ella también quiere que sus alumnos la amen, le tengan cariño, pero está más consciente de su responsabilidad para con ellos. El primer día de clases pronuncia su discurso inaugural, pero es muy diferente del que está dando la señorita Rosas. Lo que ella dice es:

—Este va a ser un buen año, y estoy contenta de que ustedes sean mis alumnos. Quiero que sepan que cada uno de ustedes es importante para mí. Espero que se sientan en libertad de plantear sus preguntas, y que disfruten de aprender en esta clase; yo no voy a permitir que nadie se ría de ustedes, porque a uno le duele cuando se ríen a costa suya. En ningún momento los voy a hacer pasar vergüenza deliberadamente, y quiero ser su amiga. Pues bien, tenemos trabajo que hacer, así que comencemos. Por favor saquen sus libros de matemáticas y abran su libro en la página 4.

La señora Fuertes habla de tal modo que parece saber lo que está haciendo. Sin embargo, el doble de Daniel se da a conocer unos tres días después. (En todas las aulas hay por lo menos un Daniel. Si el agitador se va en algún momento del año, surgirá un nuevo demagogo que tome su puesto.) Desafía a la señora Fuertes de un modo leve, pero no la toma por sorpresa. Ella ha estado a la espera de que él aparezca en escena, y se le viene encima. ¡El muchacho pierde estrepitosamente! Todos los presentes captan el mensaje: ¡No da buenos resultados atacar a la señora Fuertes! Al pobre Daniel no le fue muy bien, ¿verdad?

Entonces la señora Fuertes pronuncia un pequeño discurso que ha venido guardando para este momento.

—Hay una cosa que todos ustedes deben saber. Sus padres me han dado la responsabilidad de enseñarles este año ciertas cosas muy importantes, y estoy decidida a no defraudarlos. Tengo que prepararlos a ustedes para las cosas que necesitarán saber el año próximo. Por eso no puedo permitir que uno o dos payasos me impidan realizar mi trabajo. Ahora bien, si ustedes quieren tratar de interferir con ese propósito y perturbar lo que he venido a hacer, les aseguro que este va a ser un año espantoso para ustedes. Tengo muchas maneras de hacerlos sentirse incómodos, y no voy a dudar en aplicarlas. ¿Alguna pregunta? Bien, reanudemos nuestro trabajo.

Entonces la señora Fuertes procede a seguir una sencilla fórmula que yo apoyo con reservas: no sonría sino hasta el tercer mes de clases. Para ese momento, esta competente maestra ha puesto su punto bien en claro. Los alumnos saben que ella es más firme, más sabia y más valiente que ellos. Aquí viene la buena noticia: es entonces cuando ellos pueden empezar a disfrutar del placer de su firmeza. Ella puede aflojar el control; ella y los alumnos pueden reír juntos, hablar juntos, jugar juntos. Pero cuando ella dice: «Es hora de volver a trabajar», ellos lo hacen porque saben que ella es capaz de respaldar su liderazgo con autoridad. Ella no grita. No le pega a nadie. De hecho, puede extender cariño individual que la mayoría de los niños necesita tan desesperadamente. La clase responde con un profundo amor que nunca se olvidará en esas treinta y dos vidas. La señora Fuertes ha cosechado la mayor fuente de satisfacción que se puede encontrar en la profesión educativa: la certeza de haber influido profundamente en las vidas humanas.

Permítaseme añadir, en conclusión, que hay decenas de millares de «señoras Fuertes» involucradas hoy día en la educación pública y privada, quienes han expuesto su propia vida por sus alumnos. Deben contarse entre los miembros más altamente respetados de la sociedad, a causa de su contribución al desarrollo de la potencialidad humana. Cada uno de nosotros puede acordarse de maestras como la señora Fuertes, que en nuestros primeros años nos inspiraron amor por el aprendizaje y nos ayudaron a ser quienes somos.

Hay muchos hombres y mujeres que ocupan ese puesto de honor para mí. Pienso en la señora McAnally, mi profesora de inglés en la secundaria. Era más firme que el hierro, pero yo la quería muchísimo. Me parecía que me iba a matar con el trabajo que me ponía, pero me enseñó los rudimentos de la gramática. También me enseñó a mantener cerrada la boca y a escuchar lo que se me decía. En la universidad y en los estudios de postgrado hubo otros profesores fuertes que formaron y moldearon mi modo de pensar: el doctor Eddie Harwood, el doctor Paul Culbertson, el doctor C. E. Meyers, y el doctor Ken Hopkins. Con la excepción del doctor Meyers que ya murió, todos esos hombres son hoy buenos amigos míos. Les debo muchísimo.

Sin embargo, en cada uno de esos casos, sus aportaciones a mi vida se dieron mediante el canal de la disciplina. Sin ello es imposible el aprendizaje formal. Los profesores aburridos que no me pedían nada y no recibieron nada de mí, han quedado en el olvido. Los que hoy recuerdo son aquellos que invirtieron su propio esfuerzo en mí, y que no estaban dispuestos a recibir a cambio otra cosa que no fuera lo mejor de mi parte.

Pregúntese usted si en el distrito escolar de su región se comprende esta necesidad de estructura, de respeto, de compromiso y disciplina en el aula. Si es así, sería bueno que usted se acerque a la maestra de su hijo o al director de la escuela y les exprese su aprecio. Les resultaría útil un gesto de aprobación. Dígales que usted está preparado para ayudarles a llevar a cabo esa importante misión que tienen. Si el sistema escolar en su zona no tiene esa orientación, involúcrese para ayudar a generar un cambio. Reúnase con grupos de padres de familia. Únase a la asociación de padres. Revise los libros de texto. Trabaje para que se elijan en la junta de la escuela personas que creen en los valores tradicionales y en la excelencia académica. Cuando mejor funcionan las escuelas es cuando prevalecen los tradicionales principios del control local por parte de los padres. ¡Creo que eso está volviendo a cobrar fuerza!

Haremos ahora una pausa para responder a algunas preguntas más, relacionadas con estos puntos de vista que son absolutamente objetivos y carentes de prejuicios, y luego nos fijaremos en un aspecto relacionado a la disciplina en el aprendizaje.

PREGUNTAS Y RESPUESTAS

P— Cuando la señora Fuertes le dijo a su clase que tenía muchas maneras de hacer sentirse incómodos a sus rebeldes alumnos, yo quisiera saber cuáles son esas maneras. En mi distrito escolar me siento obstaculizada. ¿Qué opciones existen, dadas las limitaciones que se imponen actualmente a los maestros?

R— Si un distrito escolar tiene el propósito de establecer disciplina y estructura en el aula, hay muchas cosas que la señora Fuertes puede hacer cuando se le desafía. Antes de sugerir algunas, debo decir que una maestra firme rara vez tiene que cumplir una amenaza, así como un padre que quizás sea el más firme defensor de la disciplina en el hogar generalmente castiga menos que la madre. En el estilo de un líder seguro parece haber algo que dice: «No me presionen mucho». Parte de eso es simple muestra de fuerza para persuadir. Otra parte se manifiesta en el modo de manejar el primer desafío, como en el caso de la señora Fuertes. Y otra parte está en la capacidad de la maestra de expresarle cariño al niño. Lamentablemente, ésas no son destrezas que se puedan enseñar fácilmente o reducir a una fórmula en un libro de texto. Sí, pueden aprenderse hasta cierto punto, mediante la experiencia y al trabajar con un buen modelo de esa función.

Mi esposa, que fue una excelente maestra y muy hábil para manejar a los niños, aprendió una nueva técnica de parte de otra maestra que también daba segundo grado en la misma escuela. Esa mujer usaba un método que le daba excelentes resultados con sus alumnos de siete años. Hablaba en un tono muy suave, que los obligaba a ellos a escuchar muy atentamente para poder oírla. De algún modo se las arreglaba para infundir en esos treinta niños un estilo tranquilo y ordenado, simplemente por su forma de dirigir el grupo. A lo largo del año, su aula parecía mas bien una biblioteca pública donde las personas susurraban y caminaban silenciosamente por entre los anaqueles. Era una habilidad impresionante, dada por Dios. Hay quienes la tienen. Hay quienes tienen que esforzarse mucho por adquirirla.

Ahora voy a responder la pregunta más específicamente, considerando aquellas situaciones en que los alumnos perturbadores son rudos y están resueltos a provocar medidas definitivas. ¿Qué hacer entonces? Todo depende, claro, de la edad del grupo, pero voy a dar mi respuesta pensando en los niños de sexto grado, por ejemplo. Primero, hay que decidir qué es lo que motiva esa conducta rebelde. Lo típico es que el muchacho ruidoso esté buscando la atención del grupo. Hay niños que prefieren ser considerados insoportables, antes que no se piense en ellos del todo. Para ellos el anonimato es inaceptable. La receta ideal consiste en extinguir su conducta que busca atraer la atención, y luego satisfacer su necesidad de aceptación mediante conductas menos perturbadoras. Un ejemplo podría servir.

Una vez trabajé con un imprudente alumno de sexto grado, de nombre Larry, que jamas cerraba la boca. Continuamente estaba perturbando la tranquilidad de la clase, armando una constante lluvia de estupideces, comentarios insolentes y alborotos. Su maestra y yo construimos una zona de aislamiento en un remoto rincón del aula, desde donde él no podía ver nada más que la parte frontal de la clase. A partir de entonces, Larry era sentenciado a pasar una semana en la caseta de aislamiento cada vez que decidía ser perturbador, cosa que eliminaba eficazmente el refuerzo que lo apoyaba. Claro que detrás de aquel biombo siempre podía actuar tontamente, pero no podía ver el efecto que sus actos tenían sobre sus compañeros, ni ellos podían verlo a él. Además de esa limitación, cada arranque de mal comportamiento prolongaba su aislamiento solitario.

Larry pasó un mes entero en relativa soledad, antes de que la extinción se lograra por completo. Cuando se reincorporó a la sociedad, su maestra comenzó inmediatamente a recompensar su cooperación. Se le asignaron funciones de alta posición (hacer de mensajero, ser el ujier de la clase, etc.) y se le elogiaba por el mejoramiento que había logrado. Los resultados fueron asombrosos.

A veces estos tipos de respuesta al desafío dentro del aula no dan resultado. Hay que admitirlo: no hay nada que dé resultados positivos con todos los niños. En tales casos, he recomendado una estrategia llamada «exclusión sistemática». Se pide a los padres que se presenten para una reunión, con el fin de poner en su conocimiento los problemas extremos de conducta. Se les informa que la única forma en que su hijo puede permanecer en una escuela pública es que el alumno, la escuela y los padres establezcan un contrato tripartito. Hay que convenir en que la madre o el padre irá a la escuela y recogerá al niño si se le llama durante el día lectivo. Al niño se le dice que puede venir a la escuela cada mañana, pero que en el momento en que viole alguna de las reglas bien definidas lo mandarán para su casa. No se admitirá ninguna protesta. Puede ser enviado a casa por empujar a otros alumnos en la fila a la hora de entrar. O puede mantenerse a salvo hasta el mediodía o más, y luego provocar que lo despidan. No hay nunca una segunda oportunidad, aunque el niño está en libertad de volver a la mañana siguiente a la hora de entrada.

A pesar de la creencia común de que los niños aborrecen la escuela, la mayoría de ellos aborrecen todavía más el quedarse en casa. La televisión durante el día se vuelve bastante monótona, particularmente bajo los ojos hostiles de una madre que ha tenido que interrumpir sus actividades para ir a traer a su hijo descarriado. A veces se logra extinguir rápidamente la conducta perturbadora mediante este contexto controlado. Al alumno simplemente no le resulta provechoso el desafiar el sistema. Y después se aplica generosamente el refuerzo positivo, en forma de recompensas, por los intentos que hace el niño por aprender y estudiar.

Una vez trabajé con otro niño en un aula de modificación de conducta, el cual era considerado como el jovencito más perturbador que se ha tratado en los principales hospitales neuropsiquiátricos de Los Ángeles. Después de pasar cuatro meses en esa situación controlada, pudo asistir a una clase regular de las escuelas públicas. Si uno puede controlar las variables, generalmente podrá influir en la conducta.

Por último, voy a volver al primer comentario que hice en respuesta a su pregunta. Todo depende de la política del distrito escolar local. Si la junta directiva y la administración tienen el propósito de establecer disciplina y estructura, entonces sí se puede lograr el control. El maestro no queda abandonado a luchar contra un aula llena de muchachos llenos de energía, que se ríen y charlan todo el tiempo, y que lo superan en número por treinta y cinco contra uno. Ese maestro es como un policía en un auto patrullero. Puede pedir refuerzos en cualquier momento que lo necesite, y nadie le reprochará el hecho de que requiera ese apoyo.

Todo maestro necesita saber que cuenta con el respaldo del director. Yo, que he estado al frente de un aula, le puedo asegurar que no trabajaría en un distrito que no crea en la disciplina.

P— No mencionó usted el castigo corporal como medio de desalentar la mala conducta en la escuela. ¿Cree en ese tipo de castigo para los alumnos?

R— El castigo corporal no es eficaz a partir del séptimo grado ni en la secundaria, y no recomiendo su aplicación. Puede ser útil para los alumnos de primaria, especialmente con los payasos aficionados (por contraposición a los profesionales empedernidos). También me opongo a que se suprima el castigo corporal en las escuelas, porque hemos ido eliminando sistemáticamente los métodos que los maestros tradicionalmente han tenido a su alcance para respaldar su palabra. Ya nos quedan muy poquitos. No sigamos más por ese camino.

P— ¿Podría usted dar un ejemplo más de disciplina en el aula? Actualmente los maestros necesitan todas las técnicas que puedan conseguir para reforzar su propio liderazgo. Descríbame algún sistema que haya funcionado.

R— He aquí una idea que tal vez usted quiera intentar. Mi esposa, Shirley, enseñó en la escuela durante cinco años antes de renunciar para tener un bebé. Varios años después del nacimiento de Danae, Shirley decidió trabajar como maestra sustituta, algunos días por semana. Esto ayudaba a sufragar los gastos de mis estudios de postgrado en la Universidad del Sur de California. Lo primero que notó cuando regresó a la docencia fue que era mucho más difícil controlar a una clase como sustituta que como maestra de tiempo completo.

—¡Vaya, vaya! —gritaban los niños cuando la veían llegar—. ¡Hoy nos vamos a divertir!

Shirley y yo nos sentamos a comentar las luchas que estaba enfrentando con los niños (de segundo a quinto grado) con quienes se encontraba cada día.

—No basta con darles cariño —dijo—. Necesito algún instrumento para mantenerlos en orden.

Nos pusimos a sacar ideas y se nos ocurrió un concepto que llamamos «Tiza Mágica». Funcionaba así. Shirley llegaba temprano al aula y dibujaba, del lado izquierdo de la pizarra, una simple calavera con las tibias cruzadas. Debajo se leían las palabras LISTA DE VENENOS.

Al lado del macabro dibujo pegó con cinta adhesiva una sola hoja de papel. Luego Shirley abrió las puertas e invitó a los alumnos a pasar adelante. Sin embargo, no mencionó para nada la calavera mientras saludaba amablemente a los perplejos alumnos. En cosa de minutos, alguien levantó la mano para preguntar lo que todo el mundo quería saber:

—¿Qué es ese dibujo que hay en la pizarra?

—Ah, claro —dijo la señora Dobson—. Tenía que explicarles sobre la Lista de Venenos. Antes que nada —dijo—, permítanme describirles las reglas que tendremos hoy en la clase.

Les dijo que tendrían que levantar la mano antes de hablar; que tenían que permanecer sentados hasta que se les diera permiso de salir; y que tenían que pedir ayuda si necesitaban papel o para sacarle punta al lápiz, etc.

—Ahora bien —añadió—, si a alguno de ustedes se le olvida y quebranta una de las reglas, le voy a pedir que pase a escribir su propio nombre sobre la pizarra, a la izquierda del símbolo de veneno. No pasará nada con eso. Sin embargo, si después de anotar su nombre en la pizarra resulta necesario ponerle al lado dos marcas más entonces —empezó a hablar con un tono amenazador—, ¡entonces...! su nombre pasará a la Lista de Venenos.

Shirley nunca dijo exactamente qué les pasaría a los desafortunados combatientes que llegaran a quedar en aquella lista grande y mala, pero sonaba espantoso. Insinuó que tenía algo que ver con el director, pero nunca explicó en qué forma.

A continuación Shirley se acercó a su escritorio, al borde del cual estaba, metida en un vaso, una tiza completamente nueva.

—¿Alguien sabe qué es esto? —preguntó jovialmente.

—Es una tiza —dijeron varios a la vez.

—¡Pues no! —dijo la señora Dobson—. Puede parecer una tiza corriente, pero es algo mucho más importante que eso. Es la Tiza Mágica. Créanlo o no, este palito blanco tiene la facultad de oír. Tiene unos pequeños oídos aquí al lado. También puede verlos a ustedes. Aquí en la punta tiene unos ojitos—. (Previamente los había dibujado.)—La Tiza Mágica se va a quedar aquí puesta al borde de mi escritorio, mirándolos a ustedes y escuchando lo que digan. Anda buscando a alguien en particular. La Tiza Mágica espera ver un niño o una niña que esté trabajando con mucha aplicación y que esté muy callado. Y si encuentra un alumno así, aparecerá de pronto en el pupitre de ese alumno.

«Si usted es el escogido por la Tiza Mágica, no tiene que preguntar qué hacer. Simplemente tómela, camine hacia la pizarra, y escriba su nombre allá al lado derecho. Luego, para cada uno que haya sido escogido hasta la última clase de la tarde, habrá un obsequio especial —¿están ustedes listos para esto?—. ¡Se le permitirá salir de la escuela tres minutos más temprano al terminar el día lectivo!

¿Gran ganga? Sin duda lo era. El factor de los tres minutos no era tan importante en sí; pero sí lo era el disfrutar de la importancia de haber sido escogido por la Tiza, escribir el nombre en la pizarra donde todos lo veían, y luego salir de la clase cuando los demás tenían que quedarse Era un tesoro. También estaba la emoción de que la tiza apareciera en el pupitre de uno, mientras que había otros esforzándose por alcanzar la misma meta.

El sistema dio resultado como por encanto, porque los niños estaban fascinados. En casi dos años que Shirley lo aplicó cada vez que llegaba al aula, casi siempre se las arregló para ir incluyendo los nombres de la mayoría de los niños y niñas en la lista de la Tiza Mágica. Pero en todo ese tiempo, ni una sola vez tuvo que apuntar el nombre de un niño en la Lista de Venenos.

Considero que ese enfoque tenía todos los ingredientes de un sistema de disciplina bien trazado. En primer lugar, era divertido para los niños. En segundo lugar, ofrecía algo que ganar por hacer las cosas bien y algo que perder por portarse mal. En tercer lugar, no requería que la maestra se enojara. Y en cuarto lugar, era fácil de poner en práctica.

Emplee su creatividad para diseñar un programa para su propio uso. Los alumnos de escuela primaria andan ansiosos de juegos, fantasías y símbolos ingeniosos o formas de figurar. Los alumnos de séptimo grado en adelante son bastante más difíciles de conquistar.

P— ¿Hubo algún padre de familia o administrador que se quejara de que Shirley utilizara el símbolo de la muerte, o de que hubiera niños sin supervisión alguna en los pasillos tres minutos antes de la hora de salida? ¿Y qué tal eso de asociar a un niño con el veneno, una sustancia mortífera?

R— Nadie criticó jamás el sistema, que yo sepa, aunque sin duda alguien pudo haberlo hecho. Cualquier sistema de disciplina será objeto de oposición por algunas personas hoy día. No importa si a los niños malcriados se les retiene en la escuela después de clases («Ya el día es bastante largo»), o si se les obliga a escribir una frase cien veces («Es un desperdicio de esfuerzos; y no se aprende nada con eso»), o si a los niños que realmente causan problemas se les suspende de la escuela («Nuestra postura filosófica se opone a eso»), o si se emplea el castigo corporal («No da resultado, y es cruel»), no hay método alguno de controlar a los niños que no atraiga críticas de parte de alguien. Sin embargo, creo que a los maestros hay que darles un poco de espacio para el bien común. Si no, será el caos lo que reine en el aula.

P— Myra Wolynski dice en su articulo de «Confesión» que Arena y Mar no permitía ninguna organización ni estructura en el aula, porque dañaba la creatividad. He oído muchas veces ese punto de vista. ¿Tiene algún respaldo?

R— Todos hemos oído la advertencia de que la disciplina firme destruye la creatividad, y ha habido algunos estudios que procuran dar validez a esa presunción. Sin embargo, a mí me parece que la creatividad sólo puede florecer allí donde hay suficiente orden como para dar cabida al pensamiento concentrado. El caos y la creatividad no se pueden combinar. Por otro lado, una atmósfera extremadamente opresora también asfixia el aprendizaje, que es lo que la investigación demuestra. Todo parece reducirse a la palabra equilibrio, el cual ciertamente tiene su lugar en el aula.

P— ¿Qué haría usted si tuviera un niño de escuela primaria en un aula caótica con una maestra desorganizada?

R— Haría todo lo posible por cambiar a mi hijo con otra maestra. En cosa de diez meses se pueden desarrollar hábitos y actitudes muy malas, cuando quien desempeña un papel de modelo es incompetente. Se podría considerar la educación en el hogar o la educación privada, si los recursos lo permiten.

P— ¿Qué opina usted de las escuelas que funcionan durante el año entero en zonas donde la gran densidad de población las hace ventajosas?

R— Las escuelas que funcionan durante el año entero causan mucha dificultad a las familias. Unos hermanos que asisten a diferentes escuelas pueden tener sus vacaciones en distintos momentos, lo cual hace imposible que la familia vaya de vacaciones a la vez. También es más difícil coordinar el tiempo disponible de los niños con los calendarios de los padres. En resumen, ese tipo de escuelas representan simplemente una penalidad más sobre las familias que cada año procuran hacer juntas cosas amenas y recreativas.

P— Usted indicó que la Escuela Alterna de Seattle no tenía un programa de estudio formal, ni calificaciones, ni programa general, etc. Doy por entendido, en cambio, que usted favorece un curso que haga hincapié en la memorización de datos específicos, cosa que yo considero un nivel de aprendizaje muy bajo. Necesitamos enseñar a nuestros niños conceptos, y ayudarles a aprender a pensar; y no simplemente llenarles la cabeza con un sinnúmero de detalles.

R— Estoy de acuerdo en que queremos enseñar conceptos a los alumnos, pero eso no se da en un vacío. Por ejemplo, quisiéramos que comprendan el concepto del sistema solar y de cómo los planetas están colocados en su órbita de rotación alrededor del sol. ¿Cómo se logra eso? Una forma es que se aprendan las distancias entre los cuerpos celestes, por ejemplo, que el sol está a 150 millones de kilómetros de la tierra, mientras que la luna está a sólo 384.000 kilómetros. Entonces se comprende el concepto de las posiciones relativas a partir de los datos. Lo que quiero decir es que una comprensión de los datos adecuados puede y debe conducir al aprendizaje conceptual.

P— Pero una vez más, usted pone demasiado énfasis en el proceso de memorización, lo cual es un objetivo inferior de la educación.

R— El cerebro humano es capaz de almacenar unos dos mil millones de trozos de información en el curso de una vida. Hay muchos medios por los cuales se puede dar esa programación, y uno de ellos es la memorización. Voy a darle un ejemplo. Si alguna vez usted tiene que someterse al bisturí de un cirujano, más le vale tener la esperanza de que el médico haya memorizado —he dicho memorizado— cada músculo, cada hueso, cada vaso sanguíneo y cada nudo de marinero que haya en su libro de texto. La vida de usted dependerá de que él tenga acceso a datos durante la operación. Es obvio que me opongo fuertemente a la perspectiva que se cultiva en ciertos círculos académicos, según la cual «no hay nada que sepamos a ciencia cierta; así que ¿para qué aprender nada?» Los que piensan así no tienen por qué enseñar. ¡Son vendedores sin nada que vender!

P— Al igual que usted, he observado que los alumnos de escuelas primarias y de primeros años de secundaria, e incluso los próximos a graduarse, tienden a admirar a los maestros más estrictos. ¿Por qué ocurre eso?

R— Aquellos maestros que mantienen el orden suelen ser los miembros más respetados del profesorado, con tal de que no sean crueles ni refunfuñones. Una persona que puede controlar la clase sin ser opresora es casi siempre objeto del amor de los alumnos. Eso es porque el orden trae seguridad. Cuando una clase está descontrolada, particularmente a nivel de enseñanza primaria, los niños tienen miedo unos de otros. Si el maestro no puede hacer que los alumnos se porten bien, ¿cómo podrá evitar que algún matón realice sus fechorías? ¿Cómo puede impedir que los alumnos se rían de alguno de los compañeros menos capaces? Los niños no son muy justos ni razonables los unos con los otros, y se sienten bien cuando tienen un maestro firme que sí lo es.

En segundo lugar, los niños son partidarios de la justicia. Cuando alguien ha transgredido una regla, quieren retribución inmediata. Admiran a la maestra que puede poner en vigor un sistema legal equitativo, y encuentran gran consuelo cuando hay expectativas sociales razonables. En cambio, un maestro que no controla a su grupo, inevitablemente permite que el delito resulte beneficioso, violando así algo que es básico en el sistema de valores de los niños.

En tercer lugar, los niños admiran a los maestros estrictos porque el caos es algo que crispa los nervios. El gritar, golpear y hacer desastres son cosas divertidas por unos diez minutos; después la confusión comienza a provocar cansancio e irritación.

Muchas veces he sonreído de deleite al contemplar cómo unos niños de segundo y tercer grado evaluaban astutamente las relativas habilidades disciplinarias de sus maestros. Ellos saben cómo se debe manejar una clase. Sólo quisiera que todos sus maestros estuvieran igualmente conscientes de ese importante atributo.

P— ¿Puede usted darnos una orientación acerca de cuánto trabajo se les debe dar a los niños?

R— Debe existir un equilibrio sano entre el trabajo y el juego. En el pasado, muchos niños campesinos tenían oficios diarios que hacían la vida muy fatigosa. Muy de madrugada, y después otra vez al volver de la escuela, tenían que dar de comer a los cerdos, recoger los huevos, ordeñar las vacas y traer leña. Les quedaba muy poco tiempo para divertirse, y la infancia se convertía en una experiencia bastante monótona. Esa era una postura extrema, y yo ciertamente no favorecería su regreso.

Sin embargo, comparemos ese nivel de responsabilidad con su opuesto, el que recomienda Neill, según el cual a los niños ni siquiera debemos pedirles que rieguen el jardín o hagan salir al gato. Según esa recomendación, al muchacho hay que dejarlo que esté ahí recostado sobre su estómago, excesivamente lleno, mirando la inservible televisión durante seis u ocho horas, mientras sus tareas se llenan de polvo en un rincón. Como siempre, los dos extremos son dañinos para el niño. El lógico terreno medio se puede encontrar dándole al niño suficiente contacto con la responsabilidad y el trabajo, pero a la vez preservando tiempo para su juego y su diversión. La cantidad de tiempo que se dedica a cada actividad debe variar según la edad del niño, exigiendo gradualmente más trabajo a medida que va creciendo.

UNA REFLEXIÓN FINAL

Al concluir este estudio de la disciplina en la educación, quisiera retornar a una entrevista publicada en la primera edición de *Atrévete a disciplinar*. Originalmente se publicó en la revista *U.S. News & World Report* en abril de 1965, y presentaba a unos criminólogos de fama mundial, el Profesor Sheldon Glueck y su señora. * Los esposos Glueck son muy notables por su estudio minucioso sobre la delincuencia juvenil y sus causas. Nótese lo proféticas que eran sus palabras, al describir a los adolescentes de su época y el rumbo que parecía estar tomando la sociedad.

U.S. News: ¿Cuál parecería ser la causa para que la delincuencia aumente tan rápidamente en nuestros días?

Glueck: Hay muchas causas para ese fenómeno. Sin embargo, en su mayor parte, lo que estamos presenciando ahora es un proceso que ha estado en marcha desde la Segunda Guerra Mundial.

En primer lugar, cada vez hay más madres que salen a trabajar. Muchas han dejado a sus niños más o menos desatendidos, en la casa o en las calles. Esto ha privado a los niños de la constante orientación y sentido de seguridad que necesitan recibir de sus madres en sus primeros años.

Junto con ese cambio, las actitudes de los padres en lo referente a disciplinar a los pequeños han ido cambiando

---

* Dr. Sheldon Glueck y Eleanor T. Glueck, Unraveling Juvenile Delinquency [Desenmarañando la delincuencia juvenil] (Commonwealth Fund, 1950).

con bastante rapidez. Tanto en el hogar como fuera de él, la tendencia ha sido constantemente hacia una mayor permisividad; es decir, a poner menos restricciones y límites a la conducta.

U.S. News: ¿Y cómo ha resultado en la práctica esa filosofía?

Glueck: Pareciera que no muy bien. La vida exige una cierta medida de disciplina. Se necesita la disciplina en el aula, se necesita en el hogar, se necesita en la sociedad en general. Después de todo, los Diez Mandamientos imponen una disciplina. A no ser que se inculquen en el carácter de los niños restricciones generales, podemos llegar en cierto momento al caos social.

U.S. News: ¿Quieren ustedes decir que los valores morales se están desmoronando? (Nota del autor: Esta pregunta se adelantó en varios años a la llamada «nueva moralidad».)

Glueck: Eso es parte del cuadro. No sólo los padres, sino también otras personas, se muestran inseguros en muchos casos acerca de qué es moralmente correcto o incorrecto, y eso hace más difícil respaldar la disciplina.

Por ejemplo, hoy día los niños están expuestos a todo tipo de películas y libros. Es difícil decidir cuáles películas y libros debieran censurarse.

En un sentido amplio, en realidad, se podría opinar que el censurar en general es algo indeseable. Pero también se sabe que en algún punto hay que imponer restricciones, especialmente cuando se trata de los niños. Pero al tratar de decidir en qué punto se debe imponer la restricción, con frecuencia termina por no quedar restricción alguna. Y es esta falta de restricción en el hogar y afuera lo que origina gran parte de nuestros problemas de delincuencia.

U.S. News: ¿Los tribunales de menores tienden a ser demasiado suaves con los jóvenes?

Glueck A veces, sí; pero con más frecuencia existe una falta de lógica porque los jueces tienen una facultad muy amplia de usar su criterio; y pueden basarse en la intuición y en corazonadas, en vez del uso de datos indicadores que sus subalternos podrían recopilar para ellos en cada caso.

U.S. News: Entonces, ¿es el castigo severo algo que disuade de cometer más delitos?

Glueck : La certeza de castigo es definitivamente un elemento de disuasión. Después de todo, el temor es en el hombre una emoción primaria. Desempeña un papel importante en su instrucción. Hemos llegado demasiado lejos en la dirección contraria, en dejar que el niño sienta que no va a ser castigado por sus fechorías.

Desde luego, es incorrecto depender exclusivamente del temor al castigo; pero es igualmente incorrecto descartar ese medio de disuasión.

U.S. News: ¿Pueden ayudar en algo las escuelas para impedir que los niños se conviertan en delincuentes?

Glueck: Sin duda que pueden. Como hemos dicho, hay niños cuyas energías no se adaptan a períodos largos de permanecer sentados y quietos, y cuyo deseo de aventura debe ser satisfecho en alguna forma aceptable.

También pensamos que una de las necesidades básicas de las escuelas, junto con otros elementos de la sociedad, es un reconocimiento general de que hay que observar las reglas: que, si no hay reglas, la sociedad se inclina al caos y a la tiranía y los ciudadanos procuran hacer justicia por su propia mano. Eso se ve no sólo entre los delincuentes, sino también entre universitarios jóvenes, en su exigencia de más y más libertad, respecto a las restricciones y a la autoridad superior.

U.S. News: ¿Prevén ustedes que el crimen y la delincuencia vayan en aumento?

Glueck: Probablemente. Nuestra impresión es que, a menos que se trate a todo costo de contener a los círculos viciosos que están involucrados, estamos a las puertas de un período de violencia mucho más intenso que lo que hayamos visto hasta ahora.

Lo único que hay que hacer es leer acerca de los asesinatos y asaltos que están ocurriendo en los conductos subterráneos de Nueva York. Hace apenas unos años nadie pensaba que los transportes públicos fueran inseguros. No prevemos ninguna mejora en esta tendencia. Un niño delincuente suele crecer para producir niños

delincuentes; no por cuestiones de herencia genética; sino por sus propios conflictos no resueltos que lo con-
vierten en un padre ineficiente.

El profesor Glueck y su esposa predijeron con claridad la
anarquía que ahora se desenvuelve en todo el estrato central de
la democracia. Sin embargo, tal vez ni siquiera ellos esperaban
actos como tiroteos hechos desde autos, matanzas al azar, ni
asesinatos a causa de discusiones de menores en el tránsito.
¿No es acaso hora de que abordemos las causas fundamentales
que los esposos Glueck reconocieron hace tres décadas atrás?

8

Obstáculos del aprendizaje

Parte 1

Hemos venido tratando sobre la importancia de la disciplina en la relación entre padres e hijos, particularmente en lo que se refiere a la obediencia, el respeto y la responsabilidad. También hemos examinado la importancia de la autoridad en el aula. Ahora conviene examinar otro aspecto de la disciplina: el que tiene que ver con la formación de las facultades mentales y el carácter moral del niño.

Nuestra preocupación primordial serán los millones de niños que no tienen éxito en la escuela: las «bajas académicas» que no pueden o no quieren hacer realidad la responsabilidad intelectual que se espera de ellos. Sus padres lloran, ruegan y amenazan; sus maestras presionan, empujan y hacen advertencias. Aun así, estos alumnos permanecen sentados, año tras año, en una resistencia pasiva a lo que les exigen los adultos. ¿Quiénes son estos pequeños, para quienes parece tan difícil la disciplina académica? ¿Son perezosos? ¿Carecen de inteligencia? ¿Se preocupan siquiera? ¿Son ineficaces nuestros métodos educativos? ¿Cómo podemos ayudarles a evitar el dolor del fracaso en esas primeras experiencias?

Durante mis años de servicio como psicólogo escolar, me impresionaban las semejanzas entre los alumnos que me eran remitidos con problemas de aprendizaje. Si bien cada niño era un individuo con sus características singulares, la mayoría de los pequeños que fracasaban tenían en común cierto tipo de problemas. Había varios conjuntos de circunstancias que interferían repetidas veces con el aprendizaje disciplinado en el aula. En el presente capítulo y en el que le sigue, voy a describir las tres principales categorías de niños a quienes les va mal en la escuela. Los padres de familia deben buscar cuidadosamente a ver si encuentran allí las huellas de sus propios hijos.

EL QUE FLORECE TARDÍAMENTE

Rolando tiene cinco años y pronto entrará en el jardín de niños. Es un pequeñín inmaduro, que en muchos sentidos sigue siendo el bebé de su mamá. Si se le compara con sus amigos, Rolando habla al estilo infantil y carece de coordinación física. Tres o cuatro veces al día se pone a llorar, y los otros niños se aprovechan de su inocencia. Un psicólogo del desarrollo o un pediatra podría verificar que Rolando no tiene ningún atraso físico ni mental; simplemente va progresando con un calendario fisiológico más lento que la mayoría de los niños de su edad.

No obstante, ha llegado el quinto cumpleaños de Rolando, y todo el mundo sabe que los niños de cinco años van al jardín de infantes. Él está ilusionado con la idea de entrar en la escuela, pero muy dentro de sí se siente bastante tenso a causa de este nuevo reto. Sabe que su madre ansía que le vaya bien en la escuela, aunque en realidad no sabe por qué. Su papá le ha dicho que, si no recibe una buena educación, va a ser un «fracasado».

Él no está muy seguro de qué es un fracasado, pero sin duda no quiere ser así. Sus papás están esperando de él algo sobresaliente, y tiene la esperanza de no defraudarlos. Su hermanita Patricia está ahora en segundo grado, y le va bien. Ya sabe leer y escribir sus letras y se sabe los nombres de los días de la semana. Rolando también tiene la esperanza de aprender esas cosas.

Kindergarten resulta apacible para Rolando. Anda en el triciclo y jala la carretilla y juega con el reloj de juguete. Prefiere jugar a solas durante largos ratos, con tal de que su maestra, la señorita Montes, esté allí cerca. A la señorita Montes le resulta claro que Rolando es inmaduro y que no está listo para entrar al primer grado, y habla con sus padres acerca de la posibilidad de hacerlo esperar un año.

—¿Reprobar el jardín de infantes? —dice su padre—. ¿Cómo va mi hijo a reprobar el jardín de infantes? ¿Acaso alguien reprueba el jardín de infantes?

La señorita Montes trata de explicar que Rolando no ha reprobado el jardín de infantes; simplemente necesita un año más para desarrollarse antes de ingresar al primer grado. La sugerencia le provoca a su padre un estallido de furia.

—Ya este niño tiene seis años; tiene que aprender a leer y escribir. ¿De qué le sirve seguir arrastrando por ahí esa inútil carretilla y montarse en ese estúpido triciclo? ¡Que entre al primer grado!

La señorita Montes y la directora aceptan a regañadientes. El primer día del nuevo curso lectivo, Rolando agarra su portameriendas y, con pasos todavía un poco torpes, entra a su aula de primer grado. Ya desde el primer día tiene problemas académicos, y su principal fuente de dificultad parece ser la lectura. Su nueva maestra, la señorita Flores, presenta a la clase el alfabeto, y Rolando se da cuenta de que la mayoría de sus amigos ya lo han aprendido. Tiene un poco de trabajo que hacer para ponerse al ritmo. Sin embargo demasiado pronto, la señorita Flores comienza a enseñar algo nuevo. Quiere que el grupo aprenda los sonidos que cada letra representa, y él pronto queda todavía más atrás.

Antes de que pase mucho tiempo, la clase comienza a leer cuentos sobre cosas interesantes. Algunos niños pueden leer de corrido, pero Rolando todavía está trabajando con el alfabeto. La señorita Flores divide la clase en tres grupos de lectura, según su destreza inicial. Ella quiere disimular el hecho de que uno de los grupos va más lento que los demás, y por eso les pone como camuflaje los nombres de «Leones», «Tigres» y «Jirafas». La motivación de la señorita Flores es noble, pero nadie se deja engañar. Los alumnos no necesitan más de dos minutos para percatarse de que todos los del grupo de las Jirafas son tontos. Rolando comienza a preocuparse por su falta de progreso, y empieza a concretarse dentro de él el terrible pensamiento de que tal vez algo anda drásticamente mal con él.

Al mes siguiente, durante la primera reunión de la maestra con los padres, la señorita Flores les explica a los padres de Rolando los problemas que éste tiene en la escuela. Describe su inmadurez y su incapacidad de concentrarse o permanecer quieto en el aula. La mayor parte del día no está en su asiento.

—Tonterías —dice su padre—; lo que este niño necesita es un poco de repaso.

Insiste en que Rolando lleve los libros a casa, lo cual permitirá que padre e hijo se sienten juntos para un repaso académico bien extenso. Pero todo lo que hace Rolando irrita a su padre. Su mente infantil se distrae, y olvida las cosas que se le dijeron apenas cinco minutos atrás. Conforme su padre se pone más tenso, la productividad de Rolando va en descenso. En cierto momento, el padre de Rolando golpea la mesa con el puño y grita:

—¿Por qué no pones atención y dejas de ser tan ¡TONTO!?

El niño no olvidará jamás esa tajante evaluación.

Mientras que en los primeros días de clases Rolando había luchado en vano por aprender, ya para el tercer mes ha perdido todo interés y motivación. Pasa el tiempo mirando por la ventana. Se pone a dibujar y garabatear con el lápiz. Habla en voz baja y juega. Como no sabe leer, tampoco puede deletrear, escribir ni trabajar en estudios sociales. No participa y está siempre aburrido, y la mayor parte del tiempo no sabe qué está pasando. Se siente raro e incapaz.

—Por favor, ponte de pie, Rolando, y lee el siguiente párrafo —dice la maestra.

Él se pone de pie y se balancea apoyándose primero en un pie y después en el otro, mientras se debate por identificar la primera palabra. Las niñas dejan oír sus risillas, y oye decir a uno de los varones:

—¡Es un bobo!

El problema había comenzado como una lentitud de desarrollo, pero ahora se ha convertido en una bomba de tiempo emocional y en un aborrecimiento cada vez mayor por la escuela.

Lo trágico es que no era necesario que Rolando sufriera la humillación del fracaso académico. Un año más de crecer y madurar lo habría preparado para enfrentarse con las responsabilidades educativas que ahora lo están destruyendo. La edad de un niño es el peor criterio posible para determinar el inicio de su carrera escolar. Los niños de seis años varían tremendamente en su grado de madurez. Algunos son precoces y sabios, en tanto que otros son simples bebés como Rolando. Además, a esa edad el desarrollo de los varones tiende a ser seis meses más lento que el de las niñas, más o menos. Como puede verse, un varón de lenta maduración que cumple seis años, exactamente antes de que el curso lectivo comience, va kilómetros atrás de sus compañeros. Esta inmadurez tiene profundas implicaciones sociales e intelectuales.

Una de las razones por las que a un niño inmaduro tiene bajo rendimiento en la escuela puede tener que ver con la ausencia de una sustancia orgánica llamada mielina. Al nacer, el sistema nervioso del cuerpo no está protegido. Un bebé no puede alcanzar y asir un objeto porque la orden eléctrica o el impulso se pierde mientras viaja del cerebro a la mano. Poco a poco, una sustancia blancuzca (la mielina) comienza a recubrir las fibras nerviosas, permitiendo que tenga lugar la acción muscular controlada.

La mielinización avanza de la cabeza hacia abajo (cefalocaudal) y desde el centro del cuerpo hacia afuera (proximodistal). En otras palabras, el niño puede controlar los movimientos de la cabeza y del cuello antes que el resto del cuerpo. El control del hombro precede al del codo, el cual a su vez precede al de la muñeca, que precede al de los músculos grandes de las manos, que a su vez precede a la coordinación de músculos finos en los dedos.

A los niños de escuela primaria se les enseña a escribir con letra de molde antes de que aprendan la escritura cursiva, debido al desarrollo tardío del control fino de los dedos. Esta pauta de desarrollo es de importancia crucial para el niño que florece tardíamente. Puesto que en los seres humanos el aparato visual suele estar entre los últimos mecanismos neurales en recubrirse de mielina, es posible que el niño inmaduro no haya completado este proceso necesario de desarrollo cuando cumple seis años.

Puede ser que un niño extremadamente inmaduro y carente de coordinación motriz no esté preparado neurológicamente para las tareas intelectuales de leer y escribir. La lectura, de modo particular, es un proceso neurológico sumamente complejo. El estímulo visual debe ser transmitido al cerebro sin distorsión, y allí debe ser interpretado y retenido en la memoria. No todos los niños de seis años están equipados para realizar tal tarea. Sin embargo, lamentablemente, nuestra sociedad permite pocas excepciones que se aparten del programa establecido. Un niño de seis años tiene que aprender a leer, o si no, enfrentar las consecuencias emocionales del fracaso.

Se podría preguntar: «¿Por qué el que florece tardíamente no puede alcanzar el ritmo de su clase cuando madura en los años siguientes?» Si el problema fuera sencillamente un fenómeno físico, se podría esperar que el niño que madura lentamente se ponga al paso de sus amigos de desarrollo más temprano. Sin embargo, en esta dificultad van mezclados invariablemente ciertos factores emocionales.

El amor propio es tremendamente fácil de dañar, pero sumamente difícil de reconstruir. Una vez que el niño comienza a pensar que es estúpido, incapaz, ignorante o tonto, no resulta fácil eliminar ese concepto. Si falla en su primera experiencia educativa, se ve presionado por las férreas exigencias de la escuela y las expectativas del hogar. Con frecuencia la presión emocional es imposible de resolver. No hay justificación que pueda dar a sus padres y maestros para explicar su evidente fracaso. Tampoco existe ningún remedio que ellos puedan ofrecer para aliviar su psiquis dañada. El concepto que tiene de sí mismo suele verse herido por esta tensión, y probablemente su personalidad llegue a reflejar esa experiencia ya en su edad adulta.

Para los que florecen tardíamente, la solución es relativamente sencilla: en lugar de programar la entrada del niño a primer grado según su edad, hay que determinar el programa óptimo mediante variables neurológicas, psicológicas, sociales y pediátricas. Una sencilla prueba general podría ayudar a identificar los casos extremos como el de Rolando. La mayoría de los niños podrían comenzar la escuela a los seis años, aunque para el niño excepcional se reservaría una mayor flexibilidad.

Sin importar la decisión de la escuela de adoptar o rechazar esta recomendación, yo sugeriría que los padres de un niño inmaduro de kindergarten hagan examinar a su niño para saber si está listo para ingresar al sistema educativo. Del examen se encarga un especialista en desarrollo (psicólogo infantil, pediatra, neurólogo, etc.). Este procedimiento debe ser obligatorio para varones de maduración lenta, que cumplen años hacia el fin del año académico. No se pueden subestimar las consecuencias de tomar esta medida. Este sencillo procedimiento puede ahorrarle al niño muchos años de pesar.

Si se determina que el niño está entre los que florecen tardíamente, puede ya sea repetir el kindergarten o quedarse en casa durante uno o dos años más. A pesar de lo que popularmente se piensa a este respecto, los niños que reciben educación en el hogar en los primeros años de la escuela primaria no tienden a ser inadaptados o impedidos cuando vuelven a entrar al sistema de educación formal. Tampoco resultan «poco sociables». Si los padres están dispuestos a incluir en su mundo a ese niño que se educa en casa, hablando con él y permitiéndole que vaya de compras, que haga excursiones, que ayude a cocinar y a trabajar con su papá en el garaje, el niño no necesitará hora tras hora de trabajo formal de escritorio. [1]

---

[1] Entre las fuentes están las siguientes:

Ray, Brian D. «A nationwide study of home education: Family characteristics, legal matters, and student achievement» [«Estudio sobre la educación en el hogar a nivel nacional: características familiares, asuntos legales, y rendimiento estudiantil»]. (1990)

Ray, Brian D. «Home education in North Dakota: Family characteristics and student achievement» [«La educación en el hogar en Dakota del Norte: características familiares y rendimiento estudiantil»]. (1991)

Ray, Brian D. «Home education in Oklahoma: Family characteristics, student achievement and policy matters» [«La educación en el hogar en Oklahoma: Características familiares, rendimiento estudiantil, y aspectos sobre regulaciones»]. (1991)

La investigación sobre este asunto ha sido específica y sumamente alentadora.[1]

¿Qué sucede, entonces, cuando llega el momento de reingresar a la escuela formal? En la mayoría de los casos, los niños educados en casa se ponen al paso de sus compañeros y les pasan adelante en cuestión de meses. También son propensos a ser líderes en los años venideros[2] porque no han sido intimidados en los primeros días de vulnerabilidad. En otras palabras, son menos dependientes de sus compañeros.[3]

Si eso parece extraño, hay que recordar que Jesús no fue a la escuela sino hasta que tenía doce años. Esa era la costumbre en Israel en aquellos días. El trabajo formal de clase para el niño inmaduro, y de hecho, incluso para el que es más precoz, simplemente no es necesario en las edades muy tempranas.

---

[1] Entre las fuentes estan las siguientes:

Ray, Brian D. «A nationwide study of home education: Family characteristics, legal matters, and student achievement» [«Estudio sobre la educación en el hogar a nivel nacional: características familiares, asuntos locales, y rendimiento estudiantil»]. (1990).

Greene, Sue S. «Home study in Alaska: A profile of K-12 students in the Alaska Centralized Correspondence Study Program» [«Estudios en el hogar en Alaska: Descripción o características de alumnos desde el jardín de niños hasta duodécimo año en el Programa Centralizado de Educación por Correspondencia de Alaska»], ERIC Document Reproduction Service N° ED 255 494.

Ray, Brian D. y Jon Wartes. «The academic achievement and affective development of home-schooled children» [«El rendimiento académico y el desarrollo afectivo de los niños educados en el hogar»], en Home Schooling: Political, Historical and Pedagogical Perspectives [Educación en el hogar: Perspectivas políticas, históricas y pedagógicas]. (Norwood, Nueva Jersey: Ablex Publishing Corporation, 1991).

Rakestraw, Jennie F. «Home Schooling in Alabama» [«La educación en el hogar en Alabama»]. Home School Researcher, 4(4),1988,1-6.

Wartes, Jon. «Five years of home-school testing within Washington state» [«Cinco años de pruebas sobre la educación en el hogar dentro del estado de Washington»] (diciembre 1991).

[2] Montgomery, Linda R., «The effect of home schooling on the leadership skills of home-schooled students» [«El efecto de la educación en el hogar en las capacidad de mando de alumnos que han recibido educación en el hogar»]. Home School Researcher, 5(1),1-10.

[3] Entre las fuentes están las siguientes:

Aikin, Wilfred. The Story of the Eight Year Study [La historia del estudio de ocho años], 4 vols. (Nueva York: Harper 1942)

Delahooke, Mona Maarse. «Home educated children's social/emotional adjustment and academic achievement: A comparative study» [«El ajuste socioemocional y el rendimiento académico de los niños educados en el hogar: Estudio comparativo»]. Tesis doctoral inédita, Escuela de Psicología Profesional de California, Los Ángeles, California.

Montgomery, Linda R., «The effect of home schooling on the leadership skills of home-schooled students» [«El efecto de la educación en el hogar en las capacidades de mando de alumnos que han recibido educación en el hogar»]. Home School Researcher, 5(1),1-10.

Sé que este dato contradice lo que nos quisiera hacer creer la Asociación Nacional de Educación. Ellos recomiendan la educación obligatoria para todos los niños de cuatro años. También es poco popular entre las familias en que ambos esposos trabajan y necesitan algún lugar seguro y sano donde dejar a sus hijos. Pero ese esfuerzo por sacar a los niños de la casa a una edad temprana simplemente no se ajusta a las realidades del desarrollo del niño.

Por eso es que está creciendo a grandes pasos el movimiento de educación en el hogar. Nuestra organización, Enfoque en la Familia, hizo una encuesta casual o al azar recientemente de cuatro mil participantes para ver qué tendencias y opiniones resultaban evidentes entre ellos. Para sorpresa nuestra, el 13% de ellos estaban involucrados en la educación en el hogar. Este método de educación de la próxima generación, si bien es desafiante para las madres (y los padres), ha resultado muy exitoso. Es especialmente apropiado para niños como Rolando, que necesitan cierto tiempo para desarrollar antes de que comience el trabajo formal de clase.

Cuando por primera vez publiqué *Atrévete a disciplinar*, jamás había oído hablar de la educación en el hogar. En mis estudios de postgrado se me había enseñado a creer en el valor de una experiencia cada vez más temprana de educación formal en el aula. Ahora, en cambio, respaldo con entusiasmo la idea de mantener a los niños junto con sus padres por más tiempo. El doctor Raymond Moore, autor del libro *School Can Wait* [La escuela puede esperar] y quien fue uno de los primeros en impulsar el movimiento de educación en el hogar, ejerció una gran influencia sobre mí a principios de la década de 1980. Hay que admitir que la educación en el hogar no es para todo el mundo, pero ha tenido mucho éxito con la mayoría de los que la han experimentado. Diré lo siguiente: Si Shirley y yo tuviéramos que hacerlo de nuevo, habríamos dado la educación escolar a nuestros dos hijos dentro del hogar, por lo menos durante los primeros años.

Ya sea que usted opte por dar educación en el hogar a su pequeño «Rolando», o que simplemente le permita repetir el jardín de niños, yo recomiendo fuertemente que se le evite a él la presión académica hasta que logre estabilizar sus endebles piernecitas que siguen a su cuerpo.

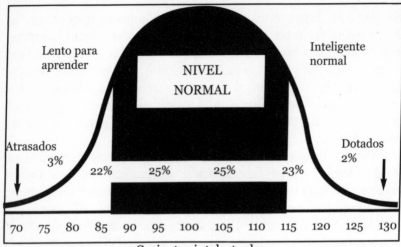

Cocientes intelectuales

EL QUE ES LENTO PARA APRENDER

El «lento para aprender» es otro niño que tiene probabilidades de afrontar gran dificultad con la disciplina académica, debido a su incapacidad de aprender tan rápidamente como sus compañeros. Antes de proseguir, espero que el lector pueda tolerar una breve explicación técnica en este punto. A fin de comprender a los niños lentos para aprender, debemos referirnos a la distribución normal de cocientes de inteligencia que representa a la población en general.

La zona levemente sombreada, al centro de la distribución representa el «nivel normal» de resultados de CI, que quedan entre 90 y 110. Los puntos precisos de CI para cada categoría variarán según la desviación normal de la prueba de inteligencia que se haya usado. El 50% de todos los individuos obtienen un resultado dentro de esta zona central en la mayoría de las pruebas de inteligencia. Es interesante señalar que prácticamente todo el mundo cree que su CI está por encima de 100. Si a diez mil personas les pidiéramos que opinen sobre su nivel esperado de capacidad, muy pocos conjeturarían un nivel de CI inferior al promedio. La verdad es que la mitad de la población total obtendría un resultado inferior a 100.

Asimismo, los padres de familia suelen atribuir a sus hijos cocientes intelectuales fabulosos. Un comentario corriente pero cómico que se suele oír es: «Alberto tiene un CI de 214, según una prueba que tomó en el periódico suplemento del domingo». Muy pocos individuos obtienen un puntaje superior a 150, y no es probable que Alberto sea uno de ellos.

Los individuos «dotados» están representados al extremo derecho de la distribución. Aproximadamente el 2% de todos los niños y adultos tienen este nivel de capacidad excepcionalmente brillante. En cambio, cerca del 3% de la población parece hallarse en el otro extremo del espectro intelectual y a ellos nos referimos como «atrasados». La mayoría de los estados ofrecen educación especial para los niños con déficit intelectual, y algunos ofrecen para los dotados un programa más enriquecido. Como se indicó, el propósito de presentar estos datos es para destacar los problemas de los niños lentos para aprender, es decir, aquellos cuyo CI se halla entre 70 y 90. Estos alumnos abarcan cerca de una cuarta parte de los niños en una escuela típica. En muchas formas, son los niños más tristes con los cuales tratan los especialistas en desarrollo infantil. Particular preocupación causan los individuos cuyo CI está en el nivel inferior de la categoría de lentos para aprender (70 a 80), los cuales están prácticamente destinados a tener dificultades en la escuela. Para ellos no existe ningún tipo de educación especial, si bien no son apreciablemente diferentes de los alumnos que se hallan en la frontera de la categoría de atrasados.

Un niño atrasado con un CI de 70 probablemente calificaría para participar en programas educativos sumamente especializados y costosos, incluyendo un grupo más pequeño, una maestra con capacitación especial, ayudas audiovisuales y un sistema político de «no reprobación». En cambio, un niño lento para aprender con un CI de 80 generalmente no recibiría tales ventajas. Deberá más bien competir, en clases corrientes, contra toda la gama de alumnos más capaces. Esa competencia implica que habrá ganadores y perdedores, e invariablemente el que «pierde» es el lento para aprender.

Consideremos la situación en clase del pequeño alumno no inteligente. He ahí al niño que «lo haría si pudiera, pero no puede». Rara vez, o nunca, experimenta la emoción de ganarse una calificación «perfecta» en su examen de ortografía. Es el último niño a quien se escogería para un juego o concurso de tipo académico.

Con frecuencia es el que cuenta con menos simpatía por parte de sus maestros. No tiene más éxito en las actividades sociales que en las académicas, y los otros niños lo rechazan abiertamente.

Como el que florece tardíamente, el lento para aprender va desarrollando gradualmente una abrumadora imagen de fracaso, que distorsiona su amor propio y le daña el ego. Un ejemplo de esto fue una conversación que por casualidad escuchó un colega mío entre dos alumnos intelectualmente incapacitados. Al hablar de sus esperanzas con las muchachas, uno de ellos dijo: «Me va bien hasta el momento en que descubren que soy atrasado». Por lo visto, ese niño estaba plenamente consciente de su insuficiencia.

No hay una mejor forma para eliminar en nuestros niños la confianza en sí mismos que el colocar un 25% de ellos en una situación en la que es imposible alcanzar la excelencia, en la que la rutina diaria es la insuficiencia, y en la que la inferioridad es una realidad palpable. No es de extrañar que un niño así se convierta a menudo en un travieso atormentador cuando llega al tercer grado, en un matón cuando está en sexto, en un respondón cuando está en octavo, y en un desertor o delincuente cuando se aproxima a los últimos años de secundaria.

El niño lento para aprender se diferencia del que florece tardíamente en un aspecto importante: el tiempo no va a resolver su deficiencia. El año siguiente no le va a ir mejor. Más bien, tiende a ir quedándose cada vez más atrás a medida que avanza en edad. Tradicionalmente las escuelas han retenido al niño incapaz en el mismo grado durante uno o dos años adicionales, lo cual ha demostrado ser sumamente inoperante, anticientífico y desafortunado.

La retención no logra absolutamente nada más que evidenciar en extremo el fracaso. La evidencia científica acumulada a este respecto es indiscutible. Muchos estudios siguientes han mostrado que los niños que habían sido retenidos seguían fracasando al año siguiente, y entonces sus problemas académicos se veían complicados por dificultades emocionales. El niño retenido se queda atrás con los «pequeñitos», mientras que sus compañeros avanzan a un grado superior y pasan a manos de otra maestra. Se siente demasiado grande, tonto y torpe. Todos sus parientes saben que él ha fracasado. A lo largo de toda su vida escolar, la gente hará preguntas reveladoras como: «¿Cómo es eso de que tienes trece años y apenas estás en quinto

grado?» Y él contestará: «Ah, es que reprobé el tercer grado».
Es una confesión dolorosa.

Se puede prever un problema más: el niño que es retenido
una o dos veces probablemente llegará a su desarrollo sexual
(pubertad) antes que sus compañeros de clase, lo cual puede
producir muchas circunstancias desafortunadas. Cuando por
fin el muchacho lento para aprender llega a los últimos años de
secundaria con un año de retraso o más, generalmente tiene
menos tolerancia para sobrellevar su dificultad.

En cierta ocasión me remitieron un muchacho de décimo
grado, ya maduro físicamente, porque anunció que iba a de-
sertar de la escuela. Le pregunté por qué abandonaba la escuela, y repuso:

—Me ha ido de lo peor desde que estaba en primer grado.
Todos los años me he sentido avergonzado y estúpido. He tenido que ponerme de pie y leer, pero no entiendo ni siquiera un
libro de segundo grado. Pero ya es la última vez que ustedes se
ríen de mí. Me voy.

Le dije que no lo culpaba por la forma en que se sentía; su
sufrimiento era responsabilidad nuestra.

Lo sorprendente es que algunos alumnos sin éxito siguen
dispuestos a luchar después de años de fracasos. Como psicólogo, siempre me animaba cuando los muchachos más difíciles y
rudos de la secundaria se emocionaban con un programa de lectura remediadora. Querían desesperadamente aprender esa
destreza, pero estaban convencidos de que eran demasiado tontos. Todo eso cambiaba cuando el profesor de lectura remediadora les mostraba que sí podían aprender.

Cierto muchacho musculoso llamado Jeff se sentía asom-
brado por su propio progreso. Con lágrimas en los ojos, miró a
su maestra y le dijo:

—Cuando yo estaba en segundo grado, llevé a la casa una
tarjeta de calificaciones con una nota roja en lectura. Yo estaba
sentado en el sofá mientras mi papá la leía. Se me acercó con un
cinturón y me dio una paliza que casi me mata. Desde entonces,
hoy es la primera vez que he hecho algo bien en la escuela.

Una vez se me pidió que evaluara a un muchacho de secundaria llamado Willie, quien reprobó tres veces el curso de historia. No podía graduarse porque no podía obtener la nota mínima

en ese curso requerido. Le hice una prueba a Willie y averigüé que era lento para aprender. Su profesor, que anteriormente había exigido a Willie competir por igual con los demás alumnos, se sorprendió de los resultados. Su falta de conocimiento de la limitada capacidad del joven me pareció injusta, de modo que diseñé la siguiente circular para notificar a los maestros sobre otros muchachos parecidos a Willie:

Estrictamente confidencial

Nombre del alumno:

El alumno antes mencionado tiene aparentemente ciertas limitaciones que pueden ser importantes para comprender su rendimiento académico y su conducta en el aula. Aunque no reúne los requisitos para Educación especial, según una interpretación estricta del Código de Educación, su capacidad intelectual parece encontrarse en una categoría «mínima». No hay fundamento legal para sacarlo del aula corriente, pero no se debe tener la expectativa de que él compita con alumnos más capaces.

Si se le exige satisfacer un porcentaje arbitrario de respuestas correctas en un examen, como se hace con los alumnos de capacidad promedio, hay que esperar que fracase constantemente. Por otro lado, no hay que permitir que pase el año sin rendir a su capacidad.

Parece apropiado que su calificación se base en su esfuerzo y aprovechamiento basados en su capacidad individual de aprender. Permitir su reprobación a pesar de sus esfuerzos es negarle la oportunidad de graduarse.

Con mucho gusto puedo comentar el asunto con usted, si desea mayor información .

NOTA: *Sírvase destruir esta nota, para eliminar el riesgo de que el alumno se sienta avergonzado.*

Algunos maestros nunca habían considerado la posibilidad de dar al alumno lento para aprender un objetivo académico más fácil de alcanzar, hasta que recibieron esta nota. Desde luego, unos cuantos tampoco consideraron esa posibilidad incluso después de leer la nota.

Cuando pienso en los niños lentos para aprender, se me fija en la mente el caso de Roberto, de catorce años. Era casi quince centímetros más alto y diez kilos más pesado que el alumno que le seguía en tamaño en su clase de sexto grado. Aunque lo habían hecho repetir el segundo y el cuarto grados, Roberto todavía no había aprendido a leer ni a escribir. Su maestra trataba de motivarlo en todas las formas que estaban a su alcance, pero Roberto resistía todos los retos y tretas. Simplemente renunció a seguir intentando.

Cuando su maestro amenazó con hacerlo reprobar por tercera vez, Roberto reaccionó horrorizado. Se imaginó a sí mismo como un alumno de setenta y tres años de edad, todavía sentado en un aula de sexto grado. Ese pensamiento aterrador lo motivaba a hacer lo mejor que podía en la clase, pero sus deficientes destrezas académicas le impedían avanzar gran cosa. Roberto permaneció en un estado de ansiedad hasta que se entregaron las tarjetas con las calificaciones finales. Esa mañana, estuvo literalmente con la cara blanca y temblando de tensión hasta que leyó la sentencia: «Promovido al séptimo grado».

El maestro de Roberto no había tenido antes la intención de ser poco amable; sólo quería obtener de aquel muchacho el mejor esfuerzo posible. Aun así, fue un error el amenazarlo con el desastre social. Un individuo lento para aprender o atrasado tiene las mismas necesidades emocionales de suficiencia y aceptación que un niño superdotado o inteligente, y la estabilidad emocional no debe ser sacrificada en el altar de la educación.

A pesar de los efectos de reprobar a un alumno lento para aprender, creo que hay algunos niños que sí se benefician de pasar un segundo año en el mismo grado. El mejor criterio para decidir si se hace repetir a alguien es el siguiente: que repita el niño para quien algo será diferente el próximo año. Por ejemplo, un niño que estuvo enfermo durante siete meses en cierto año académico podría sacar ventaja de hacer el mismo recorrido cuando esté bien. Y de nuevo, el que florece tardíamente debe ser retenido en el jardín de niños (o a más tardar en primer grado) para colocarlo con niños de desarrollo comparable al suyo.

Pero para el que es lento para aprender, nada cambiará. Si estaba fracasando en cuarto grado al concluir un año lectivo, seguirá fracasando en cuarto grado cuando comience el siguiente. Es porque el contenido del curso de cada grado es similar al del año anterior y al del siguiente. Año tras año se enseñan los mismos conceptos; a los alumnos de cada grado sucesivo se les lleva un poquito más lejos, pero gran parte del tiempo se invierte en repasar.

Por ejemplo, la suma y la resta se enseñan en los primeros años, pero también en sexto grado se hace bastante trabajo en estas áreas. Los sustantivos y los verbos se enseñan repetidas veces durante varios años. La superposición de materia de un grado a otro queda representada con mayor exactitud en la Figura A, que aparece a continuación, que en la Figura B.

De manera que la razón menos justificable para retener a un alumno es exponer al que es lento para aprender a un año más con conceptos más fáciles. ¡No le irá mejor la segunda vez! Tampoco hay mucha magia en la escuela de verano. Algunos padres de familia abrigan la esperanza de que un programa de seis semanas durante los meses de vacaciones logre lo que fue imposible hacer en los diez meses de clases. Con frecuencia quedan defraudados.

Dado que la retención y la escuela de verano no resuelven el problema del niño lento para aprender, se nos plantea la pregunta evidente: ¿Qué se puede hacer entonces por estos niños?

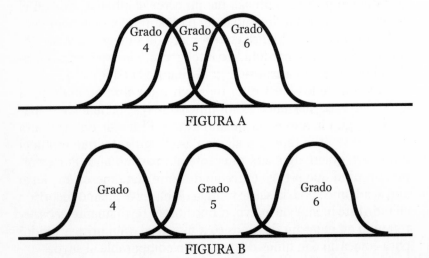

FIGURA A

FIGURA B

A continuación enumeramos los pasos que podrían inclinar la balanza a favor de este vasto número de pequeños:

1. *Enseñarles a leer, aunque se requiera una proporción de un maestro para cada alumno (y probablemente será así).* Casi todos los niños pueden aprender a leer, pero muchos niños tienen dificultades si se les enseña solamente en grupos grandes. Su mente se distrae y no son tan prestos para hacer preguntas. Sería caro para la escuela el pagar maestras adicionales para la lectura remediadora, pero ningún otro gasto podría ser más útil. Las técnicas especiales, las máquinas de enseñanza y el refuerzo individual pueden ser exitosos para enseñar esta destreza tan fundamental a aquellos niños que tienen la menor probabilidad de aprender sin atención individual. Esta ayuda no se debe retrasar hasta el cuarto o quinto grado ni hasta los primeros años de secundaria. Ya para entonces el niño lento para aprender ha soportado la ignominia del fracaso.

Muchos circuitos escolares han establecido programas creativos para concentrarse en los problemas de lectura. Uno de esos programas, la «primaria sin grados», elimina las distinciones entre los alumnos en los tres primeros grados. En lugar de agrupar a los niños por edad, se les combina conforme a su destreza para la lectura. Los buenos lectores de primero, segundo y tercer grado pueden formar parte de un mismo grupo. Los que leen mal se agrupan juntos. Este procedimiento neutraliza el dolor de la retención, y permite que los lentos para aprender se beneficien de un agrupamiento homogéneo.

Otro sistema popular es el programa llamado de «lectura dividida». En ese método, el grupo de mejores lectores llega a la escuela treinta minutos antes para recibir enseñanza especializada . El grupo con alumnos lentos se queda cada día por media hora más, con el mismo propósito.

Hay muchos programas de ese tipo para enseñar más eficazmente la lectura. Aquellos padres de familia que están preocupados por las destrezas académicas básicas de su hijo tal vez quieran buscar asistencia de un maestro privado para complementar esos programas escolares.

2. *El que es lento para aprender debe ser resguardado de la devastación del fracaso.* Hay que restar énfasis a las metas académicas que el lento para aprender no puede alcanzar. Sólo

se le debe exigir que haga aquellas cosas que están dentro de su alcance. Se le debe elogiar cuando hace lo mejor posible, aun cuando su trabajo no esté al nivel del de sus compañeros. El lento para aprender también tiene derecho a la autoaceptación, inclusive en este mundo tecnológico que va a un ritmo tan veloz.

3. *Recordar que el éxito genera éxito.* La mejor motivación para un niño lento es saber que está teniendo éxito. Si los adultos que hay en su vida muestran confianza en él, es más probable que él desarrolle confianza en sí mismo. La verdad es que la mayoría de los seres humanos compartimos esa característica. Tendemos a actuar en la forma que pensamos que los demás nos «ven».

Eso lo aprendí cuando, a los veintidós años de edad, ingresé a la Guardia Nacional. Hacía poco que había terminado cuatro años de universidad, y ya había sido aceptado para los estudios de postgrado. Por eso me inscribí para un servicio prolongado en la reserva, en vez de participar por dos años en servicio activo. De inmediato me metieron en un autobús y me mandaron hacia Fort Ord, California, para pasar por un curso de seis meses de instrucción básica y administración del Ejército. Contrario a lo que decían los cartelones de reclutamiento, esa emocionante y nueva oportunidad de carrera no era cuestión de elección personal; fue escogida para mí. Aun así, pasé el siguiente medio año aprendiendo el fascinante mundo de los formularios, la mecanografía y los archivos militares. Casi enloquezco de aburrimiento.

Ciento ochenta y tres días después, regresé a la unidad local de la Guardia Nacional, trayendo conmigo esos conocimientos recién adquiridos. Lo sorprendente fue que no me dieron una bienvenida muy entusiasta a mi regreso. Era por ser yo un raso, y todo el mundo sabe que los soldados rasos son tontos. Prácticamente todo el mundo tenía rangos superiores a mí; así que saltaba a la vista que yo era corto de entendederas. Todo el mundo, desde los rasos de primera clase hasta el coronel, esperaban de mi parte una conducta ignorante. Para mi asombro, su expectativa resultó válida.

Mi primera tarea después de aquellos meses de capacitación de oficina fue el pasar a máquina una carta sencilla con dos copias. Después de veinticinco minutos de esfuerzo concentrado, me di cuenta de que el papel carbón —que se empleaba en aquellos días— estaba colocado al revés. En todo el dorso del ejemplar original se veía la suciedad de aquellas letras invertidas, cosa que no me congració con el sargento. Ciertos procedimientos de parecida complejidad, como recordar regulaciones y normas, me resultaban extrañamente difíciles de realizar. Al recordar esa experiencia, resulta claro que mi desempeño era coherente con mi imagen.

Posteriormente ingresé a un fuerte programa de estudios universitarios de postgrado, y allí obtuve el doctorado, con un promedio de notas de 3.91 (excelente). El amor propio fue lo que hizo la diferencia.

De modo parecido, muchos niños que no pasan de grado en la escuela no están haciendo sino lo que piensan que los demás esperan de ellos. Nuestra reputación entre nuestros compañeros es una fuerza muy influyente en nuestra vida. Ese es especialmente el caso con los niños lentos para aprender, que representan la cuarta parte del total de alumnos. Tal vez su hijo sea uno de ellos.

En el capítulo siguiente seguiremos las huellas del tercer tipo de niño para quien la disciplina académica parece tan difícil. Manténgase en sintonía.

PREGUNTAS Y RESPUESTAS

P— Si la edad es un factor tan poco útil para determinar el inicio del primer grado, entonces ¿por qué se aplica de modo tan universal en nuestra sociedad?

P— Porque resulta muy cómodo. Los padres de familia pueden planear con exactitud que cuando su hijo cumpla seis años entrará en la escuela. El personal de las escuelas pueden hacer un estudio de su sector y saber cuántos niños ingresarán a primer grado al año siguiente. Si un niño de ocho años se traslada a ese distrito al segundo mes del año lectivo, el administrador sabe que ese niño debe participar en el segundo grado, y así sucesivamente. El uso de la edad cronológica como criterio para ingresar a la escuela es muy bueno para todo el mundo... excepto para el niño que florece tardíamente.

P— ¿Qué hace que un niño sea lento para aprender?

R— Hay muchos factores hereditarios, ambientales y físicos que contribuyen al intelecto de la persona, y es difícil aislar las influencias particulares. Ciertas evidencias que se están acumulando parecen indicar que cierta lentitud en el aprendizaje, e incluso cierta retardación mínima, son causados por una falta de estímulo intelectual en los primeros años de vida del niño. Parece haber un período crítico durante los primeros tres a cuatro años, cuando hay que aprovechar la capacidad del crecimiento intelectual. Existen sistemas enzimáticos en el cerebro que deben ser activados durante esa breve oportunidad. Si se deja pasar la ocasión, es posible que el niño no alcance nunca su capacidad.

Aquellos niños que se crían en circunstancias de privación tienen más probabilidad de ser lentos para aprender. Puede ser que no hayan escuchado con regularidad el lenguaje de los adultos. No se les ha provisto de libros interesantes o rompecabezas que pongan en acción su aparato sensorial. No los han llevado al zoológico, ni al aeropuerto, ni a otros lugares emocionantes. No han recibido de los adultos adiestramiento y orientación diaria. Esta falta de estimulación puede inhibir el desarrollo apropiado del cerebro.

El efecto de la estimulación temprana en cerebros vivientes se ha estudiado en varios experimentos fascinantes hechos con animales. En uno de ellos, los investigadores separaron ratas de una misma camada en dos grupos idénticos. Al primer grupo se le dio un máximo de estimulación durante los primeros meses de vida. Esas ratas se mantenían en jaulas bien iluminadas, rodeadas de interesantes ruedas de paletas y otros juguetes. Con regularidad se les tocaba, y se les permitía explorar fuera de las jaulas. Fueron sometidas a experiencias de aprendizaje y luego recompensadas por acordarse. El segundo grupo llevó el tipo opuesto de existencia. Estas otras ratas estaban hacinadas en jaulas con poca luz, sin atractivos ni interés alguno. No se les tocaba ni se les estimulaba de ningún modo, y no se les permitía salir de las jaulas. A ambos grupos se les daba la misma clase de alimento.

A los 105 días de edad, todas las ratas fueron sacrificadas para posibilitar el examen de su aparato neurológico. Los investigadores se sorprendieron al descubrir que las ratas sometidas a una alta estimulación tenían cerebros que diferían en aspectos importantes de los de las otras: (1) la corteza (parte del cerebro que capacita para pensar) era más gruesa y más ancha; (2) el suministro de sangre era mucho más abundante; (3) las enzimas necesarias para el aprendizaje eran más refinadas. Los investigadores llegaron a la conclusión de que la alta estimulación experimentada durante el principio de la vida del primer grupo había dado como resultado un cerebro más avanzado y complejo.

Siempre es riesgoso aplicar directamente a los seres humanos las conclusiones procedentes de experimentos con animales, pero es probable que en el cerebro de niños que reciben mucho estímulo se den cambios del mismo tipo. Si los padres de familia quieren que los niños sean capaces, deben comenzar a hablarles en abundancia cuando todavía son bebés. En torno a la cuna se deben colocar móviles y otros juguetes que hagan movimientos. A partir de allí y en los primeros cuatro años, se deben programar con regularidad actividades de aprendizaje.

Desde luego, los padres deben comprender la diferencia entre la estimulación y la presión. El darle libros a un niño de tres años es estimulante. El reírse de él y amenazarlo porque no logra leerlos es presionante. El imponer expectativas inalcanzables puede ejercer sobre los niños un efecto dañino.

Si la estimulación temprana es tan importante como ahora se dice, entonces su ausencia puede ser una de las causas principales del aprendizaje lento e incluso de la retardación moderada. Es imperativo que los padres se tomen el tiempo para invertir sus recursos en sus hijos. La necesidad de proporcionarles a los niños pequeños experiencias enriquecedoras y edificantes no ha sido nunca tan evidente como hoy.

P— He leído que es posible enseñar a leer a los niños de cuatro años. ¿Debo esforzarme en esto con mi hijo?

R— Si acaso un pequeño es particularmente inteligente y puede aprender a leer sin sentir indebida presión por parte de los adultos, puede ser ventajoso enseñarle esa destreza. Pero ese «si acaso» es mucho más grande de lo que mucha gente se da cuenta. Son pocos los padres que pueden trabajar con sus propios hijos sin mostrar frustración a causa de sus fallas naturales. Es como enseñarle a la esposa de uno a manejar: en el mejor de los casos será riesgoso; en el peor, será desastroso.

Además de esta limitación, el aprendizaje debe programarse para la edad en que más se necesite. ¿Para qué invertir interminables esfuerzos en enseñarle a un niño a leer cuando todavía no ha aprendido a cruzar la calle, a amarrarse los cordones de los zapatos, a contar hasta diez, o a contestar el teléfono? Parece insensato obsesionarse con la lectura preescolar como un fin en sí.

La mejor política consiste en facilitarles a los niños muchos libros y materiales interesantes, leérselos y contestar sus preguntas. Después, dejar que la naturaleza siga su curso sin restricciones.

P— ¿Se debe obligar a los escolares a que usen ropa que no les gusta?

R— Por lo general no. A los niños y jóvenes les preocupa mucho la amenaza de que sus amigos se rían de ellos, y a veces llegan muy lejos para evitar esa posibilidad. La conformación con el ambiente es alentada por el temor a hacer el ridículo. Los adolescentes, de modo especial, parecen pensar: «El grupo no se puede reír de mí si yo soy igual a ellos». Desde esa perspectiva, es poco sabio obligar a un joven o un niño a soportar una humillación innecesaria. Hay que dejarlos que escojan su propia ropa, dentro de ciertos límites del presupuesto y del buen gusto.

P— ¿Tienen los niños lentos para aprender y los atrasados mentalmente las mismas necesidades de estima que los demás?

R— Como lo he explicado en otro lugar, a veces yo desearía que no las tuvieran; pero sus necesidades no son diferentes. Durante parte de mis estudios de psicología en el Hospital Estatal Lanternman, en Pomona, California, me impresionó la gran necesidad de amor que evidenciaban algunos de los pacientes más atrasados. Había ocasiones en que yo pasaba por la puerta de un pabellón de niños, y cuarenta o más pequeños con atraso severo corrían hacia mí gritando: «¡Papá, papá, papá!» Se apiñaban y se empujaban en torno a mis piernas con los brazos levantados, haciendo difícil que yo evitara caerme. Su profundo anhelo de recibir amor simplemente no podía ser satisfecho en las experiencias grupales de la vida del hospital, a pesar de la calidad excepcionalmente alta de atención que se daba en el Hospital Lanternman.[1]

La necesidad de estima me ha conducido a favorecer una tendencia actual en la educación, en virtud de la cual a los niños con retardamiento mental mínimo se les da asistencia especial en su aula corriente, sin separarlos en grupos especiales. El estigma de ser un «retardado», como se llaman a sí mismos, no resulta menos insultante para un niño de diez años que lo que resultaría para usted o para mí.

---

[1] Dr. James C. Dobson, The Strong-Willed Child [El niño de voluntad fuerte] (Wheaton: Tyndale House Publishers, Inc., 1978), pp. 158-160.

9

Obstáculos del aprendizaje

Parte 2

Como lo vimos en el capítulo anterior, hay millones de niños cuyo rendimiento es insuficiente a lo que se espera de ellos en la escuela, y entonces terminan como «bajas académicas». Estos pequeños pueden agruparse en tres categorías generales, entre las cuales están los que florecen tardíamente y los que son lentos para aprender. En este capítulo voy a describir las características peculiares del tercer grupo:

EL DE BAJO RENDIMIENTO

El de bajo rendimiento es un alumno que no tiene éxito en la escuela a pesar de su capacidad para realizar el trabajo. Puede tener un CI de 120 ó más, y aun así obtener notas mínimas o reprobadas en su tarjeta de calificaciones. En años recientes los niños de bajo rendimiento han alcanzado una visibilidad bastante clara, gracias al lema proclamando por Bart Simpson: «¡SOY DE BAJO RENDIMIENTO, Y ESTOY ORGULLOSO DE ELLO!» A pesar de esa dudosa publicidad, los de bajo rendimiento son menos comprendidos (y más numerosos) que los lentos para aprender o que los que florecen tardíamente.

La evidente confusión acerca de este grupo tiene que ver con el hecho de que para producir la excelencia académica se necesitan dos cualidades específicas, la segunda de las cuales se suele pasar por alto. Ante todo, debe estar presente la capacidad intelectual. Pero la capacidad mental no basta por sí misma. También se requiere la autodisciplina. Un niño capaz puede tener o no tener el dominio propio necesario para soportar día tras día algo que él considera doloroso y difícil.

Es frecuente que la inteligencia y la autodisciplina no vayan correlacionadas. A menudo un niño tiene una de las dos y carece de la otra. De vez en cuando, un niño sin mucho talento se esfuerza por lograr más de lo que se espera en su nivel. Este fenómeno se llama rendimiento excesivo. Pero la combinación opuesta, conocida como bajo rendimiento, es mucho más común. Ejemplo de ella es el niño que tiene considerable potencialidad intelectual pero que insiste en desperdiciarlo.

Resulta evidente que los de bajo rendimiento reciben instrucción en una forma que complica su problema. Es porque, como se indicó en el capítulo 7, con frecuencia no logramos reconocer que el aprendizaje requiere el tipo de esfuerzo más intenso. Examinemos por un momento lo que se requiere de un alumno de secundaria en una tarea diaria. Debe comprender lo que quiere el profesor, incluso los números de páginas y otros detalles. Debe acordarse de llevar a la casa el libro adecuado. Debe apagar el televisor y desentenderse del teléfono durante la noche. Debe concentrarse en su trabajo por suficiente tiempo como para hacerlo correctamente. Al día siguiente debe llevar a la clase el producto completo y entregarlo. Debe recordar lo que aprendió hasta el siguiente examen. Por último, debe completar esas tareas en su casa más de una o dos veces; hay que hacerlas repetidas veces a lo largo del año.

Este tipo de desempeño requiere más que inteligencia. El hecho de que el muchacho tenga un buen vocabulario y pueda resolver diversos ejercicios de manipulación no significa que pueda empujarse a sí mismo semana tras semana, año tras año. Hay niños que tienen éxito a lo largo de los años de escuela primaria, pero posteriormente se rinden. En efecto se ha estimado que el 75% de todos los alumnos experimentan un descenso brusco en el aspecto académico, en algún punto entre el séptimo grado y el décimo. A pesar de lo común que es esto, ni la escuela ni el hogar suelen estar preparados para enfrentarlo.

El padre de familia típico reacciona ante su niño de bajo rendimiento en una de estas tres formas:

La primera reacción es tratar el problema como si tuviera su origen en pura terquedad. Entonces es posible que los padres le quiten la bicicleta durante seis meses, que mantengan al hijo encerrado estudiando hasta las vacaciones de medio año, o que insulten su condición como persona y su puesto en la familia. Presumiendo que mi premisa es correcta (a saber, que esa conducta proviene de una falta de dominio propio que es comprensible e infantil), esa reacción no hará que sea más probable la constancia en el trabajo con los libros. Bajo tales condiciones la escuela asume el aspecto siniestro de la amenaza, cosa que difícilmente hará que el joven o niño sea más diligente.

Los padres que se enojan por el bajo rendimiento de su hijo quizás encontrarían difícil el estudiar si de repente tuvieran que regresar a la escuela. La resistencia al ejercicio mental se considera natural en un adulto maduro, pero en un niño inmaduro se da por entendido que refleja testarudez.

El segundo enfoque consiste en ofrecerle al niño algún soborno a largo plazo: una nueva bicicleta dentro de dos años, o una expedición de cacería en la próxima temporada. Estas ofertas retrasadas también carecen de eficacia, por razones que se esbozaron en un capítulo anterior. El refuerzo aplazado es equivalente a la ausencia de refuerzo.

La tercera reacción de los padres es decir: «¡Algún día tendrá que aprender a ser responsable! Yo no podré estar siempre a su lado para ayudarle; así que es problema suyo».

Si los padres parecen poco realistas al enfrentar esta dificultad, hay escuelas que tal vez no sirvan de mucho más. Los maestros y orientadores les dicen a veces a los padres: «No se preocupen por eso. Jaime superará ese problema al crecer». Y esa es la peor falsedad del siglo. Por lo general Jaime no supera el problema al crecer; el bajo rendimiento intenso en los años de primaria tiende a ser muy persistente. Además, he observado que la mayoría de los alumnos de bajo rendimiento andan «metidos en líos» toda su vida. Suelen ser torpes y desorganizados en todo lo que hacen. Es un rasgo persistente que va contra la corriente de lo que se necesita en el aula.

A lo largo de los años he tratado con más de quinientos muchachos de bajo rendimiento, y he llegado a la conclusión de que hay sólo dos soluciones funcionales para este síndrome. La primera no es, ciertamente, ninguna panacea: Los padres pueden involucrarse tantísimo en las tareas escolares, que el niño no tiene más remedio que realizar el trabajo. Esto sólo es posible si la escuela se toma el tiempo para comunicar a los padres las tareas y los progresos, porque sin duda alguna no será el muchacho quien lleve el mensaje. Los adolescentes, en particular, se dedican a obstaculizar lo más posible la comunicación entre la escuela y el hogar.

Por ejemplo, en una de las escuelas secundarias en las que trabajé, los alumnos tenían cada día una sesión en la clase base de veinte minutos. Ese período se usaba para reuniones de la directiva, anuncios y cosas por el estilo. Había muy poca oportunidad para estudiar en ese tiempo, y aun así, cientos de padres de familia recibían el mensaje de que todas las tareas se habían concluido en esa sesión. Los ingenuos padres eran llevados a creer que la sesión en la clase base era un período extenso de esfuerzo concentrado. Los padres deben saber lo que sucede en la escuela, si quieren ejercer influencia sobre las responsabilidades académicas de su hijo.

Además, los padres deben proporcionar apoyo en aspectos donde es necesario completa autodisciplina. El período de estudios por la noche debe ser sumamente estructurado con horario regular y un mínimo de interferencia. El padre o la madre debe saber qué fue lo que se asignó y qué aspecto debe tener el producto terminado. Una investigación, en curso, realizada por el

Centro para el Estudio de la Familia, los Niños y los Jóvenes, de la Universidad Stanford, concluye que la intervención de los padres es un método singular de ayudar al alumno de bajo rendimiento y que genera mejoras constantes en las calificaciones. Cuando los papás ofrecen estímulo con regularidad, elogian una tarea bien hecha y dan asistencia significativa, las notas tienden a subir. [1]

Debo apresurarme a decir que esto puede ser muy difícil. Una participación intensa de los padres rara vez se puede mantener por más de una o dos semanas, porque muchos padres no tienen ellos mismos la autodisciplina que se requiere. Tiene que haber una forma de complementar su esfuerzo, y creo que la hay.

Como se describió anteriormente, el alumno de bajo rendimiento suele prosperar bajo un sistema de refuerzo inmediato. Si no se siente retado por las recompensas y motivaciones que se le dan en la escuela, necesitará incentivos adicionales. Esos refuerzos positivos deben basarse en metas definidas y alcanzables. Además, la recompensa debe aplicarse a unidades pequeñas de conducta. En vez de recompensar al muchacho por obtener un «sobresaliente» en castellano al final del semestre, es mejor darle diez o veinticinco centavos por cada problema de matemáticas que haya calculado con precisión.

—¡Soborno! —acusarán algunos lectores.

—¿Y eso qué importa? —contesto yo, si eso logra que el muchacho se ponga a trabajar.

El uso del refuerzo inmediato realiza la misma función que el arrancador de un auto. Con su impulso no se puede llegar muy lejos, pero pone a funcionar el motor mucho mejor que si se empuja el auto. Para el idealista que critica el uso de esta motivación extrínseca, yo preguntaría: «¿Qué alternativa tenemos, excepto "dejar que el niño supere el problema al crecer"?»

Hay varios ejemplos que pueden ilustrar la aplicación específica del refuerzo dentro del entorno escolar. Uno de los usos más exitosos de esta técnica se dio con un típico niño de bajo rendimiento de nombre Carlitos, que estaba repitiendo el segundo grado. Sus fracasos iniciales le habían erradicado toda motivación, y en la escuela no hacía nada. Además, su hermanita

---

[1] Mona Behan, «What Do You Say to a C?» [«¿Que se dice ante una nota regular?»], Parenting Magazine, abril 1992, p. 47.

menor también estaba en segundo grado, pues fue promovida el mismo año en que Carlitos tuvo que repetir. Y para colmo, ella era sumamente hábil en lo académico mientras que Carlitos estaba empantanado en la desesperanza intelectual.

Tras hablar con su madre, nos pusimos de acuerdo en un sistema de motivación que se debía poner en práctica en el hogar. Según lo que conversamos, la madre de Carlitos construyó prontamente el siguiente diagrama:

Por cada cinco minutos que Carlitos pasara trabajando en sus palabras semanales de ortografía con su padre o su madre, lograba colorear una barra en el diagrama. Cuando estuvieran coloreadas todas las barras, recibiría un nuevo asiento para su bicicleta. También coloreaba una barra por cada diez minutos que pasara trabajando con fichas de aritmética. Cincuenta barras le obtendrían una salida a los bolos con su papá. La madre de Carlitos consideraba que la lectura era su principal problema. Entonces la lectura le abría el paso hacia un día en el parque de diversiones. Por ser el premio más grande, desde luego se demoraba más tiempo en obtenerlo (se coloreaba una barra por cada quince minutos de lectura).

Al escalonar el refuerzo, una recompensa agradable se podía ganar prontamente; la segunda poco después, y al final aguardaba un gran premio. Muy pronto Carlitos captó la emoción del juego. Al terminar la escuela corría a casa y se ponía a trabajar con su mamá. Mientras anteriormente ella no lograba hacerlo abrir un libro, de repente él quería seguir «estudiando» hasta la hora de acostarse. El sistema de refuerzo funcionó tan bien que tuvo una consecuencia inesperada. ¡La madre de Carlitos me llamó a la semana siguiente, para quejarse de que cuando Carlitos estaba en casa ella no podía realizar sus propias tareas!

Después de un tiempo comenzó a suceder algo extraño. Carlitos comenzó a aprender, aunque ese no era su propósito. Por primera vez deletreó correctamente todas las palabras de la prueba semanal, y disfrutó de la sensación de éxito que le siguió. Cuando en clase se hablaba de aritmética él sabía las respuestas, y levantaba la mano para tener oportunidad de demostrar sus conocimientos. Su lectura mejoró notablemente, y la maestra lo sacó del grupo de lectura lenta. Sin proponérselo, Carlitos descubrió el gozo de aprender. Ya se había quebrado el círculo vicioso del fracaso.

Sería incorrecto insinuar que todos los problemas de aprendizaje se pueden eliminar tan fácil y exitosamente como el de Carlitos. Algunos alumnos de bajo rendimiento son «de corteza dura», y no hay nada que los suavice. Sin embargo, el refuerzo ofrece las mejores posibilidades de mejoramiento. Este sistema se ha empleado en todas partes del mundo, a menudo con resultados notables.

Por ejemplo, en la ciudad de Nueva York se usó para ayudar a muchos jóvenes delincuentes que no sabían leer. Los jóvenes rebeldes, que se habrían burlado de un ofrecimiento directo de enseñarles a leer, debían ser conquistados por la puerta de atrás. Y eso fue exactamente lo que ocurrió. Los investigadores les dijeron: «Mira, tenemos unas máquinas que tal vez sirvan para enseñar a leer, pero necesitamos tu ayuda para ver si de veras funcionan. Hay dinero de por medio: de hecho te pagaremos por cada respuesta correcta». La cantidad de dinero era aceptable para el programa de verano, y la mayoría de los adolescentes que aceptaron el ofrecimiento aprendieron a leer. Esto, a su vez, ayudó a sacarlos de la calle y a conducirlos al aula, abriéndoles así nuevos retos académicos.

Un sistema parecido se aplicó en las cárceles de Alabama, gracias al cual los presos podían ganar dinero al aprender nuevas destrezas y completar cursos de instrucción. El futuro aportará

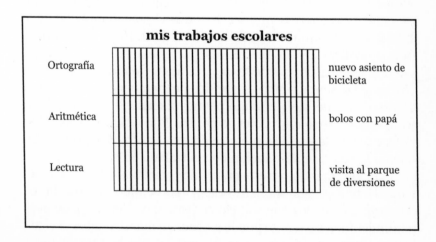

una aplicación aún más amplia de estos principios a los problemas de conducta difíciles, entre ellos el del bajo rendimiento académico. Los niños y los adolescentes, como la gente de cualquier edad, quieren ser responsables. Quieren sentir el respeto propio y la dignidad de hacer lo que es correcto. Aquellos que reprueban en la escuela suelen ser los que se sienten más desdichados, pero carecen de la autodisciplina necesaria para superar su propia inercia.

RESUMEN

En estos últimos dos capítulos he descrito tres grandes obstáculos a la disciplina en el aula. Desde luego, hay problemas adicionales que no he presentado en detalle. Cualquier cosa que preocupe o atribule a un niño puede ocasionar fracasos escolares. Por ejemplo, unos sentimientos hondos de insuficiencia e inferioridad pueden impedir la concentración académica. El niño que debe luchar con esas emociones tiene poco tiempo para asuntos menos importantes. Aquellos adultos que han tratado de trabajar o de pensar mientras esperan un informe médico amenazante, como un análisis para detectar el cáncer, pueden comprender este mecanismo de interferencia mental.

Los padres y maestros nunca deben subestimar las amenazas que un niño asocia con la escuela. No importa si él expresa verbalmente sus temores o no, con frecuencia está consciente de muchos «peligros» que acechan tras el portón de la escuela. Es decir, otros alumnos podrían reírse de él; los maestros pueden ridiculizarlo o criticarlo; los miembros del sexo opuesto pueden rechazarlo; puede fracasar a pesar de todos sus esfuerzos. Estos temores y otros parecidos pueden penetrar el mundo entero de un perplejo alumno pequeño, haciendo que actúe en formas que dan la impresión de pereza. Por lo tanto, la solución al fracaso en la escuela suele requerir el enfrentar problemas que no parecen tener relación con el trabajo en el aula.

Otra idea más que en este punto me parece sumamente importante. Hemos tratado sobre tres categorías de niños, los que florecen tardíamente, los que son lentos para aprender, y los de bajo rendimiento. Pero ¿cómo puede un padre o maestro saber si el niño tiene uno de esos problemas o algún otro déficit intelectual?

La respuesta en un caso particular sólo puede ser determinada a partir de una valoración educativa completa realizada por una persona con preparación, con certificado o con licencia para evaluar a los niños. En cada una de las tres categorías que he descrito, se necesita una prueba de inteligencia (CI) para identificar el problema del niño. ¿Cómo podemos saber que el niño de bajo rendimiento no es más bien lento para aprender, a menos que midamos las destrezas intelectuales básicas? ¿Cómo podemos separar al que florece tardíamente de un niño que tiene un déficit severo de aprendizaje, sin valorar las capacidades fundamentales? La prueba del CI es un instrumento sumamente valioso para realizar esa diferenciación.

Desafortunadamente, las pruebas de CI prácticamente han dejado de usarse en muchos distritos escolares de los Estados Unidos. La manera de funcionar de esos instrumentos (como la prueba WISC-R o el Stanford Binet) se percibía que era injusta para con las minorías, por lo cual, su uso ha sido objeto de crecientes críticas en los últimos años. De manera que ya no es «políticamente correcto» usarlos. Por consiguiente, aquellos padres que necesitan desesperadamente esa información que antes se podía conseguir por las pruebas realizadas en las escuelas públicas, ahora tienen que consultar a un psicólogo u orientador privado que pueda realizar la evaluación. Quienes carecen de los fondos para conseguir esa costosa asistencia, entre ellos gente de las minorías, quedan privados de la ayuda que sus niños necesitan. Lamento esa situación política que impide que los distritos escolares evalúen a sus alumnos con las mejores pruebas disponibles.

Pero, ¿qué decir de las minorías? ¿Son injustas las pruebas generales de CI cuando se aplican a los afroamericanos, los hispanos y los indígenas? No creo. Es cierto que a veces los que pertenecen a minorías salen peor en esas pruebas, porque sus culturas no los preparan para ese tipo de examen. Pero, léase con cuidado: Los mismos factores culturales que afectan los resultados de una prueba afectan también el desempeño escolar. El desempeño en las preguntas de una prueba va correlacionado con el trabajo en el aula. Si buscamos una prueba que no refleje el impacto de una cultura de barrios marginados, entonces será inútil porque ya no servirá para predecir el rendimiento en el aula.

Voy a decirlo una vez más. El propósito de esas pruebas es calcular las probabilidades que tiene un niño de salir bien en un entorno académico. Crear un instrumento que no va a reflejar el impedimento que le impone su cultura, cuando es seguro que esa cultura le va a poner impedimentos en el aula, es hacer un juego de la «corrección política».

Si usted no comprendió lo que acabo de decir, por favor, recuerde esto: Todos los niños que tienen problemas de aprendizaje, entre ellos algunos pertenecientes a minorías, necesitan ser evaluados con pruebas de inteligencia estandarizadas. Mientras eso no se haga, no podemos saber cuál es la dificultad ni qué tratamiento debe dársele. Repito, hay que restaurar la prueba de CI.

PREGUNTAS Y. RESPUESTAS

P— Tengo entendido que en cosa de tres meses uno se olvida del 80 % de lo que aprendió, y que a medida que pasa el tiempo se va olvidando una porción aún mayor. Entonces, ¿por qué vamos a hacer pasar a los niños por el sufrimiento de aprender? ¿Para qué se necesita el ejercicio mental si el esfuerzo es tan ineficiente?

R— Su pregunta refleja el punto de vista de los antiguos teóricos de la educación progresiva. Ellos pretendían que el curso escolar no fuera otra cosa que «ajuste a la vida». Asignaban una baja prioridad a la disciplina intelectual, por las razones que usted ha mencionado. Incluso algunos catedráticos universitarios han adoptado esa filosofía del «sin contenido», como mencioné en un capítulo anterior. Razonan que la materia que aprendemos hoy puede resultar anticuada mañana, así que ¿para qué aprenderla? Estoy fuertemente en desacuerdo con ese enfoque de la educación. Hay por lo menos cinco razones por las cuales es importante aprender, aun cuando olvidemos mucho de lo que se nos enseña: (1) Como se indicó antes, el enseñar la autodisciplina es un componente muy importante de la experiencia académica. Los buenos alumnos aprenden a permanecer sentados largas horas, a seguir instrucciones, a completar tareas, y a usar sus facultades mentales. Por consiguiente, el poner tareas para hacer en el hogar es relativamente poco importante como herramienta educativa; pero sí es un instrumento valioso de disciplina. Puesto que con frecuencia la vida adulta exige el sacrificio, esfuerzo intenso y dedicación seria a ciertas causas, la escuela debe ayudar a configurar la capacidad del niño para manejar esa responsabilidad futura. Sin duda el juego también es importante en la vida del niño. Los pequeños no deben pasar todo el tiempo trabajando. El hogar y la escuela deben proveer un sano equilibrio entre disciplina y juego.

(2) Aprender es importante porque lo que aprendemos nos cambia, aun cuando los datos se olviden posteriormente. Ningún graduado de la universidad podría recordar todo lo que aprendió en la universidad, pero por haber cursado esos estudios es ahora una persona muy diferente. El aprender cambia nuestros valores, actitudes y conceptos, y el resultado de esos cambios no se desvanece con el tiempo.

(3) Aunque no se pueda recordar la materia aprendida, el individuo sabe que esos datos existen y sabe dónde encontrarlos. Si le hiciéramos una pregunta complicada a un hombre que no ha recibido instrucción, es probable que él dé una respuesta definitiva y sin matizar. En cambio, una persona con un grado académico avanzado probablemente contestaría esa misma pregunta con más cautela. Este último individuo diría: «Bueno, hay varias formas de enfocar ese asunto». Él sabe que la cuestión es más compleja de lo que parece, aun cuando no tenga la respuesta completa.

(4) No llegamos a olvidar el 100% de lo que aprendemos. Los datos más importantes se instalan en nuestra memoria permanente, para usos futuros. El cerebro humano es capaz de almacenar dos mil millones de datos en el curso de una vida, la educación es el proceso de llenar ese banco de memoria con información útil.

(5) Lo que se aprendió antes facilita aprender cosas nuevas. Cada ejercicio mental nos da más pistas con las cuales enlazar ideas y conceptos futuros.

Ojalá existiera un proceso más fácil y más eficiente para configurar la mente humana, que la lenta y dolorosa experiencia de la educación. Pero temo que debemos depender de este método anticuado, hasta tanto no se invente una «píldora de aprender».

P— Algunos educadores han dicho que debiéramos eliminarlas tarjetas de calificaciones y las notas académicas. ¿Cree usted que es una buena idea?

R— No; las notas académicas son valiosas para los alumnos a partir del tercer grado. Refuerzan y recompensan al niño que ha rendido bien en la escuela, y dan una señal de advertencia al que no ha rendido. Sin embargo, es importante que las notas se usen adecuadamente. Tienen el poder de crear motivación o de destruirla.

A lo largo de los años de primaria, y en las asignaturas requeridas de la secundaria, las calificaciones del niño o joven deben basarse en cómo usa lo que tiene. En otras palabras, creo que debemos calificar según la capacidad. Un niño lento debe ser capaz de triunfar en la escuela, con tanta certeza como un pequeño dotado. Si lucha y se esfuerza por rendir, hay que recompensarlo de algún modo, aun cuando su trabajo no llegue a la altura de un estándar absoluto. Según ese mismo razonamiento, a los niños dotados no hay que ponerles la nota máxima simplemente porque logran sobresalir sin esforzarse.

El propósito principal de las calificaciones debe ser recompensar el esfuerzo académico. Los que no estén de acuerdo deben considerar la alternativa tal como se refleja en la siguiente ilustración: Rafael es menos que brillante, y lo sabe. En segundo grado, dejó de intentar que le fuera bien en la escuela. Sin embargo, cuando llegó a sexto su maestro fue un hombre que lo retó a que hiciera lo mejor que pudiera. Se esforzó mucho por complacer a su maestro, a pesar de tener problemas en lectura, escritura y aritmética.

Al final del trimestre, Rafael todavía trabajaba con mucho esfuerzo, aunque su escritura había mejorado un poco y trataba de leer un libro de tercer grado con dificultad. ¿Qué iba a hacer el maestro con la tarjeta de calificaciones de Rafael? Si calificaba al niño con relación a sus compañeros, iba a tener que desaprobarlo. Si lo desaprobaba, Rafael nunca iba a volver a esforzarse.

Ya que Rafael había hecho lo mejor que podía, ¿debía recibir la misma nota que recibió el año anterior, cuando había pasado día tras día con la mirada perdida en el vacío? Creo que no. A Rafael había que elogiarlo por su diligencia en la forma más evidente, y al menos había que ponerle «regular» en su tarjeta de notas. El maestro deberá informar en privado a los padres acerca del panorama más en general, y lograr que ellos se comprometan a estimular a Rafael para que continúe con su esfuerzo.

Cualquier otro sistema de calificación generará desaliento para los niños de menor capacidad. Hasta los alumnos más astutos suelen trabajar mejor cuando deben hacer un mayor esfuerzo para lograr la excelencia.

Hay que poner en práctica, sin embargo, una excepción a la política de la «calificación basada en la capacidad»: los cursos de preparación para la universidad en los últimos años de secundaria deben calificarse en base a un criterio absoluto. Un «sobresaliente» en química o en cálculo es aceptado por las juntas de admisión de las universidades como símbolo de excelencia, y los profesores de secundaria deben mantener ese significado. Pero claro, Rafael y sus amigos no necesitan tomar esas asignaturas difíciles.

Para repetir, las notas pueden ser la herramienta más importante de motivación que tiene a su alcance el maestro, con tal de que se usen correctamente. Por lo tanto, la recomendación de que las escuelas eliminen las calificaciones es una forma de alejarse de la disciplina en el aula.

P— Mi hijo tiene lo que se ha llamado un desorden de déficit de atención (DDA), que le hace difícil tener éxito en la escuela. Comprendo su dificultad. Pero trae al hogar notas «bajas» y «reprobadas» en la mayoría de sus cursos, y sé que eso limitará sus oportunidades en la vida. ¿Cuál debe ser la actitud de un padre o madre para con un hijo que desaprueba año tras año?

R— Es obvio que, si es posible, hay que proporcionar asistencia de un maestro particular e instrucción especial. Pero más allá de eso, yo sugeriría vehementemente que en la casa se reste énfasis al rendimiento académico si se ha demostrado que el niño tiene una deficiencia de aprendizaje.

El exigirle a un niño que tiene DDA o dislexia (una incapacidad para leer) que compita académicamente, es como obligar a un niño con parálisis cerebral a que haga la carrera de cien metros. Imaginémonos a una madre y un padre de pie con gesto de desaprobación al final de la pista, regañando a su niño incapacitado mientras atraviesa cojeando la línea de meta en el último puesto.

—¿Por qué no corres más rápido, hijo? —pregunta su madre con evidente desagrado.

—Me parece que realmente no te importa si ganas o si pierdes —dice su padre, avergonzado.

¿Cómo puede ese muchacho explicar que sus piernas no lo pueden llevar a él tan rápido como las de sus compañeros? Lo único que sabe es que los otros corredores le pasaron adelante entre los hurras del gentío. Pero ¿quién esperaría que un niño incapacitado gane una carrera contra competidores sanos? Nadie, simplemente porque su impedimento es obvio. Todo el mundo puede verlo.

Lamentablemente, el niño que tiene un déficit de aprendizaje no es tan bien comprendido. Su fracaso académico es más difícil de entender y puede ser atribuido a la pereza, a la picardía, o a un desafío deliberado. Y una de las amenazas más serias contra la salud emocional se da cuando un niño enfrenta exigencias que no puede satisfacer.

Voy a volver a enunciar el punto de vista precedente en sus términos más concisos. Creo en la excelencia académica. Quiero que cada gramo de capacidad intelectual que un niño posee alcance su máximo nivel. No creo en dejarlo comportarse de manera irresponsable simplemente porque elige no trabajar. Sin duda alguna, hay un beneficio duradero que se deriva de la disciplina educativa.

Por otra parte, hay ciertas cosas en la vida que son más importantes que la excelencia académica, y una de ellas es la autoestima. Un niño puede sobrevivir, si así debe ser, sin distinguir entre un sustantivo y un verbo. Pero si no tiene cierta medida de confianza en sí mismo y de respeto propio, no tendrá posibilidades en la vida.

Quiero afirmar mi convicción de que el niño que no está equipado para prosperar en el contexto educativo tradicional no es inferior a sus compañeros. Su importancia y dignidad como ser humano están al mismo nivel que en el joven con intelecto superior. Es una insensata distorsión cultural lo que nos hace evaluar la importancia de los niños según las capacidades y rasgos físicos que puedan poseer o no poseer.

Todo niño es digno ante los ojos de Dios, y para mí eso basta. De modo que, si mi pequeño hijo o hija no puede triunfar en determinado ambiente, pues buscaremos otro ambiente. Es lo mismo que haría cualquier madre o padre amoroso. [1]

---

[1] Dr. James C. Dobson, The Strong-Willed Child [El niño de voluntad fuerte] (Wheaton: Tyndale House Publishers, Inc., 1978), pp. 158-160.

10

Disciplina en el aspecto moral

Mi amigo y colega el abogado Gary Bauer prestó servicio durante ocho años en la administración del presidente estadounidense Ronald Reagan, y llegó a ser designado Asesor Principal del Presidente en Políticas Internas. Durante sus últimos años en la Casa Blanca, Bauer encabezó también una histórica Comisión sobre la Familia, que puso de manifiesto sorprendentes hallazgos acerca de los adolescentes de los Estados Unidos.

Tras dos años de investigación, la comisión de Bauer averiguó que los estadounidenses, de cualquier categoría de edad, estaban en mejores condiciones en el momento de realizarse el estudio de lo que habían estado diez años antes. Se halló que tanto los adultos como los hijos pequeños estaban más sanos, mejor alimentados, y mejor educados que antes. Más dinero proveniente de impuestos se estaba invirtiendo a beneficio de los niños, y más programas y servidores públicos estaban en acción para abordar las necesidades de éstos. Sin embargo, esta conclusión tenía una sorprendente excepción.

Se halló que los adolescentes estaban en condiciones considerablemente peores que en la década anterior. De sus múltiples problemas no se podía culpar al gobierno, a los educadores, ni a la comunidad médica. Bauer y sus colaboradores descubrieron que, más bien, los jóvenes estaban muy ocupados en matarse a sí mismos a un ritmo alarmante. Es aterrador ver lo hostil que se ha vuelto el mundo de los jóvenes, y lo mal que les está yendo a la hora de afrontar sus dificultades.

Imaginemos que los padres de familia de ayer pudieran visitar nuestra época para observar las condiciones predominantes entre nuestros hijos. Quedarían pasmados ante los problemas que se han difundido (y que se difunden más y más) en nuestros hogares, escuelas y vecindarios.

La violencia de las pandillas y el crimen, de uno contra otro, entre los jóvenes, es una vergüenza indescriptible. Hay bandos errantes de niños y adolescentes que andan disparándose, acuchillándose y apaleándose unos a otros en una proporción sin precedentes. Actualmente es común que adultos y niños inocentes, que por casualidad están allí, sean atrapados en el fuego cruzado cuando las balas que salen de armas automáticas invaden vecindarios otrora apacibles. No es insólito, en las ciudades grandes, que en un solo fin de semana de violencia mueran diez o quince jóvenes. Los pabellones de emergencias de cualquier hospital en las zonas pobres de una ciudad han llegado a su nivel de agotamiento, hasta su límite, tratando de atender a las víctimas de la guerra de pandillas que ahora se está librando. A eso lo llaman «medicina de campo de batalla». Los asesinatos son tan comunes que muchos ni siquiera salen en las noticias. Sólo cuando la cifra de muertos llega a proporciones mayores, parece que la gente se alarma por lo que está pasando. Cuando se publicó por primera vez *Atrévete a disciplinar* en 1970, ¿quién iba a creer que se pudiera llegar a una situación así?

Isaac Fulwood, Jefe de Policía en Washington D.C., culpó al «amor por las drogas» imperante en la ciudad cuando la tasa de homicidios en esa localidad estableció una nueva marca por tercer año consecutivo. [1] Con igual facilidad habría podido señalar con el

---

[1] Gabriel Escobar, «Slayings in Washington Hit New High, 436, for 3rd year» [«Asesinatos en Washington rompen nueva marca de 436 por tercer año»], Washington Post, 24 de noviembre de 1990.

dedo la Municipalidad: en ese mismo momento el alcalde de Washington, Marion Barry, estaba en los titulares de los periódicos en todo el país, al haber sido culpado por posesión de cocaína.

«Los Estados Unidos están produciendo una generación perdida de niños», proclamó cierto personaje de autoridad, al citar estadísticas de violencia entre adolescentes, recopiladas por el Departamento de Justicia de los Estados Unidos. Esas cifras mostraban que, desde 1983, los robos cometidos por delincuentes menores de dieciocho años han aumentado cinco veces, los asesinatos se han triplicado y las violaciones se han duplicado. La principal causa de muerte, de varones negros entre quince y veinticuatro años, es ahora el homicidio; solamente los accidentes automovilísticos matan a más jóvenes blancos.[1]

«Durante cada cien horas perdemos en nuestras calles más jóvenes de los que murieron en cien horas de guerra por tierra en el Golfo Pérsico», se lamentó el doctor Louis Sullivan, secretario del Departamento de Salud y Servicios Humanos durante la administración de Bush. «¿Dónde están las cintas amarillas de esperanza y recuerdo por nuestros jóvenes que mueren en las calles?»[2]

La violencia extrema ya no es algo que solamente ocurre en la televisión. Es una realidad de la vida diaria para muchos de nuestros jóvenes. En 1987, a unos alumnos dotados de una clase de ciencias en una escuela pública de Washington D.C. se les preguntó cuántos de ellos conocían a alguien que hubiera sido asesinado. De los diecinueve alumnos, catorce levantaron la mano. ¿Cómo murieron esas personas? «Le dispararon», dijo un alumno; «Lo acuchillaron», dijo otro. «Por un disparo». «Por un disparo». «Por drogas». «Le dispararon». Y todo esto venía de jovencitos de trece años de edad.[3]

Hallazgos semejantes fueron compilados en un estudio realizado entre 168 adolescentes por investigadores de la Escuela de Medicina de la Universidad de Maryland. Cuando se les preguntó acerca de su contacto con delitos violentos, la sorprendente

---

[1] Steven Manning, «A National Emergency» [«Una emergencia nacional»], Scholastic Update, 5 de abril 1991, p. 2.
[2] Gordon Witkin, «Kids Who Kill» [«Niños que matan»], U.S. News and World Report, 8 de abril 1991, p. 27.
[3] Karl Zinsmeister, «Growing Up Scared» [«Crecer con temor»], Atlantic Monthly, junio de 1990, p. 50.

cifra del 24% de esos adolescentes de Baltimore habían presenciado un homicidio; el 72% de ellos conocían a alguna persona que había muerto a tiros.[1]

No importa dónde elija uno asomarse en el contexto de la sociedad adolescente, se hacen evidentes las dificultades. Por supuesto, una de las causas generadoras de esa inquietud es el continuo predominio del abuso del licor y de las drogas por parte de los jóvenes. Un reciente informe de la compañía de encuestas Gallup indicaba que, antes de graduarse de la secundaria, un porcentaje estremecedor de adolescentes están involucrados en el uso de algún tipo de drogas alteradoras de la mente. El 85% experimentan con el licor. El 57% intentan una droga ilícita, y el 35% se emborrachan por lo menos una vez al mes.[2] Y para que los que tenemos hogares cristianos no nos crucemos de brazos, no hay mucha diferencia entre las familias que participan en una iglesia y las que no, por lo que respecta a la evidencia de abuso de sustancias por parte de los adolescentes.[3] ¡Es suficiente para provocarle asco a cualquier adulto!

Realmente, tengo en mi espíritu un profundo pesar por lo que hemos permitido que les suceda a nuestros hijos. ¿Qué se va a necesitar para sacudir a esa masa de seres humanos que están sentados en la barrera, contemplando cómo nuestros hijos se debaten por sobrevivir? Es hora de que todo adulto que tema a Dios se postre en tierra en señal de arrepentimiento ante el Todopoderoso. ¡Nosotros hemos permitido que se genere este embrollo! Nosotros hemos permitido que los productores de televisión y de películas inmorales se hicieran ricos explotando a nuestros hijos. Nosotros hemos permitido que sus obscenidades y sus producciones horriblemente violentas se metieran en nuestros hogares por medio de la televisión de cable, los videos, los discos compactos y la basura de las redes televisivas. Nosotros nos hemos quedado pasivos mientras los centros de control

---

[1] Zinsmeister, «Growing Up Scared», p. 50.

[2] «Alcohol Use and Abuse in America» [«Uso y abuso del alcohol en los Estados Unidos»], Gallup Report, No. 265, octubre de 1987, p. 3.

[3] Barbara R. Lorch y Robert H. Hughes, «Church Youth, Alcohol and Drug Education Programs, and Youth Substance Abuse» [«Los jóvenes de las iglesias, los programas de educación sobre alcohol y drogas, y el abuso de sustancias entre los jóvenes»], Journal of Alcohol and Drug Education, vol. 33, N° 2, invierno de 1988, p. 15.

familiar les enseñaban a nuestros adolescentes a ser promiscuos en su vida sexual. Nosotros los dejamos que invadieran nuestras escuelas y que promovieran un sistema de valores ajenos, que contradecía todo aquello en lo que creíamos y todo aquello que amábamos. Nosotros les concedimos a los abortistas motivados por el lucro un acceso sin supervisión, y sin dar cuentas a nadie, a nuestras hijas menores de edad, mientras que nos poníamos a pensar en otra cosa. Nosotros, como padres de familia, somos culpables de abandonar a nuestros hijos en manos de aquellos que querían usarlos para sus propios fines. ¿Dónde hemos estado, por Dios? ¿Cuán mal tiene que ponerse todo antes de que digamos que ya basta?

En el centro de esas tragedias individuales se halla una catástrofe moral que ha estremecido a nuestras familias hasta sus cimientos. Nos hemos olvidado de Dios y hemos hecho caso omiso de sus santos mandatos. Pero son nuestros hijos los que han sufrido y los que seguirán pagando nuestra falta de responsabilidad y de diligencia.

Entre todos los aspectos en que hemos dirigido mal a esta generación más joven, ninguno es más lastimoso que la inmoralidad sexual que ha penetrado el mundo en que ellos viven. No hay forma más eficaz de destruir la institución de la familia que el socavar la exclusividad sexual sobre la cual ella se funda. Y sin embargo eso lo han logrado ya, deliberada y calculadamente, aquellos que despreciaban el sistema cristiano de valores. Los actuales defensores del «sexo sin peligro» están haciendo avanzar esa campaña con una eficacia devastadora.

En 1991, una organización humanista conocida como Consejo de Información y Educación Sexual de los Estados Unidos (SIECUS, siglas en inglés) reunió una fuerza de trabajo de veinte educadores, trabajadores sociales y personal de salud a quienes se les pidió trazar un plan comprensivo de educación sexual para niños y jóvenes. Prepararon un informe de cuarenta páginas para funcionarios locales que estuvieran a cargo de preparar el curso de educación sexual; el informe se llama *Compendio de una educación sexual completa*. Los componentes de este grupo de trabajo están entre los principales moldeadores de la opinión y de la conducta sexual entre los jóvenes. Echemos una mirada a lo que ellos propugnan para quienes están en los años de la adolescencia:

- Las personas no eligen su orientación sexual.
- Los papeles tradicionalmente asignados a uno y otro sexo, con referencia a la sexualidad, se están volviendo más flexibles en nuestra sociedad.
- El número telefónico de la central de homosexuales y lesbianas es: _____ .
- No tiene que haber papeles sexuales prescritos para los miembros de una pareja.
- La masturbación, a solas o en compañía de un compañero(a), es una forma en que la persona puede disfrutar y expresar su sexualidad sin riesgos de embarazo ni de enfermedades venéreas o virus HIV (virus del SIDA).
- Algunas personas usan fotografías, películas o publicaciones eróticas para estimular sus fantasías sexuales cuando están a solas o con un compañero(a).
- El derecho de la mujer a hacerse un aborto está garantizado por la Corte Suprema de los Estados Unidos, si bien en algunos estados hay restricciones.
- Los estereotipos de papeles sexuales conducen a problemas tales como bajas aspiraciones, empleos mal pagados, violación en las citas, y males relacionados con el estrés.
- No hay evidencia alguna de que las imágenes eróticas en el arte ocasionen conducta sexual inapropiada.
- Los adolescentes pueden obtener análisis y tratamientos confidenciales sobre enfermedades venéreas y virus HIV, sin consentimiento de sus padres.
- Hoy día muchas religiones reconocen que los seres humanos fueron creados como seres sexuales, y que su sexualidad es buena.[1]

Es bien claro que el grupo que preparó ese compendio tiene un programa, el cual incluye la promoción de la homosexualidad, el aborto a petición, las relaciones sexuales entre personas

---

[1] Guidelines for Comprehensive Sexuality Education [Compendio de una educación sexual completa], National Guidelines Task Force, Sex Information and Education Council of the U.S., 1991.

no casadas, el acceso irrestricto a la pornografía por parte de los jóvenes, etc. ¿Qué les parece, señores padres de familia? ¿Es esto lo que ustedes quieren que se enseñe a sus hijos adolescentes? No creo que la mayoría de las madres y padres de hoy concuerden con esos objetivos, pero por lo visto a la mayoría no le importa lo suficiente como para oponerse a ellos.

Pues bien, a la organización que yo represento sí le importa lo suficiente como para denunciar. Estamos dispuestos a hacer todo lo que esté a nuestro alcance por salvar a esta generación de jóvenes, quienes afrontan ahora la amenaza de muerte por el temible virus HIV. Ya no seguiremos pasivos.

En 1992, *Enfoque en la Familia* publicó un anuncio de una página entera en el periódico *USA Today* para explicar los riesgos de salud que van asociados con el mito del sexo sin peligro. Su contenido es tan vital que en las páginas que siguen incluyo la declaración completa, junto con las respectivas referencias. Por favor, al leer, observe que incluso si la moralidad no tuviera importancia alguna, los libertadores sexuales están creándonos enormes problemas médicos. Tarde o temprano, la epidemia de las enfermedades de transmisión sexual sacará a la luz las mentiras que se les han dicho a nuestros hijos.

En defensa de un poco de virginidad
Mensaje de Enfoque a la Familia

Desde 1970, el gobierno federal de los Estados Unidos ha gastado casi 3.000 millones de dólares de nuestros impuestos para promover los anticonceptivos y el sexo sin peligro entre nuestros adolescentes. ¿No es hora de que preguntemos qué hemos recibido a cambio de nuestro dinero? He aquí los datos:

- Los Centros Federales de Control de Enfermedades estiman que actualmente hay un millón de casos de infección con HIV en todo el país.[1]

[1] Pamela McDonnell, División de Enfermedades de Transmisión Sexual, Centros para Control de Enfermedades, Departamento de Salud y Servicios Humanos de los Estados Unidos, entrevista telefónica, 16 de marzo de 1992.

- Uno de cada cien estudiantes que llegan actualmente al centro de salud de la Universidad de Texas es portador del mortífero virus.[1]
- El índice de transmisión heterosexual de HIV ha aumentado un 44% desde septiembre de 1989.[2]
- Las enfermedades de transmisión sexual (ETS) infectan cada año a tres millones de adolescentes.[3]
- El 63% de todos los casos de ETS se dan entre personas con menos de veinticinco años de edad.[4]
- Cada año se dan un millón de nuevos casos de la enfermedad inflamatoria de la pelvis.[5]
- Cada año se dan 1,3 millones de nuevos casos de gonorrea;[6] se han desarrollado variedades de gonorrea que son resistentes a la penicilina.
- La sífilis está en su máximo en los últimos cuarenta años; cada año hay 134.000 nuevas infecciones.[7]
- Cada año se dan 500.000 nuevos casos de herpes venéreo;[8] se calcula que el 16,4% de la población de los Estados Unidos, con edades entre quince y setenta y cuatro años, está infectada, lo cual da un total de más de 25 millones de estadounidenses; entre ciertos grupos el nivel de infección llega al 60%.[9]

---

[1] Scott W. Wright «1 in 100 tested at UT has AIDS virust [«1 de cada 100 examinados en la Universidad de Texas tiene virus del sida»], Austin American Statesman, 14 de julio de 1991, p. A14. El estudio, realizado con fondos federales, se basó en un grupo escogido no al azar.

[2] «Heterosexual HIV Transmission Up in the United States» [«Sube la transmisión heterosexual de HIV en los Estados Unidos»], American Medical News (3 de febrero de 1992), p. 35.

[3] Departamento de Salud y Servicios Humanos de los Estados Unidos, Servicio de Salud Pública, Centros de Control de Enfermedades, 1991, División de Prevención de ETS/HIV, Informe anual p. 13.

[4] Informe anual de Salud y Servicios Humanos, p 13.

[5] McDonnell

[6] Informe anual de Salud y Servicios Humanos, p 13

[7] Informe anual de Salud y Servicios Humanos, p 13.

[8] Informe anual de Salud y Servicios Humanos, p 13.

[9] Robert E. Johnson et al, «A Seroepidemiologic Survey of the Prevalence of Herpes Simplex Virus Type 2 Infection in the United States» [«Estudio seroepidemiológico del predominio de la infección de virus de Herpes Simplex tipo 2 en los Estados Unidos»], New England Journal of Medicine 321(6 de julio de 1989), pp 7-12.

- Cada año se dan 4 millones de casos de clamidia;[1] del 10 al 30% de los jóvenes de quince a diecinueve años de edad están infectados.[2]
- Hay ahora 24 millones de casos de virus de papiloma humano (HPV), con mayor predominio entre los adolescentes.[3]

A la fecha, es evidente entre los jóvenes más de veinte peligrosas enfermedades de transmisión sexual. A eso hay que añadir los problemas asociados con la conducta promiscua: la infecundidad, los abortos, y los recién nacidos infectados. El costo de esta epidemia es estremecedor, tanto en lo referente al sufrimiento humano como en lo referente a los gastos para la sociedad; pero los epidemiólogos nos dicen que no hemos visto más que el principio.

Lo increíble es que los expertos del sexo sin peligro y los promotores de los condones que nos metieron en este problema siguen determinando nuestra política respecto a la sexualidad de los adolescentes. Sus conceptos han fracasado, y es hora de reconsiderar sus desastrosas ideas.

¿Cuándo fue la última vez que usted oyó a alguien explicando a los adolescentes que les resulta ventajoso permanecer vírgenes hasta el matrimonio? Se les ocultan los datos, y esto tiene trágicas consecuencias. Si no nos enfrentamos con el mal que acecha a una generación entera de estadounidenses, la promiscuidad adolescente va a continuar, y millones de jóvenes, creyendo que están protegidos, van a sufrir por el resto de su vida. Muchos morirán de SIDA.

No existe más que una forma segura de permanecer sanos en medio de una revolución sexual. Consiste en abstenerse de las relaciones sexuales hasta el matrimonio, y luego casarse y

---

[1] Informe anual de Salud y Servicios Humanos, p. 13.

[2] C. Kuehn y F. Judson, «How common are sexually transmitted infections in adolescents?» [«¿Cuán comunes son en los adolescentes las infecciones de transmisión sexual?»], Clinical Practice Sexuality 5 (1989): 19-25; según lo citan Sandra D. Gottwald et al, «Profile Adolescent Ob/Gyn Patients at the University of Michigan, 1989» [«Características de pacientes adolescentes de ginecología y obstetricia en la Universidad de Michigan, 1989»], The American Journal of Gynecologic Health 5 (mayo/junio de 1991), p 23

[3] Kay Stone, División de Enfermedades de Transmisión Sexual, Centros de Control de Enfermedades, Departamento de Salud y Servicios Humanos de los Estados Unidos, entrevista telefónica, 20 de marzo de 1992.

ser fiel a un cónyuge no infectado. Se trata de un concepto que era ampliamente respaldado por la sociedad hasta la década de los años sesenta. A partir de entonces, se ha venido difundiendo una mejor idea que ahora tiene amenazada a toda la familia humana.

Siempre que se propone la abstinencia, surgen algunas preguntas inevitables. Es hora de que demos respuestas claras:

¿Por qué, aparte de consideraciones morales, cree usted que hay que enseñar a los adolescentes a abstenerse de las relaciones sexuales hasta el matrimonio?

Porque no existe ninguna otra forma de hacer frente a la epidemia de las enfermedades de transmisión sexual que dé resultado. La supuesta solución del sexo sin peligro es un desastre completo. Los condones pueden fallar al menos el 15,7% de las veces en evitar los embarazos, cada año.[1] Cada año fallan el 36,3% de las veces para evitar el embarazo entre mujeres jóvenes pertenecientes a minorías. [2] En un estudio de hombres homosexuales, la Revista Médica Británica informó que el nivel de falla debida a deslizamiento y rompimiento de los condones era de 26%. [2] Ante tales resultados, es obvio por qué tenemos un nombre para las personas que confían en los condones como medio de control de la natalidad. Los llamamos padres.

Si recordamos que una mujer solamente puede concebir uno o dos días al mes, ¡apenas podemos conjeturar cuán alto debe ser el nivel de falla de los preservativos para evitar las enfermedades, las cuales pueden transmitirse los 365 días del año! Si los dispositivos no se usan apropiadamente, o si se deslizan una sola vez, se intercambian virus y bacterias y comienza el proceso de enfermedad. Un solo error, después de quinientos

---

[1] Elise F. Jones y Jacqueline Darroch Forrest, «Contraceptive Failure in the United States: Revised Estimates from the 1982 National Survey of Family Growth» [«Falla de los anticonceptivos en los Estados Unidos: Estimaciones revisadas del Estudio Nacional de Crecimiento Familiar, de 1982»], Family Planning Perspectives, 21 (mayo/junio de 1989), p. 103.

[2] Jones y Porrest, «Contraceptive Failure», p. 105.

[3] Lode Wigersma y Ron Oud, «Safety and Acceptability of Condoms for Use by Homosexual Men as a Prophylactic Against Transmission of HIV duririg Anogenital Sexual Intercourse» [«Seguridad y aceptabilidad de los condones para ser usados por varones homosexuales como profiláctico contra transmisión de HIV durante la relación sexual anogenital»], British Medical Journal 295 (11 de julio de 1987), p.94.

episodios protegidos, es lo único que se necesita para contraer una enfermedad venérea. El daño se realiza en un solo momento, en el que el pensamiento racional se ve dominado por la pasión.

Quienes quieran depender de un método tan inseguro deben usarlo apropiadamente en cada ocasión, e incluso así hay factores fuera de su control que ocasionan un alto índice de falla. La joven víctima a quien sus mayores le dicen que ese pequeño objeto de látex es seguro, tal vez no sepa que está corriendo el riesgo de un padecimiento permanente, o incluso la muerte, a cambio de una oportunidad tan breve de placer. ¡Vaya carga que colocar sobre una mente y un cuerpo todavía inmaduro!

Luego debemos reconocer que hay otras diferencias entre la prevención de los embarazos y la prevención de enfermedades. El HIV mide la veinticincoava parte del ancho de un espermatozoide, [1] y puede pasar fácilmente incluso por las brechas más pequeñas de los condones. Los investigadores que estudian los guantes quirúrgicos hechos de látex —el mismo material de los preservativos— han hallado canales de 5 micrones que atravesaban todo el grosor del guante. [2] El virus HIV mide 0,1 micrón. [3] Ante tales descubrimientos, ¿qué persona racional e informada podría confiar su propia vida a una armadura tan endeble?

Sin duda esto explica por qué hace algunos años, de ochocientos sexólogos que estaban presentes en un congreso, ni siquiera uno levantó la mano cuando se les preguntó si confiarían en que una delgada cubierta de goma los protegiera durante la relación sexual con una persona de quien se supiera que estaba infectada de HIV. [4] ¿Quién podría reprocharles eso? Después de todo, no están locos. Y aun así están perfectamente dispuestos a decirles a nuestros hijos que el sexo seguro está a su alcance, y que pueden andar acostándose impunemente con quien sea.

---

[1] Marcia F. Goldsmith, «Sex in the Age of AIDS Calls for Common Sense and Condom Sense» [«El sexo en la era del SIDA exige sentido común y sentido del condón»], Journal of the American Medical Association, 257 (1° de mayo de 1987), p. 2262.

[2] Susan G. Arnold et al., «Latex Gloves Not Enough to Exclude Viruses» [«Los guantes de látex no bastan para excluir los virus»], Nature 335 (1° de septiembre de 1988), p. 19.

[3] Nancy E. Dirubbo, «The Condom Barrier» [«La barrera del condón»], American Journal of Nursing, octubre de 1987, p. 1306.

[4] Theresa Crenshaw, de comentarios hechos en la Conferencia Nacional sobre HIV, Washington, D.C., 15-18 de noviembre de 1991.

No existe sino una manera de protegernos de las enfermedades mortales que nos acechan. Se trata de la abstinencia antes del matrimonio, y luego el matrimonio y la mutua fidelidad de por vida con un cónyuge no infectado. Cualquier cosa que esté por debajo de esa medida es potencialmente suicida.

Esa postura simplemente NO es realista en nuestros días. Es una solución que no puede dar resultado: los jóvenes NO la van a poner en práctica. Algunos sí. Otros no. Pero sigue siendo la única solución. Sin embargo, hablemos de una solución inútil del primer orden. Desde 1970, el gobierno estadounidense ha gastado cerca de 3.000 millones de dólares para promover los anticonceptivos y el sexo sin peligro. ¡En sólo este año, 450 millones de nuestros dólares procedentes de impuestos se van a ir por ese desagüe![1] (Compárese con los menos de 8 millones de dólares para los programas de abstinencia, que el senador Edward Kennedy y compañía repetidas veces han procurado eliminar del todo.) ¿No es hora de que preguntemos qué hemos recibido a cambio de nuestro dinero? Después de veintidós años y casi 3.000 millones de dólares, cerca del 58% de las adolescentes menores de dieciocho años no usaron, aun así, ningún método anticonceptivo en su primera relación sexual.[2] Además, los adolescentes tienden a seguir teniendo relaciones sin protección durante un año entero, como promedio, antes de comenzar a usar ningún tipo de anticonceptivo.[3] Esa es la proporción de éxito de los mismos expertos que dicen que la abstinencia es irrealista y que no puede dar resultado.

Aun si gastáramos otros 50.000 millones de dólares para promover el uso del preservativo, la mayoría de los adolescentes

[1] «Condom Roulette» [«La ruleta del condón»], Washington Watch 3 (Washington: Family Research Council, enero de 1992), p. 1.

[2] William D. Mosher y James W. MacNally, «Contraceptive Use at First Premarital Intercourse: United States, 1965-1988» [«El uso de anticonceptivos en la primera relación sexual prematrimonial: Estados Unidos, 1965-1988»], Family Planning Perspectives, 23 (mayo/junio de 1991), p. 111.

[3] Cheryl D. Hayes, ed., Risking the Future: Adolescent Sexuality Pregnancy and Childbearing [Arriesgando el futuro: la sexualidad, el embarazo y los partos en adolescentes] (Washington: National Academy Press, 1987), pp. 46-49.

seguirían sin usarlo en forma constante y apropiada. La naturaleza de los seres humanos, y la pasión del acto, simplemente no se prestan a una respuesta disciplinada por parte de esos jóvenes románticos.

Pero si uno supiera que un joven o una muchacha adolescente de hecho iba a tener relaciones, ¿no sería mejor enseñarle acerca del uso apropiado del preservativo?

No, porque ese proceder tiene una consecuencia no intencionada. El proceso de recomendar a los adolescentes el uso de condones transmite inevitablemente cinco ideas peligrosas: (1) que el sexo sin peligro se puede conseguir; (2) que todo el mundo lo está haciendo; (3) que los adultos responsables tienen la expectativa de que ellos lo hagan; (4) que es algo bueno; y (5) que sus amigos saben que ellos saben estas cosas, lo cual fomenta la promiscuidad. Esos son unos mensajes muy destructivos para darles a nuestros hijos.

Además, los propios datos de Planificación Familiar muestran que la razón número uno por la que los adolescentes tienen relaciones sexuales es por la presión del grupo de amigos.[1] Por consiguiente, cualquier cosa que hagamos para insinuar que todo el mundo lo está haciendo hace que más gente, y no menos, haga el intento con ese juego. Los programas de distribución de condones no reducen el número de jóvenes que están expuestos a la enfermedad ¡más bien lo incrementan radicalmente!

¿Que si hay pruebas de ese dato? Desde que el gobierno estadounidense inició su principal programa de anticonceptivos en 1970, los embarazos de mujeres no casadas han aumentado en un 87% entre jóvenes de quince a diecinueve años.[2] Asimismo, los abortos entre adolescentes han subido un 67%;[3] los partos de

---

[1] Encuesta de Paternidad Planificada, «American Teens Speak: Sex, Myths, TV and Birth Control» [«Los adolescentes estadounidenses hablan: Sexo, mitos, televisión y control de la natalidad»] (Nueva York: Louis Harris & Associates, Inc., 1986), p. 24.

[2] «Condom Roulette. [«La ruleta del condón»], In Focus 25 (Washington: Family Research Council, febrero de 1992), p. 2.

[3] Gilbert L. Crouse, Oficina de Planificación y Evaluación, Departamento de Salud y Servicios Humanos de los Estados Unidos, entrevista telefónica, 12 de marzo de 1992, basada en datos del Instituto Alan Guttmacher de Planificación Familiar. Incremento calculado desde 1973, primer año de la legalización del aborto.

solteras subieron un 61%.[1] Y la enfermedad venérea ha infectado a una generación entera de jóvenes. Linda tarea, señores orientadores sexuales. Excelente idea, señores senadores y congresistas. Que duermas bien, pueblo de los Estados Unidos.

Después que cometieron una torpeza que ahora amenaza a toda la familia humana, uno pensaría que ahora los diseñadores estarían dando marcha atrás y pidiendo disculpas por sus errores de cálculo. Pero en vez de eso, continúan el cabildeo en el 'Congreso y las gestiones ante las corporaciones estadounidenses para obtener más dinero. Y probablemente lo obtendrán, debido a la información errónea que existe respecto a este tema.

Pero si uno es padre de familia y sabe que su hijo o su hija está manteniendo relaciones sexuales, ¿no preferiría que use un condón?

¿Cuánto riesgo es aceptable cuando se trata de la vida de un hijo o una hija adolescente? Cierto estudio de parejas casadas en las que uno de los cónyuges estaba infectado con HIV descubrió que el 17% de los cónyuges que usaban preservativo para protegerse contrajeron el virus de todos modos, en el plazo de año y medio.[2] El decirles a nuestros adolescentes que reduzcan su riesgo a uno en seis (17%) no es mucho mejor que hacerle publicidad a la ruleta rusa. A fin de cuentas, tanto lo uno como lo otro son fatales. La diferencia es que, con un revólver, la muerte es más rápida. Supongamos que su hijo o hija ingresara a un club de paracaidismo de seis miembros. Si usted supiera que uno de esos seis paracaídas definitivamente va a fallar, ¿le recomendaría a su hijo simplemente que se ajuste más el paracaídas? Claro que no. Más bien diría: «¡Por favor, no saltes! ¡Tu vida está en juego!» ¿Acaso un padre de familia amoroso puede hacer menos que eso?

---

[1] Congreso de los Estados Unidos, Comité de la Cámara de Representantes sobre la Energía y el Comercio, Subcomite de Salud y Ambiente, «The Reauthorization of Title X of the Public Health Service Act» [«La reautorización del Título X del Acta de Servicios de Salud Pública»] (testimonio presentado por Charmaine Yoest), Centesimosegunda Legislatura, segunda sesión, 19 de marzo de 1991, p. 2.

[2] Margaret A. Fischl et al., «Heterosexual Transmission of Human Immunodeficiency Virus (HIV): Relationship of Sexual Practices to Seroconversion» [«La transmisión heterosexual del Virus de Inmunodeficiencia Humana (HIV): Relación de las practicas sexuales con la seroconversión»], III Conferencia Internacional sobre el SIDA, 1-5 de junio 1987, Volumen de Resúmenes, p. 178.

Los jóvenes no quieren hacer caso del mensaje de la abstinencia. Tratar de convencerlos de una noción así es gastar saliva.

Es un mito popular el decir que los adolescentes son incapaces de entender que va en su mejor interés el abstenerse hasta el matrimonio. Casi el 65% de todas las muchachas de secundaria con menos de dieciocho años son vírgenes.[1]

Hace algunos años en Lexington, Kentucky, se realizó una actividad para jóvenes que no presentaba ninguna competencia deportiva, ni grupos de rock; solamente un ex presidiario llamado Harold Morris, que iba a hablar sobre la abstinencia, entre otros temas. El coliseo tenía espacio para 18.000 personas, pero llegaron 26.000 adolescentes. Al final, más de 2.000 se quedaron afuera del aglomerado auditorio, y escucharon por medio de un sistema de altavoz preparado apresuradamente. ¿Quién dice que los jóvenes no quieren escuchar este mensaje tradicional?

Hasta los adolescentes que han estado sexualmente activos pueden optar por discontinuar esa actividad. A esto se le suele llamar virginidad secundaria, un buen concepto que transmite la idea de que los jóvenes pueden comenzar de nuevo. Cierta joven le escribió hace poco a Ann Landers para decirle que añoraba haber conservado su virginidad. Al firmar la carta añadía: «Lamento no haberla conservado, y añoraría poder recobrarla». Como adultos responsables, debemos decirle que aunque no pueda dar marcha atrás, sí puede seguir adelante. Puede recuperar su respeto propio y proteger su salud, porque nunca es demasiado tarde para comenzar a decirle que no a la actividad sexual prematrimonial.

Aunque en el ámbito educativo predominen los defensores del sexo seguro, ¿no hay ejemplos positivos de programas para jóvenes que se basen en la abstinencia?

Afortunadamente se han desarrollado varios programas excelentes. Dos buenos ejemplos son «Ayuda al Adolescente», con base en Spokane, estado de Washington, y el Comité de Padres

---

[1] Departamento de Salud y Servicios Humanos de los Estados Unidos, Centros Nacionales para Estadísticas de Salud, Centros de Control de Enfermedades, «Percent of Women 15-19 Years of Age Who Are Sexually Experienced, by Race, Age and Marital Status: United States, 1988» [«Porcentaje de mujeres de 15 a 19 años de edad con experiencia sexual por raza, edad y estado civil, en los Estados Unidos, 1988»], Estudio Nacional de Crecimiento Familiar.

de Familia del Sudoeste de Chicago. También «Próxima Generación» en Maryland, «Decisiones» en California, y «Respeto» en Illinois. Otros cursos, tales como «De Cara a la Realidad», «Respeto al Sexo», «Yo, Mi Mundo, Mi Futuro», «Razones Razonables para Esperar», «Sexo, Amor y Decisiones», y «F.A.C.T.S»., etc., son programas con la temática de la abstinencia, para ayudar a los jóvenes a tomar buenas decisiones en el campo sexual.

Un buen curso para los jóvenes de barrios pobres es el programa de Elayne Bennett, «Mejores Amigos». Ese exitoso proyecto de orientación ayuda a las adolescentes de Washington D.C. a graduarse de la secundaria y permanecer en abstinencia. En cinco años, ni siquiera una muchacha que participara en el programa «Mejores Amigos» ha quedado embarazada.

Sin embargo, el establecer e inculcar entre los jóvenes las ideas de la abstinencia puede ser como escupir al viento. No porque no quieran escuchar, ya que la mayoría sí escucharán; sino más bien porque los mensajes en pro de la abstinencia naufragan en un mar de propaganda tóxica proveniente de los profesionales del sexo sin peligro, y que afirma: «El sexo en la adolescencia es inevitable; use un condón». Ustedes están responsabilizando principalmente a los que les han dicho a los adolescentes que la expresión sexual es correcta con tal que lo hagan apropiadamente. ¿Quién más ha contribuido a esta epidemia?

La industria de los medios de comunicación y de entretenimiento debe sin duda cargar con parte de la culpa, y aquí incluimos a los productores de televisión. Es interesante, en este contexto, ver que las cuatro redes televisivas estadounidenses y las entidades de televisión por cable se están retorciendo las manos a causa de esta terrible epidemia de SIDA. Profesan estar muy preocupadas por las personas que están infectadas de enfermedades de transmisión sexual, y quizás lo estén diciendo con sinceridad. Sin embargo, los ejecutivos de la televisión y los magnates del cine han contribuido poderosamente a la existencia de esta plaga. Durante décadas han estado transmitiendo imágenes de adolescentes y jóvenes que entran y salen de las camas de unos y otros cual robots sexuales. Sólo a los inadaptados los mostraban castos, y eran demasiado tontos y feos como para encontrar pareja.

Desde luego, los apuestos actores y hermosas actrices jóvenes de esos románticos dramas jamás enfrentaron consecuencia alguna por su desenfreno sexual. Ninguno salió jamás con herpes venéreo, ni sífilis, ni enfermedad inflamatoria de la pelvis, ni infecundidad, ni SIDA, ni verrugas genitales, ni cáncer cervical. A ningún paciente le decía jamás un médico que su enfermedad no tenía cura, o que iba a tener que soportar el sufrimiento durante toda su vida. Nadie oyó decir jamás que el cáncer genital asociado con el virus de papiloma humano (HPV) mataba más mujeres que el SIDA,[1] ni que ahora hay variedades de gonorrea que son resistentes a la penicilina.[2]

No, no había ningún lado feo. Todo daba la impresión de pura diversión. Pero ¡qué precio estamos pagando ahora por las mentiras que nos han contado!

También el gobierno de los Estados Unidos ha contribuido a esta crisis y continúa exacerbando el problema. Por ejemplo, un actual panfleto de los Centros Federales de Control de Enfermedades y de la ciudad de Nueva York se intitula «Los adolescentes tienen derecho», y evidentemente tiene la intención de liberar a los adolescentes de la autoridad de los adultos. Por dentro lleva las seis declaraciones que constituyen una especie de Carta de Derechos del Adolescente, a este tenor:

- Tengo derecho de pensar por mí mismo.
- Tengo derecho de decidir si tener relaciones sexuales, y con quién tenerlas.
- Tengo derecho de usar protección cuando tengo relaciones sexuales.
- Tengo derecho de comprar condones y usarlos.
- Tengo derecho de expresarme .
- Tengo derecho de pedir ayuda si la necesito.

Bajo este último punto (el derecho de pedir ayuda) viene una lista de organizaciones y números telefónicos a los cuales se

---

[1] Dr. Joseph S. McIlhaney, Jr., *Sexuality and Sexually Transmitted Diseases* [La sexualidad y las enfermedades de transmisión sexual] (Grand Rapids, Michigan: Baker Book House, 1990), p. 137.

[2] A.M.B. Goldstein y Susan M. Garabedian-Ruffalo, «A Treatment Uptate to Resistant Gonorrhea» [«Actualización del tratamiento a la gonorrea resistente»], *Medical Aspects of Human Sexuality* (agosto de 1991), p. 39.

anima a los lectores a llamar. La filosofía que rige varias de las organizaciones refleja los planes homosexuales, que incluyen el reclutamiento de jóvenes, y la vigorosa promoción de un derecho de los adolescentes a la expresión sexual.

¡Ciudadano, así se invierten los dólares de sus impuestos!

Sin duda hay otros estadounidenses que se dan cuenta del peligro que amenaza ahora a toda una generación de lo mejor que tenemos. Es hora de levantar la voz en defensa de un valor anticuado llamado virginidad. Ahora, más que nunca, la virtud es una necesidad.

Fue abrumadora la respuesta a este anuncio y a nuestra distribución continua de su mensaje. A nuestras oficinas llegaron más de cincuenta mil cartas procedentes de entusiastas padres de familia, maestros, funcionarios de salud y líderes eclesiásticos que aplaudieron nuestros esfuerzos. Muchos habían estado pensando exactamente igual que nosotros, pero tenían la idea de que ellos carecían de poder alguno frente a los medios de comunicación y frente a los suministradores de propaganda auspiciados por el gobierno. Pero ha llegado la hora de ponerse en acción. Es hora de decirle al Congreso de los Estados Unidos que deje de financiar programas suicidas de sexo seguro, porque si no... Es hora de enseñarles a nuestros hijos los viejos principios de la moralidad no sólo porque es el único enfoque seguro, sino porque es correcto. Va en armonía con la receta de aquel que dijo:

> ¡Ay de los que a lo malo dicen bueno, y a lo bueno malo; que hacen de la luz tinieblas, y de las tinieblas luz; que ponen lo amargo por dulce, y lo dulce por amargo! Por tanto, como la lengua del fuego consume el rastrojo, y la llama devora la paja, así será su raíz como podredumbre, y su flor se desvanecerá como polvo; porque desecharon la ley de Jehová de los ejércitos, y abominaron la palabra del Santo de Israel. (Isaías 5:20,24)

UNAS PALABRAS ACERCA DE LA EDUCACIÓN SEXUAL

He dedicado lo que resta del presente capítulo a los padres de familia y maestros que creen en la decencia moral y que quieren inculcar en sus hijos actitudes sexuales responsables. Su tarea no es fácil. El impulso sexual es más fuerte durante la adolescencia que en ningún otro período de la vida, y no hay modo de garantizar que un adolescente independiente va a decidir dominarlo. Es imposible resguardar a estos jóvenes de las actitudes permisivas que prevalecen en nuestros días. La televisión introduce todos los aspectos de la satisfacción sexual en el santuario de la sala de la casa, y los detalles de la inmoralidad y de la perversión están al alcance de la mano en el cine o en la tienda de videos del vecindario. Es obvio que la respuesta para un joven no es el confinamiento solitario.

Además, existe el peligro de que los padres de familia cometan un error al esforzarse por evitar otro. Mientras intentan enseñar la disciplina en asuntos de moral, deben tener cuidado de no inculcar actitudes malsanas que vayan a interferir con la realización sexual en las futuras relaciones matrimoniales. Aquellos que quieran enseñar esta materia tienen la delicada responsabilidad de decir que «el sexo puede ser maravilloso» y que «el sexo puede ser peligroso» en una misma frase, cosa que requiere cierto esfuerzo.

¿Cómo, entonces, pueden los adultos conscientes inculcar en sus hijos el dominio propio sin generar fuertes represiones emocionales o actitudes negativas? A continuación se comentan los aspectos de la educación sexual que son cruciales para el cumplimiento de esta delicada empresa.

¿QUIÉN DEBE ENSEÑARLE AL NIÑO SOBRE EL SEXO?

La tarea de formar en los hijos actitudes e interpretaciones sexuales sanas requiere considerable habilidad y tacto, y con frecuencia los padres de familia están claramente conscientes de su falta de preparación para realizar esa labor. Sin embargo, para aquellos padres que sí son capaces de dirigir correctamente el proceso de instrucción, esa responsabilidad debe mantenerse dentro del hogar. Hay una creciente tendencia a que todos los aspectos de la educación sean retirados de manos de los padres (o ellos deliberadamente abdican a su función). Es un error.

Particularmente en lo referente a la educación sexual, el mejor enfoque es el que comienza en la niñez temprana y se extiende a lo largo de los años, basada en una política de franqueza y sinceridad. Esta formación de toda una vida sólo los padres pueden proveerla.

La necesidad de información y orientación que tiene el niño rara vez se satisface con una sola conferencia masiva que imparte un padre o madre con la boca seca y las manos sudorosas, cuando su hijo se acerca a la adolescencia. Tampoco es la mejor alternativa un programa educativo formal y concentrado fuera del hogar. El enfoque ideal consiste en una instrucción gradual que comienza durante el tercero o cuarto año de vida y que culmina poco antes de la pubertad.

A pesar de que lo deseable sería que la educación sexual la manejen unos padres sumamente calificados, hay que admitir que este es un objetivo poco realista en muchos hogares (quizás en la mayoría de ellos). Con frecuencia los padres tienen demasiadas inhibiciones sexuales como para presentar el tema con tranquilidad, o puede ser que carezcan de los conocimientos técnicos necesarios acerca del cuerpo humano. Para esas familias que no pueden o no quieren enseñarles a sus hijos los detalles de la sexualidad humana, hay que buscar ayuda fuera del hogar.

Estoy firmemente convencido de que las iglesias que creen en la abstinencia antes del matrimonio y en la fidelidad matrimonial de por vida deben intervenir y ofrecer su ayuda a aquellas familias que comparten el mismo compromiso. ¿En qué otro lugar pueden las mamás y los papás encontrar personas que eleven la moral tradicional en esta época permisiva? No existe ninguna otra agencia o institución que tenga probabilidades de representar la teología de la iglesia mejor que los representantes de la iglesia misma. Me causa perplejidad el ver que son muy pocos los que han aceptado ese desafío, dado el ataque que hoy existe contra los conceptos bíblicos de la moralidad.

Unos cuantos padres de familia que tienen a sus hijos en escuelas cristianas logran conseguir la ayuda que necesitan con la educación sexual. Pero incluso allí, con frecuencia el tema se soslaya o se maneja inadecuadamente. Es obvio que se ha generado un vacío de la información que prepara el camino para programas de gran alcance en las escuelas públicas, comenzando a veces en el jardín de niños.

Uno de los problemas de la educación sexual tal como se imparte actualmente en las escuelas públicas de los Estados Unidos es que rompe las barreras naturales entre los sexos, y hace mucho más probable que ocurran la familiaridad y la experimentación sexual informal. También despoja a los jóvenes —especialmente a las muchachas— de su sentido de modestia, al hacer explícitos, en contextos mixtos, todos los detalles de la anatomía, de la fisiología y del uso del condón. Después, al siguiente viernes por la noche, cuando los jóvenes salen de cita y asisten a una película sexualmente explícita o miran un programa de televisión picante, donde muestran adolescentes acostados unos con otros... de ahí sólo les queda un pasito para llegar a las relaciones sexuales, mientras que hace cien años el renunciar a la propia virginidad implicaba una decisión de grandes dimensiones. Esa familiaridad contribuye también a la tremenda frecuencia de la «violación en las citas» en Norteamérica. En resumen, la forma en que se dirige hoy día la educación sexual es peor que si no se tuviera programa alguno. ¡Basta con fijarse en lo que ha ocurrido con la frecuencia de los embarazos y abortos entre adolescentes desde que se instituyó!

Para los padres y madres cuyos hijos están actualmente en las escuelas públicas, es imperativo que investiguen qué es lo que se está enseñando bajo el nombre de educación sexual. Ustedes tienen el derecho de examinar los materiales y los libros de texto. Ustedes pueden y deben hablar con los maestros y con el director acerca de qué es lo que esperan comunicar. Busque con agudeza la agenda oculta que se transcribió anteriormente en la compilación del SIECUS. Por ejemplo, la conducta en pro de la homosexualidad y el lesbianismo, la distorsión del sexo seguro, la creencia de que las relaciones sexuales prematrimoniales son un «derecho», y cualquier insinuación que ponga a los adolescentes en contra de sus padres. Averigüe si se asume una postura proabortista, y si se invita al aula a Planificación Familiar u organizaciones por el estilo.

Si están presentes esos elementos, sugiero vehementemente que no permita que sus hijos asistan a esas lecciones. ¿Qué mejor manera hay de socavar el sistema de valores que les hemos enseñado, que el revestir de autoridad y de liderazgo a un maestro que ridiculiza y mina ese sistema de valores?

Yo no solamente prohibiera que mi hijo o hija participara en un programa así, sino que ayudaría a organizar grupos de padres para establecer en la escuela un curso basado en la abstinencia. Y si eso no diera resultado comenzaría a hacer campaña para elegir nuevos miembros en la junta de educación. Tal vez hasta haría campaña para ocupar yo mismo ese puesto.

¿POR QUÉ HAY TANTA RESISTENCIA A LOS PROGRAMAS BASADOS EN LA ABSTINENCIA?

Algunos educadores creen sinceramente que «los muchachos se portarán como muchachos», y que por eso debemos mostrarles cómo jugar bien el juego. No estoy de acuerdo con ellos, pero puedo respetar su sincera diferencia de opinión. Sin embargo, hay otros, particularmente los que siguen la corriente de Planificación Familiar y de SIECUS y que andan en el negocio de promover la promiscuidad y el aborto, que creo que tienen otras motivaciones. Para ellos, lo que está sucediendo es algo más. El asunto no es sencillamente un debate intelectual acerca de los niños y lo que va en su mejor interés. No; el tema es sumamente candente. Se irritan ante la sola mención de la palabra abstinencia. ¿Alguna vez se ha preguntado usted por qué?

Durante la era del Presidente Reagan, trabajé en el Grupo de Prevención de Embarazos en Adolescentes, bajo la dirección del secretario Otis Bowen. Acepté esa responsabilidad porque pensé que nuestro propósito era evitar los embarazos en adolescentes. Sin embargo, durante nuestra primera reunión en Washington D.C. me enteré de que quince de los dieciocho miembros del grupo tenían otras ideas. Todos eran expertos del «sexo sin peligro», que querían gastar millones de dólares del presupuesto federal en la distribución de condones y en dar consejos inmorales a los adolescentes del país. No puedo ni describir la pasión que sentían con respecto a ese objetivo. Con el tiempo comencé a comprender un poco más de la motivación que impulsa a ese grupo que se gana la vida a base de la irresponsabilidad sexual de los adolescentes.

A esas personas las describí del siguiente modo en el libro que escribí conjuntamente con Gary Bauer, y que se titula *Children at Risk* [Niños bajo riesgo]:

Tratemos con franqueza la pregunta obvia: ¿Por qué los burócratas, los investigadores y la gente de Planificación Familiar combaten tan arduamente por mantener la promiscuidad entre los adolescentes? ¿Por qué obstaculizan la idea de que las relaciones sexuales se den solamente en el contexto del matrimonio? ¿Por qué han eliminado por completo la puerta que dice «Sexo prematrimonial» ante una generación de adolescentes vulnerables?

Su motivación no es difícil de comprender. Cada año se generan múltiples millones de dólares en respuesta directa a la irresponsabilidad sexual de los adolescentes. Lo que sostiene industrias enteras de adultos agradecidos es el hecho de que los jóvenes usan la cama libremente. El negocio del aborto por sí solo acarrea cada año una suma que se estima en 600 millones de dólares. ¿De veras cree usted que esos médicos, enfermeras, suministradores de medicinas y burócratas que se ganan el sustento a base de la matanza de bebés no nacidos, preferirían que los adolescentes se abstuvieran hasta el matrimonio?

¿Qué decir de los fabricantes de condones, o de los productores de espermicida, de «la píldora», del DIU o de los diafragmas? ¿Querrían ellos ver diezmado su negocio a causa de una ola arrasadora de moralidad entre los jóvenes? Lo dudo mucho. Y luego están los productores de antibióticos y otros medicamentos que se usan para tratar las enfermedades de transmisión sexual. También ellos tienen un interés económico en la continuación de la promiscuidad.

Sin embargo, en la primera línea de la lista de los que lucran a base de la irresponsabilidad de los adolescentes se hallan los que aseguran trabajar para combatirla. Planificación Familiar y otras organizaciones parecidas simplemente se esfumarían si alguna vez tuvieran completo éxito en eliminar los embarazos entre adolescentes. Se calcula que actualmente reciben 106 millones de dólares de subsidios federales para realizar su misión, más 200 millones de dólares aproximadamente en contribuciones procedentes de fuentes privadas. ¿De veras cree usted que ellos quieren matar la gallinita de los huevos de oro?

¡Imagínese cuántos empleos se perderían si los jovencitos dejaran de jugar a las camas musicales! Por eso los profesionales que aconsejan a los jóvenes acerca del sexo toman tan emocionalmente la palabra abstinencia. Si esa idea se pondría en práctica alguna vez, ¿quién necesitaría los servicios de Planificación Familiar y otros parecidos? Es cuestión de autoconservación.

Para comprender a cabalidad el peligro que plantean Planificación Familiar y las organizaciones relacionadas, es importante examinar su filosofía y su intención. ¿Cuál es su programa?

¿Qué pretenden sus líderes? ¿Qué harían si se les diera rienda suelta? Según como entiendo su agenda, se podría resumir en el siguiente plan de cuatro puntos:

1. Proporcionar a los adolescentes orientación sexual «libre de valores». Ni quiera Dios que se exprese siquiera la menor preferencia por la moralidad o la responsabilidad sexual.

2. Proporcionar a los adolescentes cantidades ilimitadas de anticonceptivos, distribuidos abiertamente desde clínicas situadas en los planteles de las escuelas secundarias. Al hacerlo así, se les transmite a los adolescentes un potente mensaje acerca de la aprobación, por parte de los adultos, de la actividad sexual prematrimonial.

3. Mantener a los padres de familia fuera del panorama por todos los medios posibles. Entonces los funcionarios de Planificación Familiar pueden asumir el papel de los padres y comunicarles a los adolescentes una filosofía libertina.

4. Proveer acceso ilimitado a abortos gratuitos para las jóvenes que quedan embarazadas; esto también sin la participación ni el permiso de los padres.

Por increíble que parezca, el público estadounidense y canadiense parece tragarse este plan atroz, que habría provocado una tormenta de protestas entre los padres de ayer. Imagínese cómo habría reaccionado su padre o su abuelo si un funcionario escolar le hubiera dado a usted anticonceptivos secretamente, o hubiera hecho arreglos para un aborto secreto cuando usted era adolescente. La comunidad entera se habría enfurecido. ¡Hasta habrían podido matar a alguien! Pero los padres de hoy han tolerado esta intrusión sin siquiera un chillido de protesta. ¿Por qué? ¿Qué le ha pasado a ese espíritu de protección por nuestras familias, esa feroz independencia que nos mantenía unidos contra el mundo exterior? ¡Ojalá lo supiera yo![1]

CUÁNDO DECIR QUÉ

Ahora permítaseme ofrecer algunos consejos a los padres que quieren encargarse de la instrucción de sus propios hijos y que andan en busca de algunas maneras prácticas. Ante ellos me quito el sombrero. Incluso en esta época de tanta ilustración, el tema del sexo está cargado de emoción. Pocos pensamientos perturban más la tranquilidad de los padres que la idea de responder a todas las preguntas escrutadoras de sus hijos, especialmente las que se vuelven incómodamente personales.

Esa tensión resultó evidente en la madre del pequeño David, de nueve años, después que su familia se trasladó a un distrito escolar diferente. La primera tarde David regresó de la escuela y le preguntó a su mamá sin más preámbulos:

—Mamá, ¿qué es el sexo?

La pregunta la golpeó duro. Ella pensaba que le faltaban como dos o tres años antes de tener que enfrentar ese asunto, y estaba totalmente desprevenida para abordarlo en ese momento. Pensó rápido y dedujo que la nueva escuela de David debía de estar metida en un programa liberal de educación sexual, y que a ella no le quedaba más opción que completar los detalles. De modo que se sentó con su perplejo hijo, y durante cuarenta y cinco minutos le dio un tenso discurso acerca de los misterios de la vida.

Cuando ella concluyó, David levantó su tarjeta de matrícula y dijo:

—Vaya, mamá, ¿cómo voy a meter todo eso en este cuadrito?

Como lo descubrió la madre de David, es un arte delicadísimo

[1] Reproducido con el permiso de Word Publishing. Dr. James C. Dobson y Gary L. Bauer, Children at Risk [Jóvenes bajo riesgo] (Dallas, Texas: Word Publishing 1990), pp. 11-13.

el saber cuándo proporcionar a la joven generación información adicional acerca del sexo.

Uno de los errores que más comúnmente cometen algunos padres y muchos educadores excesivamente celosos es la tendencia a dar demasiada información demasiado pronto. Cierta madre me escribió, por ejemplo, diciendo que en su distrito escolar local a los niños del kindergarten les mostraban películas de animales en el acto de la cópula. ¡Eso es imprudente y peligroso! Las evidencias disponibles indican que si se avanza demasiado rápido se corren muchos riesgos. Los niños pueden sufrir un grave sobresalto emocional al ser expuestos a realidades para las cuales no están preparados.

Además, es poco sabio el meter al pequeño en un programa de información que desembocará en un conocimiento totalmente refinado en una etapa demasiado temprana de la vida. Si a los niños de ocho años se les imparte una visión avanzada de la conducta sexual madura, es menos probable que vayan a esperar diez o doce años antes de aplicar esos conocimientos dentro de los límites del matrimonio.

Otro peligro que brota de la instrucción prematura es la amenaza de la estimulación excesiva. Los jóvenes pueden sentirse tentados por lo que se enseña acerca del mundo emocionante de la experiencia sexual adulta. La educación de los niños debe centrarse en los intereses infantiles, no en los placeres y deseos de la edad adulta.

No quiero dar a entender que la educación sexual haya de aplazarse hasta que haya pasado la niñez. Más bien, parece apropiado que la cantidad de información que reciban los pequeños deba coincidir con sus necesidades sociales y físicas para ese conocimiento.

Las solicitudes de información que hace un niño constituyen la mejor guía en cuanto a si está listo para la educación sexual. Sus comentarios revelan lo que el pequeño piensa y lo que quiere saber. Esas preguntas ofrecen también un vehículo natural de instrucción. Es mucho mejor que los padres contesten esas preguntas en el momento en que surge la curiosidad, que el no hacerles caso o evadirlas con la esperanza de explicarlas más adelante. Las sesiones de instrucción premeditadas suelen convertirse en largas charlas en una sola dirección, donde ambos participantes se sienten incómodos.

Aunque el enfoque de la educación sexual basado en preguntas y respuestas es generalmente superior, la técnica resulta evidentemente inadecuada con aquellos niños que nunca piden información. Hay niños y niñas que se sienten fascinados por la reproducción sexual, mientras que otros nunca piensan en el asunto. Si un niño carece de interés o no hace preguntas acerca del sexo, eso no releva al padre o madre de su responsabilidad.

En este punto nuestros dos hijos fueron polos opuestos. Danae planteó todas las preguntas correctas (¿o incorrectas?) una noche, cuando tenía siete años. Su asombrada madre no tenía la expectativa de tener que tratar ese asunto hasta unos años más adelante. Shirley demoró deliberadamente la respuesta y llegó a contarme el asunto mientras yo estaba sentado a mi escritorio. Con prontitud invitamos a Danae a que se sentara para conversar. Shirley hizo un poco de chocolate caliente, y estuvimos hablando durante una hora más o menos.

Todo salió de lo más bien.

En cambio nuestro hijo Ryan jamás hacía ninguna pregunta acerca del sexo. Nosotros íbamos ofreciendo información aquí y allá, según parecía apropiado y cómodo, pero los datos específicos resultaban más difíciles de comunicar. Finalmente me llevé a mi hijo en un viaje de pesca, los dos solos. Y mientras estábamos sentados en la orilla del río esperando que las truchas picaran, yo dije:

—Estaba pensando, Ryan, que nunca hemos hablado mucho acerca del sexo, es decir, de cómo se hacen los bebés y todo eso. Tal vez esta sería una buena oportunidad para que lo comentemos.

Ryan se quedó sentado y pensativo por varios minutos sin decir nada. Me pregunté qué estaría pensando. Luego dijo:

—¿Y qué pasa si yo no quiero saber de eso?

Tuve que introducir a rastras a mi hijo, llorando y pataleando, en el mundo de la reproducción y la sexualidad; pero de todos modos logré mostrarle el panorama. Esa es una responsabilidad paterna. Aun en los casos en que no resulta fácil, hay que cumplir con esa labor. Si usted no quiere aceptar la tarea, entonces habrá alguna otra persona que sí la acepte, otra persona que tal vez no tenga los mismos valores que usted.

Es importante un comentario final referente a los momentos adecuados para la educación sexual en el hogar. Los padres deben hacer planes para finalizar el programa de instrucción formal para el momento en que su hijo o hija entre en la pubertad (el tiempo de desarrollo sexual rápido al principio de la adolescencia). La pubertad suele comenzar entre los diez y los trece años, para las niñas, y entre los once y los catorce, para los muchachos. Una vez que entran en ese período de desarrollo, lo típico es que les dé vergüenza hablar del sexo con sus padres. Generalmente los adolescentes resienten la intromisión de los adultos durante esa época a no ser que ellos mismos planteen el tema. En otras palabras, éste es un campo donde es el adolescente quien debe invitar a los padres a intervenir en su vida.

Creo que debemos respetar el deseo de ellos. Se nos dan diez o doce años para proporcionarles el entendimiento apropiado de la sexualidad humana. Después que se ha establecido ese fundamento, servimos principalmente como recursos a quienes nuestros hijos pueden acudir cuando existe la necesidad.

Eso no quiere decir que los padres deban abdicar de su responsabilidad de proporcionar orientación acerca de asuntos relacionados con la sexualidad, el noviazgo, el matrimonio, etc., a medida que se presentan las oportunidades. Una vez más, lo más importante es la sensibilidad a los sentimientos del adolescente. Si él o ella desea hablar, entonces definitivamente hay que acoger la conversación. En otros casos, la orientación de los padres puede ser más eficaz si se ofrece indirectamente. Es frecuente que algunos líderes juveniles confiables de la iglesia, o de algún programa cristiano tipo club, puedan romper el hielo cuando los padres no pueden. Asimismo, sugeriría que se trate de conseguir alguna subscripción a revistas para niños que contenga consejos sólidos cristianos.

¿AYUDA DE LA MADRE NATURALEZA?

Uno de los campos en que he cambiado radicalmente mi perspectiva desde 1970 es en lo referente a recomendar el uso de animales, especialmente perros y gatos, para ayudar a explicar a los niños el proceso reproductivo. Todavía pienso que una demostración del parto es ilustrativa y útil, pero ahora estoy más familiarizado y preocupado por la superpoblación de mascotas y por lo que les sucede a esas pobres criaturas cuando no tienen hogar. En sólo el condado de Los Ángeles, cada año se matan más de 100.000 perros en las perreras y en sociedades de beneficencia. Otros animales sin hogar andan hambrientos, o son aplastados en las calles y carreteras . ¡Su sufrimiento es responsabilidad nuestra!

Nuestra familia ha adoptado los últimos dos perros de entre esa población de animales callejeros, y han resultado mascotas maravillosas. A la pequeña Mitzi, nuestra perra actual, sólo le quedaban ya dos horas de vida cuando la escogimos en la perrera municipal. Pero yo, que toda mi vida he sido amante de los perros, tengo que decir que el proceso de selección fue para nosotros una experiencia difícil. Allí en unas jaulas plásticas habían cientos de perros y gatos desdichados, necesitados de que los adoptaran. La mayoría de ellos estaban traumatizados por sus circunstancias, pues se habían perdido o sus dueños los habían desechado.

Mientras caminábamos por el pasillo, los perros ladraban y sacaban sus garras por los alambres para atraer nuestra atención. Danae metió la mano en una jaula para acariciar a un perrillo solitario, el cual inmediatamente apretó su cabeza contra la palma de ella y cerró los ojos. Estoy seguro de que no sobrevivió esa semana. Jamás olvidaré un enorme perro pardo con voz ronca, que cuando llegamos estaba con la mirada fija en la puerta. Nos miraba atentamente, y aun así parecía no vernos. Ni siquiera cuando nos paramos frente a su jaula retiró su mirada de la puerta ni un instante. De vez en cuando emitía un ladrido gutural que parecía concluir con un signo de interrogación. Entonces Danae leyó la tarjeta de identificación que había sobre la jaula, donde se indicaba cómo lo habían recogido. También a ese perro lo había traído sus dueños, y él estaba vigilando atentamente en espera de que regresaran. Por lo visto nosotros no éramos las personas que él tenía en mente.

Tal vez pueda usted entender por qué Danae y yo andábamos buscando el animal más necesitado que pudiéramos encontrar. Los perros y gatos hermosos y sanos tenían por lo menos una oportunidad de que alguien más los adoptara. Pero nosotros queríamos darle hogar a un perro que con seguridad fuera a ser desechado. Por fin Danae me llamó un sábado por la tarde para decirme que había hallado un buen candidato.

Me dirigí al refugio, y pronto estuve de acuerdo con su elección. Allí, acurrucada en el fondo de una jaula, había una perrita de doce semanas de edad en terribles condiciones. Se encontraba casi en estado de inanición, y había sido recogida en la calle unos días atrás. Tenía la mandíbula quebrada, tal vez por alguna patada feroz, y alguien le había hecho tres puntadas en el labio. Después nos enteramos de que tenía pulmonía, varias clases de lombrices, y quién sabe qué otros problemas. Cuando nos acercamos a su jaula se estremeció, pero no se levantó.

Le pedí al encargado que dejara salir a la perra, y él me la entregó. Fue una amistad a primera vista. Ella me husmeó la mano y me miró como diciendo: «Soy una desdichada, ¿no?» Nos hicimos amigos.

Nos fuimos para conversar el asunto a fondo, pero no podíamos olvidar aquel suave husmeo de una criatura tan desamparada. Danae volvió y se trajo la perra.

Ojalá pudieran ustedes ver hoy a Mitzi. Está gorda, sana, y tremendamente feliz. Cuando regreso a casa por las noches, ella se precipita hacia la puerta del frente como un bisonte en estampida. Es como si supiera que la rescatamos de una muerte en vida. Y sorprendentemente, a excepción de su hocico torcido, se parece muchísimo a nuestro perro anterior. De modo que Shirley y yo ya no tenemos en casa un nido vacío.

Perdón por esta digresión de nuestro tema, pero sí tiene que ver con mi anterior recomendación de usar los animales para enseñar el milagro de la reproducción y el parto. Lo que actualmente aconsejo a los padres es que hagan que sus mascotas sean esterilizadas y castradas para impedir que continúe el problema de la superpoblación. Si se desea que nazcan perritos o gatitos, antes de permitir que vengan al mundo hay que asegurarse de tener para ellos un buen hogar.

Y si usted quiere entablar amistad con un animal solitario que está metido en una jaula con la esperanza de que usted le dé un hogar, diríjase a algún refugio de animales en su zona. Ni usted ni sus hijos lo olvidarán jamás.

(A todos los amantes de los animales que hay entre el público, que han pasado más de dos décadas enojados conmigo por lo que escribí sobre la reproducción en *Atrévete a disciplinar* ¿está todo perdonado?)

CONCLUSIÓN

En los primeros capítulos de este libro comenté la importancia de que el niño respetara a sus padres. Su actitud para con la autoridad de ellos es crucial para que acepte sus valores y su filosofía, incluso su concepto de la conducta sexual antes del matrimonio. Asimismo, el elemento más fundamental para enseñar la moralidad se puede lograr mediante una sana relación entre padres e hijos durante los primeros años. La esperanza obvia es que el adolescente respete y aprecie a sus padres lo suficiente como para creer lo que dicen y aceptar lo que recomiendan.

Sin embargo, lamentablemente, esa lealtad para con los padres es con frecuencia una fuente insuficiente de información. Estoy firmemente convencido de que a los niños también hay que enseñarles la lealtad suprema a Dios. Debemos dejar claro que el misericordioso Dios de amor a quien servimos es también un Dios de justicia. Si optamos por desafiar sus leyes morales, sufriremos ciertas consecuencias. Los imperativos espirituales de Dios son tan inflexibles como sus leyes físicas. Los que desafían esas leyes físicas no sobrevivirán por mucho tiempo. Asimismo, la violación deliberada de los mandamientos de Dios es igualmente desastrosa, porque «la paga del pecado es la muerte». Un adolescente que comprende esta verdad tiene más probabilidades de llevar una vida recta en medio de una sociedad inmoral.

Puede ser pertinente un comentario más. Hace muchos años, cuando mi hija cumplió diez años, Shirley y yo le regalamos una pequeña llave de oro. Iba prendida a una cadenilla para que la usara en el cuello, y representaba la llave de su corazón. A lo largo de los años ella ha guardado su voto de darle esa llave solamente a un hombre: el que vaya a compartir su amor durante el resto de su vida. Usted podría considerar la posibilidad de darle a su hija un regalo parecido, o un anillo especial a su hijo. Esas prendas van con ellos cuando uno no está presente, y sirven de recordatorio tangible de ese don duradero y precioso de la realización sexual que Dios destina para sus hijos.

PREGUNTAS Y RESPUESTAS

P— Sus comentarios acerca de las enfermedades venéreas me causan mucha intranquilidad. Tengo tres adolescentes, y temo que no comprendan cómo se transmiten esas enfermedades y lo que pueden ocasionar a su cuerpo. Es un tema que asusta mucho.

R—Al igual que usted, yo me pregunto qué se necesitará para alertar a nuestros jóvenes. Entrevisté al doctor C. Everett Koop cuando él era inspector general de salubridad de los Estados Unidos, a mediados de la década de los años ochenta. En aquella ocasión él se expresó así: «La epidemia del SIDA pronto hará que cambie el comportamiento de todo el mundo. Cuando a nuestro alrededor empiecen a morirse jóvenes infectados, los demás tendrán miedo hasta de darle un beso a otra persona».

Eso no ha llegado a ocurrir al momento de escribir este libro, aunque en efecto los jóvenes se están muriendo, como lo predijo el doctor Koop. El siguiente artículo, escrito por la reportera Kim Painter, apareció en el diario *USA Today* el 13 de abril de 1992:

Surge el SIDA entre adolescentes

Los casos de SIDA entre los adolescentes y adultos jóvenes aumentaron en un 77% en los últimos dos años.

Los 9.000 casos, entre personas de 13 a 24 años, sólo constituyen la punta del iceberg: es probable que varios miles más estén infectados de HIV; y millones más están en riesgo, según un informe emitido por un comité del Congreso sobre los niños y las familias.

El informe dice que los esfuerzos federales de prevención han resultado insuficientes. Cita evidencias de que los adolescentes corren el riesgo de infectarse mediante la actividad sexual y el abuso de drogas:

- El 68% de las muchachas y el 86% de los muchachos tienen relaciones sexuales antes de cumplir veinte años; menos de la mitad de ellos dicen usar el condón.
- Cada año, tres millones de adolescentes contraen una enfermedad venérea.

• Casi el 3% de los alumnos de último año de secundaria ha usado esteroides; el 1,3% ha usado heroína. El compartir agujas puede difundir el HIV.[1]

Entonces, ¿por qué los adolescentes no han tenido «miedo hasta de darle un beso a otra persona», como predijo el doctor Koop? Porque el miedo natural al mortífero HIV ha sido aplacado por la insensatez del sexo sin peligro. Parece que se nos ha ocurrido una forma de «tener pollo en corral y en cazuela». Será la primera vez.

Gracias a Dios por unos cuantos médicos que están haciendo sonar la alarma para dar a conocer a nuestros jóvenes información no censurada. No obtienen mucha publicidad, pero algún día quedará demostrado que tenían razón. Uno de los que más se hace oír entre esos médicos preocupados es mi buen amigo el doctor Joe McIlhaney, ginecólogo y obstetra dedicado a la consulta privada en Austin, Texas. Su libro, *Sexuality and Sexually Transmitted Diseases* [La sexualidad y las enfermedades venéreas], debe leerlo todo padre de familia y todo adolescente. El doctor McIlhaney, que con frecuencia participa en el programa radial «Enfoque en la Familia», habló así en un reciente programa acerca de la falacia del «sexo sin peligro»:

«La información que uno recibe, principalmente de la prensa, es lo que la ciencia va a hacer por la gente que padece de una enfermedad venérea; cómo la ciencia va a encontrar una vacuna o un tratamiento para el SIDA, cómo los antibióticos servirán para matar la gonorrea. Lo que no se dice es cómo esas enfermedades venéreas dejan las estructuras pélvicas de la mujer dañadas de por vida, y ellas terminan siendo estériles o viéndose obligadas a recurrir a procedimientos carísimos para quedar embarazadas.

»Yo podría nombrar una paciente tras otra, en los veintidós años que he estado en la práctica médica, a quienes he tenido que hacer la operación de la histerectomía antes de que tuvieran los hijos que querían, a causa de la enfermedad inflamatoria de la pelvis, que es ocasionada por la clamidia y la gonorrea», continuó.

---

[1] Reproducido con el permiso de USA Today. Kim Painter, «AIDS Surging Among Teens» [«Aumenta el SIDA entre adolescentes»], USA Today, 13 de abril de 1992.

«Los anuncios públicos acerca del "sexo sin peligro" me enfurecen, porque lo que están diciendo es que uno puede practicar las relaciones sexuales con toda seguridad fuera del matrimonio si usa condones, y que no tiene que preocuparse por contraer una enfermedad venérea. Ese mensaje es pura mentira. El índice de falla de los preservativos es sumamente alto, y es por eso que los casados no los usan».

Añadió: «Todos los días veo en mi consultorio a víctimas de esas fallas. Entre ellas hay víctimas de la clamidia —que probablemente es la enfermedad venérea más extendida— y del virus de papiloma humano (HFX), que puede ocasionar una irritación a largo plazo de los órganos femeninos, así como cáncer de la vulva, de la vagina y del cuello uterino. Es una de las enfermedades más difíciles de tratar, y cada año mata a más de 4.800 mujeres. También veo a víctimas del herpes venéreo, el cual, según lo indican ciertos estudios, está presente hasta en un 30 - 40% de las personas solteras que son sexualmente activas; así como a víctimas de la sífilis, que está en su clímax en los últimos cuarenta años».

El doctor McIlhaney dijo que, en vez de esperar que la ciencia resuelva nuestros problemas, una mejor solución implica un retorno a aquellas orientaciones espirituales y morales que han estado con nosotros por miles de años.

El doctor McIlhaney concluyó: «Las personas que hicieron mi automóvil sabían cómo es que funciona mejor, y qué es lo que necesito hacer para evitar problemas con mi auto. Eso me lo dicen en el manual del usuario del auto. Asimismo, Dios sabe cómo es que nosotros funcionamos mejor, y nos dio un "manual del usuario" para el género humano: la Biblia. En ella nos dice que no tengamos relaciones sexuales sino hasta casarnos; que no tengamos relaciones sexuales con nadie más que la persona con quien estamos casados; y que permanezcamos casados el resto de la vida. Esa es la única y verdadera receta de sexo sin peligro». [1]

P— ¿Se debe permitir a un niño que «decida por cuenta propia» en lo referente a Dios? ¿No estamos imponiéndoles a nuestros hijos nuestra religión cuando les decimos qué deben creer?

---

[1] Dr. Joe McIlhaney, «A Doctor Speaks Out on Sexually Transmitted Diseases» [«Un médico habla francamente sobre las enfermedades venéreas»] (Colorado Springs: Enfoque en la Familia).

R— Voy a responder con un ejemplo tomado de la naturaleza. Un gansito tiene una característica peculiar que en este punto nos resulta aplicable. Poco después de romper el huevo, se apega a la primera cosa que vea moverse cerca de él. A partir de ese momento, el gansito sigue a ese objeto específico cuando se mueve por ahí. Por lo general a quien se apega es a su madre, la gansa, que trajo al mundo la nidada.

Pero si se retira a la gansa, el gansito se contenta con cualquier sustituto móvil, vivo o no. De hecho, es sumamente fácil que se apegue a un neumático azul —de los que vienen dentro de las pelotas de fútbol americano— si éste es arrastrado con una cuerda. Una semana después, el pequeño ganso se pone en fila detrás del neumático cuando éste es arrastrado cerca de él.

El factor crítico en este proceso es el tiempo. El gansito es vulnerable al apego sólo durante unos cuantos segundos después de salir del huevo. Si se pierde esa oportunidad, ya no se puede recuperar. En otras palabras, en la vida del gansito existe un período crítico muy breve en el cual es posible ese aprendizaje instintivo.

También hay un período crítico en que ciertos tipos de instrucción son más fáciles en la vida de los niños. Aunque los seres humanos no tenemos instintos (sino sólo impulsos, reflejos, necesidades, etc.), existe un breve período de la infancia en que los pequeños son receptivos a la formación religiosa. Sus conceptos del bien y del mal quedan formulados durante ese tiempo, y comienza a consolidarse su modo de pensar acerca de Dios.

Como en el caso del gansito, la oportunidad de ese período hay que aprovecharla cuando todavía es posible. Muchas veces se ha citado a líderes de la Iglesia Católica que afirman: «Dennos el niño hasta los siete años, y lo tendremos para siempre». Por lo general tienen razón, porque durante esos siete años vulnerables se pueden inculcar actitudes permanentes.

Sin embargo, lamentablemente, también lo contrario es cierto. La ausencia de instrucción, o la mala aplicación de ella, durante ese período ideal, puede imponer una grave limitación en la profundidad de la posterior devoción del niño a Dios. Cuando los padres se quedan sin adoctrinar a sus hijos pequeños, permitiéndoles que «decidan por cuenta propia», esos adultos están casi garantizando que sus pequeños van a «decidir» del lado negativo. Si los padres quieren que sus hijos tengan una fe significativa, deben renunciar a cualquier intento mal encaminado de objetividad. Los niños escuchan con atención para descubrir hasta qué punto sus padres creen en lo que predican. Cualquier indecisión o confusión ética por parte del padre de familia probablemente será aumentada por el niño. Después de mediada la adolescencia (esta etapa media concluye como a los quince años), los jóvenes resienten que se les diga exactamente qué creer. No quieren que les «atiborren por la garganta» la religión, y hay que darles más autonomía en sus creencias. Si su contacto temprano con la religión se ha conducido apropiadamente, los jóvenes tendrán por dentro un pilar que los sostenga. De modo que el adoctrinamiento temprano es la clave para las actitudes espirituales con que ellos lleguen a la edad adulta.

P— Mi joven hija me dijo hace poco que tiene dos meses de embarazo. ¿Cuál debe ser ahora mi actitud para con ella?

R— Usted no puede hacer que las cosas den marcha atrás actuando con rudeza o con poco amor en este momento. Su hija necesita ahora más comprensión que nunca antes, y usted debe proporcionársela si es posible. Ayúdele a atravesar esta dificultad y evite comentarios del tipo «te lo dije». En los meses que vienen ella tendrá que tomar muchas decisiones importantes, y necesitará que sus padres la ayuden, con tranquilidad y razonablemente, a determinar cuál es el mejor rumbo a tomar. Recuerde que el amor y el afecto duraderos suelen desarrollarse entre personas que han sobrevivido juntas una crisis.

P— ¿Cuándo comienzan los niños a desarrollar la naturaleza sexual? ¿Sucede esto de repente durante la pubertad?

R— No; ocurre mucho antes de la pubertad. Quizás la comprensión más importante que sugirió Freud fue su observación de que los niños no son asexuales. Afirmó que la satisfacción sexual comienza en la cuna, y que va asociada primeramente con la alimentación. Durante la niñez la conducta recibe considerable influencia de la curiosidad y el interés sexual, aunque las hormonas respectivas no entran plenamente en acción sino hasta principios de la adolescencia. De manera que no es raro que un niño o niña de cuatro años tenga interés por la desnudez o por el órgano sexual de los varones en comparación con el de las niñas.

Esa es una época importante en la formación de las actitudes sexuales. Los padres deben tener cuidado de no expresar escándalo o extrema desaprobación ante ese tipo de curiosidad. Se cree que muchos problemas sexuales comienzan como consecuencia de una formación inapropiada durante la niñez temprana.

P— En los Estados Unidos, la mayoría de las universidades permiten que los hombres y las mujeres vivan en residencias estudiantiles mixtas, frecuentemente en cuartos vecinos. Otras han eliminado toda restricción al horario de visita por parte de miembros del sexo opuesto. ¿Cree usted que esto promueva actitudes más sanas con respecto al sexo?

R— Sin duda que promueve más actividad sexual, y algunas personas opinan que eso es sano. Los defensores de la cohabitación tratan de decirnos que los hombres y mujeres jóvenes pueden vivir juntos sin hacer lo que sucede naturalmente. Esto es absurdo. El impulso sexual es una de las potencias más fuertes de la naturaleza humana, y el universitario típico es sumamente débil para suprimirla Yo preferiría que los que apoyan las residencias mixtas admitieran que no les importa mucho la moral. Si la abstinencia es algo que valoramos, entonces debemos por lo menos darle una oportunidad mínima de sobrevivir. El compartir en las universidades los dormitorios (¡y los baños!) difícilmente nos llevará en esa dirección.

P— Usted ha dicho en varias ocasiones que la estabilidad de una sociedad depende de la solidez de los grupos familiares individuales. Más específicamente, usted dijo que la conducta sexual va directamente ligada a la sobrevivencia de las naciones. Por favor, explíquese.

R— Sobre ese tema se podría escribir un libro entero, pero voy a dar una respuesta breve. Quien primero sacó a la luz ese nexo al que usted se refiere fue J. D. Unwin, un antropólogo social inglés que pasó siete años estudiando el nacimiento y la muerte de ochenta civilizaciones. Sobre la base de su exhaustiva investigación, él informó que toda cultura conocida en la historia de la humanidad ha seguido la misma pauta sexual: durante sus primeros días de existencia, las relaciones prematrimoniales y extramatrimoniales eran estrictamente prohibidas. Con esta inhibición de la expresión sexual iba asociada una gran energía creativa, que hacía que la cultura prosperara.

Muy posteriormente en la vida de la sociedad, su gente comenzó a rebelarse contra esas prohibiciones estrictas, exigiendo libertad para exhibir sus pasiones internas. Al debilitarse las costumbres, la energía social fue disminuyendo y en cierto momento desembocó en la decadencia o destrucción de esa civilización.

El doctor Unwin afirmó que la energía que mantiene unida a una sociedad es de naturaleza sexual. Cuando un hombre está dedicado a una sola mujer y una sola familia, tiene motivación para construir, salvar, proteger, planear y prosperar a favor de ellos. Sin embargo, cuando sus intereses sexuales se dispersan y se generalizan, su esfuerzo se invierte en la satisfacción de los deseos sensuales. El doctor Unwin llegó a esta conclusión: «Toda sociedad humana está en libertad ya sea de demostrar gran energía, o de disfrutar de la libertad sexual; la evidencia dice que no puede hacer ambas cosas por más de una generación».

Estoy convencido de que el debilitamiento de la situación financiera de Estados Unidos en el mundo, y las dificultades que están experimentando sus familias y sus jóvenes, pueden remontarse al hecho de que nos apartamos de los valores tradicionales y de los conceptos morales de la Biblia.

P— ¿Cree usted que en las escuelas públicas se deba enseñar la religión?

R— No como una doctrina o dogma particular. Debe protegerse el derecho de los padres a escoger la orientación religiosa de sus hijos, y no hay que permitir que ningún maestro o administrador contradiga lo que se le ha enseñado al niño en el hogar. Por otro lado, la amplia mayoría de los estadounidenses profesan creer en Dios. Yo quisiera ver que en el aula se reconozca a ese Dios no nombrado. La decisión de la Corte Suprema que proscribe en las escuelas la oración no especifica (o incluso la oración en silencio) es una medida extrema, y yo la deploro. Sería muy fácil que, durante los momentos de oración, la escuela proteja a la pequeña minoría de niños procedentes de hogares ateos.

P— Usted se refirió a la bondad con los animales. Eso me recuerda hacerle una pregunta acerca de mi hijo de siete años, que es cruel con los animales. Lo hemos sorprendido haciendo cosas muy terribles a perros y gatos del vecindario. Por supuesto que lo hemos castigado, pero me pregunto si habrá allí algo más de qué preocuparse.

R— Yo consideraría que la crueldad con los animales es un síntoma grave que debe ser evaluado por un profesional. Los niños que hacen esas cosas no están simplemente atravesando una etapa típica. Hay que ver eso como una señal de advertencia de un posible problema psicológico que podría ser bastante persistente. También parece ir asociado con el abuso sexual en la infancia. No quiero causarle a usted alarma ni exagerar el caso, pero los adultos que están involucrados en una vida de crímenes violentos frecuentemente fueron crueles con los animales en su infancia. Este hecho fue verificado en un estudio reciente que hizo la Asociación Americana de Beneficencia. (43,44) Sugiero que lleve a su hijo a un psicólogo u otro especialista en comportamiento, que pueda evaluar su salud mental. Y definitivamente, no tolere la maldad con los animales.

P— ¿Es el SIDA una plaga enviada por Dios para castigar a los homosexuales, las lesbianas y otras personas promiscuas?

R— Yo pensaría que no, porque también están sufriendo muchos bebés y otros que no tienen responsabilidad alguna en esas formas de comportamiento. Pero hay que considerar esto: si yo opto por saltar de un edificio de diez pisos, moriré cuando mi cuerpo dé contra el suelo. Es inevitable. Pero la fuerza de gravedad no fue diseñada por Dios para castigar mi insensatez. Él estableció leyes físicas que sólo con gran riesgo se pueden transgredir. Es igual con sus leyes morales. Son tan reales y tan previsibles como los principios que rigen el universo físico. De manera que nosotros sabíamos (y sin duda Él sabía), al sobrevenir la revolución sexual en 1968, que llegaría esta época de enfermedades y de promiscuidad. Ya ha llegado, y lo que hagamos con nuestra situación determinará cuánto suframos en el futuro nosotros y nuestros hijos.

A propósito, ¿sabía usted que Dios creó el fundamento moral del universo antes de hacer los cielos y la tierra?

Su concepto de lo correcto y lo incorrecto no fueron reflexiones posteriores que aparecieron con los Diez Mandamientos. No; fue una expresión de la naturaleza divina de Dios, y estaba vigente antes del «principio».

Eso es lo que encontramos en Proverbios 8:22-36, donde se hace referencia en primera persona a la ley moral universal:

Jehová me poseía en el principio, ya de antiguo, antes de sus obras. Eternamente tuve el principado, desde el principio, antes de la tierra. Antes de los abismos fui engendrada; antes que fuesen las fuentes de las muchas aguas. Antes que los montes fuesen formados, antes de los collados, ya había sido yo engendrada; no había aún hecho la tierra, ni los campos, ni el principio del polvo del mundo. Cuando formaba los cielos, allí estaba yo; cuando trazaba el círculo sobre la faz del abismo; cuando afirmaba los cielos arriba, cuando afirmaba las fuentes del abismo; cuando ponía al mar su estatuto, para que las aguas no traspasasen su mandamiento; cuando establecía los fundamentos de la tierra, con él estaba yo ordenándolo todo, y era su delicia de día en día, teniendo solaz delante de él en todo tiempo. Me regocijo en la parte habitable de su tierra; y mis delicias son con los hijos de los hombres. Ahora, pues, hijos, oídme, y bienaventurados los que guardan mis caminos. Atended el consejo, y sed sabios, y no lo menospreciéis. Bienaventurado el hombre que me escucha, velando a mis puertas cada día, aguardando a los postes de mis puertas. Porque el que me halle, hallará la vida, y alcanzará el favor de Jehová. Mas el que peca contra mí, defrauda su alma; todos los que me aborrecen aman la muerte.

Estos últimos dos versículos lo dicen todo. Si nosotros conformamos nuestro comportamiento a la antigua prescripción moral de Dios, tendremos acceso a los dulces beneficios de la vida misma. Pero si desafiamos sus imperativos claros, entonces la consecuencia inevitable es la muerte. El SIDA es solamente un medio mediante el cual les sobreviene la enfermedad y la muerte a quienes juegan a la ruleta rusa con la ley moral de Dios.

11

Un momento para la mamá

Como se ha indicado en los capítulos anteriores, las responsabilidades de desempeñar el papel de padres en forma efectiva son a veces tan pesadas que causan terror. Los niños imponen grandes exigencias a sus progenitores, como lo descubrió cierta mañana un colega mío cuando le dijo hasta luego a su hijita de tres años.

—Ya me tengo que ir al trabajo —dijo él.

—Está bien, papito, te perdono —replicó ella con los ojos llenos de lágrimas.

Estaba dispuesta a dejar pasar su insulto una sola vez, pero no quería que él permitiera que eso volviera a suceder. Como lo puso de manifiesto esa niñita, los niños son tremendamente dependientes de sus padres, y la tarea de satisfacer sus necesidades es un trabajo de tiempo completo.

Algunos de ellos están mucho más conscientes de la lucha de poder con sus padres, de lo que parecen estarlo mamá y papá. Esa realidad quedó demostrada numerosas veces después de la primera publicación de *Atrévete a disciplinar*. Algunos muchachos que ni siquiera sabían leer se dieron cuenta de que en aquel misterioso libro había cosas que ayudaban a sus padres a controlarlos. Cierto pequeñín se acercó al estante de libros, sacó esa obra de entre cientos de publicaciones, y procedió a lanzarla a la hoguera. Otros fueron todavía más explícitos en cuanto a sus opiniones.

La madre de una niña de tres años, de voluntad sumamente fuerte, me contó una historia que me hizo sonreír. Esa pequeña, llamada Laura, se las había arreglado para echarse en el bolsillo a la familia entera. Estaba fuera de todo control y parecía estar disfrutándolo. Tanto la madre como el padre estaban exasperados tratando de buscar modos de controlar a su pequeña niña colérica, bueno, hasta que la mamá, al entrar por casualidad en una librería, se topó con *Atrévete a disciplinar*. Compró un ejemplar y muy pronto aprendió que, por lo menos según la opinión del autor, bajo ciertas circunstancias es apropiado darle al niño unas nalgadas. De modo que la siguiente ocasión en que Laura puso en acción sus juegos desafiantes, recibió en sus nalguitas una asombrosa sorpresa.

Laura era una niña muy inteligente, y logró averiguar de dónde había tomado su madre aquella idea. Aunque usted no lo crea, a la mañana siguiente la madre entró y se encontró su ejemplar de *Atrévete a disciplinar* flotando en la taza del inodoro.

Posiblemente ése sea el comentario editorial más gráfico que alguien haya hecho acerca de mis publicaciones. Me cuentan que al doctor Benjamín Spock lo idolatran millones de niños que están siendo educados según su filosofía. Yo tengo una generación entera que quisiera lincharme. Pero también estoy convencido de que algunos adultos jóvenes que han crecido a base del equilibrio entre el amor y la disciplina están ahora criando a sus propios hijos de esa misma manera. Sigue siendo cierto hoy, como lo era cuando ellos estaban pequeñitos, que a un niño se le gobierna con el timón o con el garrote. Hay cosas que no cambian nunca.

Sin embargo, aunque se tenga en mente un plan de juego muy claro, el criar adecuadamente a los niños es uno de los retos más graves de la vida. Particularmente, no es raro que una madre se sienta abrumada por la complejidad de la tarea que tiene frente a sí. En muchos hogares ella es la principal protectora de la salud, la educación, el intelecto, la personalidad, el carácter y la estabilidad emocional de cada niño. Como tal, debe hacer de médico, enfermera, psicóloga, maestra, pastor, cocinera y policía. Y como en muchos casos ella pasa más tiempo del día con sus niños que su esposo, es la principal encargada de la disciplina y la principal proveedora de seguridad y de cariño.

La realidad es que ella y su esposo no sabrán si ella está manejando esos asuntos apropiadamente o no, sino hasta que sea demasiado tarde para cambiar de método. Además, las responsabilidades de la madre se extienden mucho más allá de sus hijos. Debe cumplir también con sus obligaciones para con su esposo, su iglesia, sus parientes, sus amigos, y con frecuencia su jefe. Cada uno de estos campos exige lo mejor de su esfuerzo, y la madre consciente suele encontrarse en una carrera sin parar a lo largo del día, en un intento incontenible de ser todo para todos.

La mayoría de los individuos sanos logran tolerar las presiones que se acumulan sobre ellos, con tal que cada responsabilidad se pueda mantener bajo relativo control. El trabajo fuerte y la diligencia son personalmente satisfactorios, siempre que la ansiedad y la frustración se mantengan al mínimo. Sin embargo, se necesita mucho más dominio propio cuando se desarrolla un problema amenazador en alguna área crítica.

Es decir, si un niño se enferma, si surgen problemas matrimoniales, o si la madre es objeto de críticas injustas en el vecindario, entonces el resto de las tareas rutinarias se vuelven más difíciles de realizar. Es cierto que hay ocasiones en la vida de toda madre en que ella se mira al espejo y pregunta: «¿Cómo podré llegar al final de este día?» Las sencillas sugerencias en lo que resta de este libro están pensadas para ayudarle a contestar esa pregunta exasperada.

1. Reserve algo de tiempo para usted misma. Es importante que una madre también se ponga a sí misma en la lista de prioridades. Por lo menos una vez por semana debe practicar algún deporte, ir de compras, visitar un gimnasio, o simplemente «gastar» una tarde de vez en cuando. Para ninguna persona es sano pasar todo el tiempo trabajando, y la familia entera se beneficiará si ella se recrea con regularidad.

Todavía más importante es la protección y mantenimiento del aspecto romántico en el matrimonio. Marido y mujer deben tener una salida a solas cada semana o dos, dejando a los niños en casa y olvidándose por esa noche de los problemas del día. Si parece que los medios económicos de la familia no alcanzan para tales actividades, sugiero que se reexaminen otras salidas del presupuesto. Creo que el dinero que se use para pasar tiempo juntos rendirá mucho más beneficios que un mueble más o un automóvil nuevo. La mujer encuentra la vida mucho más placentera si sabe que para su esposo ella no es solamente la esposa sino también la enamorada.

2. No luche con lo que usted no puede cambiar. El primer principio para la salud mental es aprender a aceptar lo inevitable. Actuar de otro modo es correr con los frenos puestos. Hay demasiadas personas que se vuelven infelices por causa de asuntos irritantes pero insignificantes, que debieran dejar pasar. En esos casos, la satisfacción no es más estable que el eslabón más débil en la cadena de circunstancias que rodean su vida. Puede ser que todas menos una de las condiciones en la vida de una mujer particular sean perfectas: tiene buena salud, un esposo dedicado, niños felices, mucha comida, calor y techo, y un desafío personal. Sin embargo, tal vez se sienta desdichada porque le cae mal su suegra. Una mujer puede permitir que ese elemento negativo eclipse toda la dicha que la circunda.

Ya la vida presenta suficientes crisis sin agrandar nuestras dificultades, pero con frecuencia se sacrifica en los buenos tiempos la paz mental por esas causas insignificantes. Me pregunto cuántas mujeres viven descontentas porque no tienen algo que hace apenas cincuenta años no se había inventado o no estaba de moda. Tanto los hombres como las mujeres deben reconocer que la insatisfacción por la vida puede llegar a ser nada más que un mal hábito, una actitud costosa que puede robarles los placeres de la vida.

3. No trate de resolver problemas mayores tarde en la noche. El agotamiento juega tretas a la percepción humana. Después de un día difícil, las tareas más sencillas pueden parecer insuperables. Todos los problemas parecen más difíciles de resolver por la noche, y las decisiones que se tomen a esa hora pueden ser más emocionales que racionales. Cuando un matrimonio habla sobre cuestiones económicas u otros problemas familiares ya tarde en la noche, es como si estuviera provocando dificultades. Su tolerancia a la frustración es baja, lo cual con frecuencia conduce a peleas que nunca debieron ocurrir. La tensión y la hostilidad se pueden evitar con solo retrasar hasta la mañana los asuntos importantes. Un sueño tranquilo y una buena taza de café pueden lograr mucho para mitigar el problema.

4. Trate de hacer una lista. Cuando la carga de trabajo se vuelve especialmente pesada, se encuentra algo de consuelo en hacer una lista de los deberes por cumplir. Las ventajas de anotar las responsabilidades van en tres direcciones: (1) Usted sabrá que no se le va a olvidar nada. (2) Usted garantizará que las tareas más importantes se realicen primero. Así, si para el final del día usted no ha acabado, por lo menos habrá cumplido los puntos que eran más cruciales. (3) Usted deja un registro de los logros al tachar las tareas conforme van quedando cumplidas.

5. Busque la ayuda de Dios. Los conceptos del matrimonio y la paternidad no fueron invento humano. Dios, en su infinita sabiduría, creó y estableció la familia como unidad básica para la procreación y la compañía. Las soluciones para los problemas modernos de la paternidad se pueden encontrar mediante el poder de la oración y al recurrir personalmente al Creador. En efecto, creo que los padres deben comprometerse a orar y suplicar diariamente en favor de sus hijos. La tarea es demasiado peligrosa como para hacerla por nuestra propia cuenta, y los libros (incluso éste) no contienen suficientes conocimientos como para garantizar el resultado de nuestros deberes como padres. ¡Necesitamos desesperadamente que Dios nos ayude con esa labor!

Los principios de disciplina que he resumido en este libro difícilmente podrían considerarse ideas nuevas. La mayoría de esas recomendaciones se consignaron primeramente en la Biblia, y por lo tanto se remontan al menos dos mil años atrás hasta los tiempos bíblicos. Considere la claridad con que los siguientes versículos esbozan una actitud sana de los padres para con los hijos y viceversa:

> [El padre] debe dirigir bien su casa y hacer que sus hijos le obedezcan con el debido respeto. (El que no sabe dirigir su propia familia, ¿cómo podrá cuidar de la iglesia de Dios?) (1 Timoteo 3:4-5, Nueva Versión Internacional)

Ese versículo reconoce el hecho de que hay que obligar el respeto. No es consecuencia de la naturaleza humana, sino que está relacionado inherentemente con el control y la disciplina.

Hijo mío, no menosprecies la disciplina del Señor, ni desmayes cuando eres reprendido por él; porque el Señor al que ama, disciplina [Nótese: La disciplina y el amor actúan conjuntamente; la una es una función del otro.], y azota a todo el que recibe por hijo. Si soportáis la disciplina, Dios os trata como a hijos; porque ¿qué hijo es aquel a quien el padre no disciplina? Pero si se os deja sin disciplina, de la cual todos han sido participantes, entonces sois bastardos, y no hijos. Por otra parte, tuvimos a nuestros padres terrenales que nos disciplinaban, y los venerábamos. [Nótese: La relación entre disciplina y respeto, o veneración, se reconocía ya hace más de dos mil años.] Es verdad que ninguna disciplina al presente parece ser causa de gozo, sino de tristeza; pero después da fruto apacible de justicia a los que en ella han sido ejercitados. (Hebreos 12:5-9,11)

El propósito de ese pasaje es demostrar que la relación del padre o de la madre con su hijo debe tomar como modelo la relación de Dios con el ser humano. En su inmensa belleza, esa interacción se caracteriza por un abundante amor, un amor sin par en cuanto a ternura y misericordia. Ese mismo amor conduce al padre benévolo a guiar, corregir, e incluso infligir algún dolor al hijo, cuando es necesario para su bien futuro. Me cuesta mucho comprender cómo este mensaje ha sido tan tremendamente mal entendido durante los últimos veinte años.

Hijos, obedezcan a sus padres por amor al Señor, porque esto es justo. El primer mandamiento que contiene una promesa es éste: «Honra a tu padre y a tu madre, para que seas feliz y vivas una larga vida en la tierra». Y ustedes, padres, no hagan enojar a sus hijos, sino más bien críenlos con disciplina e instrúyanlos en el amor al Señor. (Efesios 6:1-4, Dios Habla Hoy)

La necedad está ligada en el corazón del muchacho; mas la vara de la corrección la alejará de él. (Proverbios 22:15)

Esa recomendación ha causado dificultad para algunas personas, hasta tal punto que ellos han asegurado que la «vara» no era un palo, sino una vara de medir con la cual evaluar al niño. El siguiente pasaje se incluyó expresamente para los que estaban confundidos a ese respecto:

No rehuses corregir al muchacho; porque si lo castigas con vara, no morirá. Lo castigarás con vara, y librarás su alma del Seol. (Proverbios 23:13-14)

Sin duda, si la «vara» es una vara para medir, ahora usted ya sabe qué hacer con ella. (Nota: Por favor, no se me vengan encima por esto. Les ruego que presten atención a todas las explicaciones que di acerca del maltrato infantil, que se expresan en capítulos anteriores; especialmente en las páginas 13-15.)

Quien escatima la vara, odia a su hijo, quien le tiene amor, le castiga. (Proverbios 13:24, Biblia de Jerusalén)

La vara y la corrección dan sabiduría; mas el muchacho consentido avergonzará a su madre. (Proverbios 29:15)

Corrige a tu hijo, y te dará descanso, y dará alegría a tu alma. (Proverbios 29:17)

Desde el Génesis hasta el Apocalipsis, se dan constantes fundamentos para establecer una filosofía eficaz de las relaciones entre padres e hijos. Estoy convencido de que nos hemos apartado de la norma que se delineaba claramente tanto en el Antiguo Testamento como en el Nuevo, y por esa desviación estamos pagando un elevado precio que se manifiesta en la confusión social. El dominio propio, la amabilidad humana, el respeto y el ánimo apacible pueden volver a manifestarse en nuestra sociedad con tal de que nos atrevamos a disciplinar en nuestros hogares y en nuestras escuelas.

Me despido ahora con un maravilloso poema antiguo, escrito por Alice Pearson. Se concentra en la responsabilidad primordial de la tarea de ser padres: la de darles a conocer a nuestros hijos a Jesucristo, y conducirlos con seguridad a través de este mundo peligroso y turbulento. Esa debe ser, después de todo, la meta última de todo padre y madre creyente, en todas partes del mundo.

¿Entraron ya todos los niños?

Pienso con frecuencia al acercarse la noche
en una vieja casa en la colina,
y en un amplio jardín
salpicado de flores
donde los niños jugaban a su antojo.
Y cuando al fin la noche se cernía
y hacía callar el alegre bullicio,
mamá miraba en torno y preguntaba:
«¿Entraron ya todos los niños?»

Ay, muchos años han pasado desde entonces
y la vieja casa en la colina
ya no hace eco de los pies de los niños,
y el jardín ha quedado en completo silencio.
Pero yo veo la escena al extenderse las sombras,
y aunque son muchos los años transcurridos,
puedo oír a mamá que pregunta:
«¿Entraron ya todos los niños?»

Me pregunto si acaso cuando caigan las sombras
sobre aquel breve y último día terrenal;
cuando digamos adiós al mundo exterior
cansados todos de nuestros juegos infantiles;
cuando pisemos aquella otra tierra
donde mamá ha estado por tanto tiempo,
la podremos oír preguntar,
como antaño:
«¿Entraron ya todos los niños?» [1]

[1] Reproducido con el permiso de Randall Pearson. Sra. Alice Pearson, «Are All the Children In?», en Heartspun and Homespun Poems (Adventure Publications, 1982).

APÉNDICE

Un breve estudio para los padres sobre drogas y abuso de sustancias químicas

No existe un factor más seguro para destruir la autodisciplina y el dominio propio que el empleo abusivo de las drogas. Los adolescentes que han comenzado a tomar drogas, en la forma que sea, suelen mostrar un repentino desinterés por todo lo que antes les entusiasmaba. Dejan de lado los estudios y olvidan sus pasatiempos. Su aspecto personal se vuelve descuidado. Se niegan a cumplir sus responsabilidades, y evitan toda actividad que requiera esfuerzo. Su relación con los padres se deteriora rápidamente, y de pronto ponen fin a muchas de sus amistades de toda una vida. Es claro que los jóvenes que usan drogas van marchando al son de otros tambores, y con frecuencia les aguarda el desastre al final del sendero.

Para ayudar a los padres de familia a detectar y comprender un posible problema de drogas en sus hijos e hijas, damos aquí el siguiente vistazo a los elementos básicos. Mi oración es que ni usted ni ellos lleguen a necesitarlos jamás. Aunque algunos de los datos son técnicos, recomiendo que usted estudie, e incluso memorice, los detalles importantes de este resumen, y que se familiarice con el glosario de la jerga del mundo de las drogas que va al final de este capítulo. Agradezco mucho a varias agencias de policía y a otras fuentes por la ayuda que me dieron para recopilar esta información.[1]

¿CUÁLES SON LOS SÍNTOMAS DEL ABUSO DE DROGAS?

Al inicio de este apéndice mencioné varias de las características de actitud y de comportamiento de aquellos individuos que usan drogas dañinas. A continuación enumero ocho síntomas físicos y emocionales conexos, que pueden indicar que su hijo o hija está abusando de las drogas.

1. Es común la inflamación de los párpados y de la nariz. La pupila de los ojos se ve o muy grande o muy pequeña, según el tipo de drogas que se esté usando.
2. Pueden aparecer extremos en la energía. El individuo puede mostrarse lento, decaído y tímido o hacer mucho ruido, tener sobresaltos físicos e histeria.
3. El apetito se va a los extremos: o muy voraz o muy reducido. Puede darse pérdida de peso.

---

[1] Entre las fuentes están las siguientes:
Departamento de Policía de Pomona, California.
Departamento de Policía de Los Ángeles, California.
Departamento de Policía de Denver, Colorado.
Departamento de Policía de Colorado Springs, Colorado.
Programa de Tratamiento para Drogas y Alcoholismo, Departamento de Salud del Condado de El Paso, Colorado.
Departamento de Justicia de los Estados Unidos, Administración de Leyes sobre Drogas, División Regional de San Diego, California.
Stephen Arterburn y Jim Burns, Drug Proof Your Kids [Vacune a sus hijos contra las drogas] (Publicaciones Enfoque en la Familia, 1989).
Growing Up Drug Free: A Parent's Guide to Prevention [Crecer libre de drogas: Guía de los padres para la prevención], Departamento de Educación de los Estados Unidos, Washington, D.C. , 1990.

4. La personalidad cambia de pronto. El individuo puede volverse irritable, distraído y confuso, o bien agresivo, suspicaz y explosivo.
5. Suele haber mal olor del cuerpo y del aliento. Es posible que se descuide el aseo personal.
6. Se puede trastornar el sistema digestivo; puede haber diarrea, náuseas y vómito. También son comunes los dolores de cabeza y la visión doble. Entre otras señales de deterioro físico puede haber cambios en la tonalidad de la piel y en la pose del cuerpo.
7. En el caso de los que usan drogas intravenosas, un síntoma importante son las marcas de agujas en el cuerpo, generalmente en los brazos. A veces esos puntos se infectan y toman el aspecto de llagas o forúnculos.
8. Con frecuencia se desmoronan los valores morales y son reemplazados por ideas y valores nuevos y exóticos. Cada droga produce sus propios síntomas peculiares. Por eso, la lista anterior no es específica para una sustancia particular. Los padres que sospechan que su hijo está usando drogas peligrosas (entre ellas el alcohol y el tabaco) deben ponerse en contacto de inmediato con su médico familiar.

¿DÓNDE SE CONSIGUEN LAS DROGAS?

Las drogas ilícitas son asombrosamente fáciles de conseguir para los adolescentes. El botiquín familiar generalmente ofrece un suministro al alcance de la mano que incluye medicamentos de receta, medicinas para la tos, tranquilizantes, píldoras para dormir, sustancias para bajar de peso, y analgésicos. El adelgazador de pintura, la cola y otros materiales tóxicos que suelen guardarse en el garaje también corren el riesgo de ser usados como medios de ponerse «en onda». Además, se puede engañar a un médico para que recete las drogas deseadas. Una persona razonablemente inteligente puede aprender, a base de un texto médico, los síntomas de aquellas enfermedades que generalmente se tratan con las drogas que quiere obtener.

También es posible falsificar recetas y lograr que sean aprobadas en las farmacias locales. Algunas drogas llegan al mercado callejero después de haber sido robadas de farmacias, de consultorios médicos, o de bodegas de los laboratorios farmacéuticos que las fabrican. Sin embargo, la gran mayoría de las drogas llegan al país mediante el tráfico ilegal. Es sorprendente que muchas son fabricadas en los Estados Unidos y luego se venden en otros países, pero más tarde vuelven a ingresar como contrabando.

¿CUÁNTO CUESTAN LAS DROGAS?

Si bien los precios de diversas drogas ilícitas varían muchísimo de un lugar a otro y de un traficante a otro, según la cantidad y la calidad, las siguientes cifras representan los actuales valores aproximados (en dólares estadounidenses) en el mercado negro para las sustancias indicadas:

1. Anfetaminas: $1 y más por píldora.
2. Metanfetamina: $10 por inyección o inhalación. Se puede conseguir muy fácilmente tanto en formulación en polvo como en «cristal», y es típico que se venda en pequeñas bolsas plásticas que contienen como un cuarto de gramo de la droga. Mucha gente la llama «cocaína de pobre».
3. Barbitúricos: $1 y más por píldora.
4. Cigarrillos de marihuana: $2,50 y más cada uno. Comúnmente la marihuana se vende en pequeñas bolsas plásticas por $10 (que alcanza para tres o cuatro cigarrillos). Debido a las avanzadas técnicas de cultivo, la marihuana de hoy es unas tres veces más fuerte que la que se conseguía en tiempos de los hippies durante las décadas de los años sesenta y setenta. Por libra, la marihuana barata cultivada en casa se vende por aproximadamente $250. La misma cantidad de una marihuana más potente y de mejor calidad se puede vender por cualquier suma entre los $1.300 y los $3.000.
5. Heroína: $10 a $25 por inyección. Se le suele empacar para venderla en pequeños globos infantiles, por $30 y más (lo suficiente para tres pinchazos). En la calle, una libra con pureza promedio de 10%, cuesta de $20.000 a $25.000. La heroína sigue siendo tan popular hoy como siempre lo ha sido, si bien actualmente la cocaína y la marihuana parecen captar más la atención de los medios de comunicación.

6. Cocaína: $5 a $20 por porción para un uso, ya sea en polvo (para aspirar) o en su forma endurecida de «roca» o crack (para fumar). Por lo común se vende en la calle en bolsas plásticas por unos $25 ó más, por un cuarto de gramo (lo cual es suficiente para dos a cuatro «subidas»). Un kilo de cocaína se vende típicamente por una suma de entre $17.500 y $28.000, pero puede elevarse hasta $40.000 según la oferta existente. Una libra, con una pureza callejera típica de 55% a 65%, cuesta entre $12.000 y $16.000. La venta de esta droga es verdaderamente un gran negocio.

7. Alucinógenos: $1 a $10 por porción para un uso, aunque los precios varían considerablemente según la calidad y el tipo. Actualmente, el LSD (ácido) se vende típicamente en papel secante que lleva impresas coloridas calcomanías con personajes de las tiras cómicas, con automóviles, etc., y frecuentemente se conoce por la calcomanía. De modo que, si la figura del secante fuera la del Ratón Mickey, se llamaría «Ácido Ratón Mickey». El LSD viene también como líquido y como gelatina. Se puede calcular de $100 a $300 para cien subidas. Otro alucinógeno común, la fenciclidina (PCP), se consigue mucho en forma líquida a un precio que oscila entre $150 y $250 por onza, pero cuesta como $1.000 por onza en sus modalidades en polvo o en cristal. La PCP se suele usar mezclada con otras drogas, especialmente la marihuana y la cocaína.

¿CUÁLES SON LAS DROGAS ILÍCITAS MáS COMUNES?

Las drogas peligrosas se pueden clasificar en cinco categorías principales, que aparecen a continuación. También se presentan ciertos detalles fundamentales, para que los padres puedan aprender lo que su adolescente probablemente ya sepa.

1. Estimulantes: («Blancas») Estas drogas estimulan al usuario, induciéndolo a mostrarse conversador, inquieto y excesivamente nervioso.

   a. Drogas específicas

      (1) Bencedrina

      (2) Dexedrina

      (3) Metanfetamina

b. Efectos psicológicos y fisiológicos de su empleo abusivo
   (1) Insomnio
   (2) Pérdida de apetito
   (3) Sequedad de la boca
   (4) Vómito
   (5) Diarrea
   (6) Náuseas
   (7) Actuar sin inhibiciones
   (8) Vista borrosa
   (9) Agresividad
   (10) Alucinaciones y confusión
2. Depresivas: (Barbitúricos, «coloradas»): Estas drogas se usan en medicina para producir relajamiento e inducir el sueño en el paciente. Por lo común se les llama sedantes o píldoras de dormir.
   a. Drogas específicas
      (1) Seconal
      (2) Nembutal
      (3) Tuinal
      (4) Amital
   b. Efectos psicológicos y fisiológicos de su empleo abusivo
      (1) Confusión, adormecimiento, incapacidad de pensar con claridad
      (2) Falta de coordinación
      (3) Forma de hablar aletargada
      (4) Juicio defectuoso
      (5) Temblores del cuerpo
      (6) Movimiento involuntario de los ojos
      (7) Hostilidad
      (8) La sobredosis de barbitúricos ocasiona más muertes que ninguna otra droga; suele ocurrir por accidente.
3. Alucinógenos: Estas drogas son capaces de provocar cambios en la sensación, el pensamiento, la conciencia de sí mismo y las emociones.
   a. Drogas específicas
      (1) Tartarato de dietilamida de ácido lisérgico (LSD)
      (2) Psilocibina / psilocina
      (3) Peyote (mezcalina)
      (4) Fenciclidina (PCP)

b. Efectos psicológicos y fisiológicos
    (1) Experiencias psíquicas extrañas, con una exacerbada sensibilidad al color y a otros estímulos
    (2) A veces ocurren enfermedades mentales
    (3) Se puede desarrollar una división o separación de los cromosomas
    (4) A veces los problemas mentales se repiten semanas después de haber tomado la última dosis
    (5) Ocurre alteraciones en la percepción del tiempo y del espacio
    (6) Se experimenta ilusiones y alucinaciones

4. Marihuana: (Monte, yerba, etc.) Generalmente la marihuana se enrolla en forma de cigarrillos. Al fumarla, el efecto inicial es el de un estimulante. Sin embargo, su uso continuo produce adormecimiento e inconsciencia. De manera que, técnicamente, la marihuana se clasifica como un sedante.
a. Efectos psicológicos y fisiológicos
    (1) Las pupilas de los ojos se dilatan; la parte blanca se ve inyectada de sangre
    (2) Pérdida de la orientación de tiempo y espacio
    (3) Estremecimientos musculares
    (4) Pulso y latidos del corazón se aceleran
    (5) Aparentes desvanecimientos
    (6) Conducta fuera de lo común
    (7) Exhibicionismo
    (8) Delirio
    (9) El usuario se vuelve «psicológicamente dependiente» de la marihuana.

5. Narcóticos: Estas drogas alivian el dolor e inducen el sueño.
a. Droga específica
    (1) Heroína, que es una forma de opio. Se procesa en base a la morfina, pero es mucho más fuerte. La tolerancia para esta droga aumenta con más rapidez que con ningún otro opio, y por lo tanto es más peligrosa. La heroína es la droga más devastadora y esclavizante que existe. En los Estados Unidos ni siquiera se usa médicamente.
b. Efectos psicológicos y fisiológicos
    (1) La heroína es un depresivo cerebral, espinal y respiratorio.

(2) La reacción inicial es de euforia y bienestar. Esta sensación desaparece rápidamente, y requiere una dosis mucho mayor en la próxima ocasión.

(3) Inmediatamente después de inyectar la heroína, el usuario se siente atontado.

(4) Las pupilas de los ojos se contraen en forma muy tensa.

GLOSARIO DE LA JERGA DEL MUNDO DE LAS DROGAS

Acido (LSD): Aceite; Aceitunas; Azúcar (US); Dulce; Elefante blanco; Gis; Lluvia de estrellas; Maje (Mex); punto azul-/morado (una pastilla blanca con una gota de LSD líquido de color azul o morada); Pop; Saltaperico (gotas de LSD sobre un papel); Tacatosa; Alucinantes; Alucineta.

Sobre de narcóticos (de varios tamaños y valores): Sobre; bolsita; jumbo (US$ 20); bote (1 oz. de mariguana); nico, nicle (US$ 5); Aparato (1 kilo de cocaína); Coso (1 kilo de cocaína); Chancomén (paquete de mariguana que dura varios días); Dáime, de a diez (US$ 10); Gallo (1 kilo de drogas); Pucho (paquete de mariguana, aproximadamente 50 gramos).

Limpiar: Acicalar (proceso de quitarle las semillas a la mariguana).

Cocaína: Nieve; coca; cocacola; blanca; crack (cocaína de piedra); Azúcar; Base; Brisa; Canelón; Coca intensificada (crack); Cocaína diamante (la cocaína más pura); Cocazo; Diosa blanca; Doña blanca; Kilómetro (1 kilo de cocaína); Kinzay (paquete de cocaína en pasta); Milonga; Niño (a kilo de cocaína); Pastel (cocaína en pasta); Pericázo; Perico; Pichicata; Polvo; Polvo de estrellas; Pura; Talco.

Drogas (en general): Estupefacientes; Carga; Dopa; Drogas duras; Drogas heróicas; Drogas blandas.

Tranquilizantes (un sedante): Coloradas; barbitúricos; Ansiolíticos; Abispas; Azules; Ciclopales; Debilitante; Drogas evasivas; Pasdidrín; Rojas; Sosegón; Amarillas.

Éxtasis: Drogas caseras, drogas de diseño exclusivo.

Agentes antinarcóticos: Acción antinarcóticos, la lucha contra el narcotráfico, aplicación de las leyes antinarcóticos; Alba de narco; Planta (agente secreto); Quemado (agente secreto cuya identidad ha sido descubierta); D.E.A. Drug Enforcement Agency (organización antinarcotráfico del gobierno de los Estados Unidos.)

Inyectarse drogas: Carnicería (marcas producidas por inyectarse drogas); Clavarse; Componerse; Curarse; Currar; Destile (pastillas pulverizadas, mezcladas con agua para ser inyectadas); Filerazo; Filerearse; Jeringazo; Jincarse; Picarse; Pincharse; Pinchazo; Piquete; Traques; Punzón.

Mariguana: Yerba; mota; grifa; zacate; verde; Cachito; Café; Cámara; Cáñamo indio; Cáñamo índico (planta de mariguana); Carrujo; Chicarra, Diosa verde; Entabicada (mariguana en paquete sólido); Hierba; Hierba maléfica; La Hoja; Huato; Juana; juanita; Ladrillo (casi siempre un kilo de mariguana sólida); Lechuga; Leño; Lucas; Macoña; Mafafa; Manteca; María Juana; Mariguana en greña (mariguana no procesada); Mariguana punto rojo (primera calidad); Marimba; Mariquita; Material; Matraca; Pasto; Pitillo; Pito; Pituca; Rama; Rosa María; Semáforo; Shora; Sobre de mariguana; Tabaco; Tabique; Tambor; Tamuga; Té; Tocola, La Verde; Yerba; Yerbabuena.

Lavado de dinero: Alguita; Plata dulce; Blanqueo de dólares; Naramdólares; Feria; Lavado de dólares; Lana

La Policía: Narc (nark) agente antinarcóticos; golpe inverso, venta al revés (agente secreto que vende drogas); Bandera; Chota (EE.UU.); La Julia; Lancha (automóvil policial); Licuadora; Marrano; Paco; La Placa; Tombo; Cana.

Adicción: Escultismo; Mano, estar en la; Narcomanía; Toxicomanía; Andar enfermo; en ganchos.

Adicto: Adepto; Bestia; Circo (un grupo de drogadictos); Drogadicto; Filoriandro; Fumón; Grillo; Heroinómano (adicto a la heroína); Morfinómano (adicto a la morfina); Opiómano (adicto al opio); Pastenaca; Pastómano (adicto a la cocaína); Toxicómano; Arponero; Bandillero; Arponeado; Viajero; Usario; Alivianado; Coco (uno que usa cocaína habitualmente); Tecato; Cocacolo.

Intoxicado (por drogas o alcohol): Acelerado; Agarrar onda; Al punto; Alucinado; En Amor; Andar botando; Andar volando; Cruzado; Elevado a mil; Endrogado; Enjuanado;

En órbita; Enyerbado; Estar en algo; Evadirse; Fumado; Hasta las manos, manitas; Loco; Locote; En motado; Nota; En onda; Pasado; Patada; En paz; Planchado; Prendido; Servido; Sonado; Subido a mil; Tripiar; Tronado; Viajando; Viaje; En viaje; Volado; Zarpado; Chivado.

Transportador de drogas: Camello, Mula, Cruzador, Pasador.

Accesorios para inyección de narcóticos: Punta; Nevera; Picadero; Filero; Galería; Herramienta; Herre; Estuche; equipo; instrumentos; implementos; Aguja; Aparelio; Cuchara hechiza; Cuquear (EE.UU.); Pala.

PCP: Cucuy; Polvo de ángel, de los ángeles; Líquido.

Heroína: Chiva; negra; caballo; nieve; amor; cohete; pasta; Achivia; Alquitrán; Amarillas; Arpón; Azúcar; Basura; Brea negra; Caballo; Certificada (heroína pura); Cohete; Conocio de heroína; Chapopote; Chiva; Chutazo; Enrique grande; Goma; Hero; Heroica; Heroína en roca; Malilla; Niesca; Pases; Pericazo; Polvo de alegría; Stufa; Tecata; Zapapote.

Delatar o uno que delata: Informante confidencial; Abrir la boca; Chiva; Batidor; Chivato; Rajón; Chaqueta; Madrina; Soplón; Relaje; Pasar la onda; Alcaucil; Cantar.

Traficante: Vendedor; burro; burrero; arreador; fuente, proveedor, suministrador; burrito; Caballo; Camello; Campeón; Capo; Cargadores; Cargar; Carreta; Catedore, catedoro; Circulador; Coquero; Corredor; Cruzador; Chaka; Enviciador; Estafeta; Flecha; Fuente; Gomero; Habitador; Hierbero; Hormiga; Jíbaro; Magnate; Mochilero; Mula; Paquetero; Parada; Vendedrogas; Vendedor.

Estimulantes: Anfetaminas; Acelerador; Anfeta; Antidepresivo; Aragones; Blancas; Bola rápida; Chocolates; Diablos; Diablos rojos; Dragones; Dulces; Pastas; Pastilla.

Inhalantes: Aguarrás; Aspirar; Cementerio, cementero; Cemento; Cola; Cruz azul; Chemo; Chemear; Chuco; Flan; Flexo; Husmear; Macizo; Mento; Miel; Nestlé; Pasta.